사람은 책을 만들고
책은 사람을 만든다

사람은 책을 만들고
책은 사람을 만든다

사람은 책을 만들고
책은 사람을 만든다

사람은 책을 만들고
책은 사람을 만든다

사람을 움직이는 기술

역자소개

옮긴이 **이경남**
충남대학교 강사 역임
인간계발연구소 간사 및 운영위원 역임
역서 : 『인간 경영』
저서 : 『대화와 99작전』 외

데일카네기 인간관계론

사람을 움직이는 기술

1판 1쇄 인쇄 2017. 4. 10.
1판 1쇄 발행 2017. 4. 20.

발행처 도서출판 문장
발행인 이은숙

등록번호 제 2015.000023호
등록일 1977. 10. 24.

서울시 강북구 덕릉로 14(수유동)
대표전화 | 02-929-9495
팩시밀리 | 02-929-9496

데일카네기 인간관계론

사람을 움직이는 기술

데일 카네기 지음
이경남 옮김

문장

머리말 How to Win Friends and Influence People

이 책은 데일 카네기(Dale Carnegie)의 《How to Win Friends and Influence People(친구를 만들고 사람을 움직이는 방법)》을 번역한 것인데 원서는 1936년의 초판 이래 이미 4백만 부 이상이나 팔렸으며 아직까지도 그 판매량이 떨어지지 않는다고 한다. 연평균 20만 부, 한 달에 약 1만6천 부 이상이 20년 동안에 걸쳐 계속 팔리고 있는 셈이다. 이것은 미국의 독서계에서도 경이적인 현상이다.

어째서 그렇게 팔리는가?

대답은 간단하다. 그만큼 독자의 수요가 있기 때문이다. 이 책이 사회의 가장 강한 요구에 응하고 있기 때문이다. 저자는 사회에 나선 모든 사람이 필요성을 통감하고 있는 것을 정확하게 맞추어 친절하게 그것을 설명해 준다.

사회는 사람이 모여 있는 곳이다. 사람과 접촉하지 않고는 하루도 사회에서 살 수 없다. 그러니까 사회인에게는 인간관계의 조정보다 더 중요한 것은 없을 것이다. 그러나 그토록 중요한 것을 학교에서는 가르쳐 주지 않는다. 사회에 나와 장애물에 걸려 넘어지고 실패를 되풀이한 끝에 소수의 사람은 그것을 체득하지만 대다수의 사람은 평생토록 그 비결을 터득하지 못하고 만다. 이런 원시적인 방법 이외에 이것을 습득할 길이 없다는 것은 과학 · 기술 · 교육이 진보된 현대에 있어서 참으로 기이한 일이다.

데일 카네기는 이에 착안한 것이다. 인간관계를 조정하여 자신의 행복은 물론 다른 사람의 행복도 증진하는 원리를 세워 풍부한 경험과 실례에 의거하여 그것을 매우 쉽게 해설했다. 일찍이 해결할 수 없었던 사회의 요구를 그가 해결한 것이다.

물론 인간관계의 조정에 대해 깊이 생각하여 고차원의 철리(哲理)에 도달한 예는 얼마든지 있다. 고금동서의 현인들의 가르침은 모두 그러하다고도 하겠다. 그것을 생각하면 카네기가 설명하는 원리도 결코 낯설고 새로운 것이 아니고, 또 특히 고차원이랄 것도 없다. 오히려 비속하여 진부하다고 해야 할지도 모른다. 그러나 그 효용에 이르러서는 실로 획기적이다. 내일부터라도 즉시 도움이 되게끔 할 수 있는 평이한 실용성이 있다면 그것이 설령 비속하더라도 매우 좋은 방법이 아니겠는가. 예부터 현인들이 설명해 온 진리를 현대에 적용시킨 생활법은 지금도 진리로 통하고 있는 것이다.

아무튼 카네기에게는 고차원의 철리를 설명할 생각 따위는 털끝만치도 없다. 비속한 것, 진부한 것을 조금도 두려워하지 않고 온갖 경험을 채택하여 현대사회에 적용하여 가장 효과적인 생활의 테크닉을 추구하고 있는 것이다. 이 시도는 실로 새로운 시도이며, 그 시도는 분명히 소기의 목적을 달성할 수 있을 것이다.

이 경남 씀

차례 How to Win Friends and Influence People

제3부 사람을 설득하는 열두 가지 기술

제4부 사람을 변화시키는 아홉 가지 기술

제5부 상대방에게 우월감을 갖게 하는 기술

제6부 가정을 행복하게 만드는 일곱 가지 기술

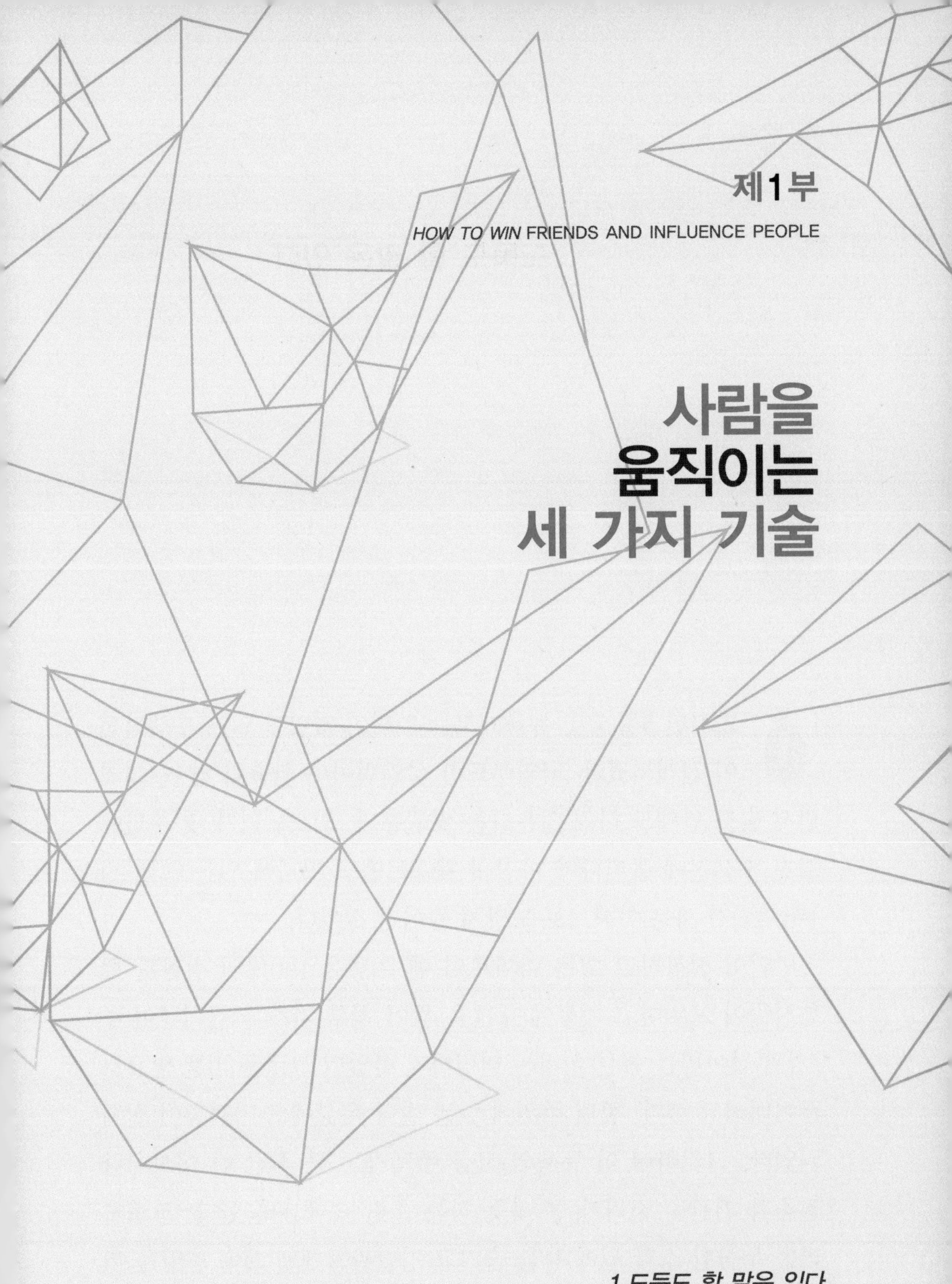

제1부

HOW TO WIN FRIENDS AND INFLUENCE PEOPLE

사람을 움직이는 세 가지 기술

1.도둑도 할 말은 있다

2.중요감을 갖게 한다

3.입장을 바꾸어 생각해 보라

01 도둑도 할 말은 있다

1931년 5월 7일, 뉴욕에서는 일찍이 없었던 일대 수색작전이 전개되었다. 극악무도한 살인범이며 권총의 명수, 그러면서 술도 담배도 하지 않는다는 쌍권총의 크로울 리가 몇 주일에 걸친 수색전에 몰리다가 마침내 웨스트엔드 거리에 있는 그의 정부(情婦)가 사는 아파트로 도망쳐 들어간 것이다.

범인이 잠복하고 있는 아파트의 맨 위층을 150명의 경찰관 및 형사들이 포위하고 지붕에 구멍을 뚫어 최루 가스를 집어넣어서, '경관 잡아먹는 귀신' 이라는 별명까지 붙었던 크로울 리를 밖으로 끌어내려고 했다. 한편 주위에 있는 빌딩 옥상에도 기관총이 설치되었다. 그리하여 이 뉴욕의 고급 주택가는 한 시간 반 이상이나 권총과 기관총 소리가 콩 볶듯 하는 소란 속에 파묻혔다. 크로울 리는 두툼한 소파 뒤에 몸을 숨기고 경찰관들에게 계속 총알을 퍼부었다. 이 싸움을 구경하려고 몰려든 시민들의 수는 무려 만여 명에 이르렀다. 이는 실로 뉴욕 뒷골목에 일찍이 없었던 일대 활극이었던 것이다.

크로울 리가 체포되었을 때 경찰국장 멀투니가 발표한 바에 의하면, 이 쌍권총의 악한은 뉴욕 범죄 사상에도 드물게 보는 흉악범으로, '털끝만한 동기' 만 있어도 간단히 사람을 죽인 위인이라는 것이었다.

그러면 쌍권총 크로울 리 자신은 스스로를 어떻게 생각하고 있었을까? 이를 알아낼 만한 근거로 남은 것이 있다. 이는 경찰들이 아파트에 사격을 퍼붓고 있는 동안, 크로울 리가 관계자 여러 사람 앞으로 쓴 편지이다. 그 편지를 쓰는 도중에도 그의 상처에서는 피가 흘러내려 종이 위에 검붉은 핏자국을 남겼는데, 그 편지의 한 구절에서 크로울 리는 다음과 같이 말했다.

"내 육신 속에 간직되어 있는 마음은 몹시 지쳤고, 그것은 또한 어진 마음입니다. 아무도 해치려 들지 않는 마음입니다."

이 사건이 있기 바로 전에 크로울 리는 롱아일랜드의 시골길에서 자동차를 세워놓고 그의 정부와 한창 데이트를 즐기고 있었다. 갑자기 한 경관이 자동차 있는 데로 다가오더니, "면허증 좀 보여주시오" 하고 말을 건넸다. 크로울 리는 아무 대답도 없이 별안간 권총을 꺼내 그 경관에게 마구 쏘아댔다. 경관이 그 자리에 쓰러지자 크로울 리는 차에서 뛰어내려 경관의 권총을 빼앗더니 숨져가는 경관에게 다시 한 방을 쏘았다. 이 살인마가 '바탕은 착한, 아무도 해치려 들지 않는 마음' 의 소유자라고 스스로 말했던 것이다.

크로울 리는 사형 선고를 받았다.

싱싱 교도소의 사형 전기의자에 앉았을 때 과연 그가 "사람을 많이 죽였으니 이렇게 되는 것도 자업자득이지" 하고 말했을까? 아니다. 그렇게 말하기는커녕 "내 몸을 지켰을 뿐인데 이런 꼴을 당하다니!" 하고 한탄했다. 이것이 크로울 리의 마지막 말이었다.

이 이야기의 요점은 흉악무도한 크로울 리조차 자기가 나쁘다는 생각은 전혀 하지 않았다는 것이다.

이렇게 생각하는 범죄자는 흔한 법이다. 다음 말을 들어보자.

"나는 생애의 한창 좋은 시절을 남을 즐겁게 하고 도와주느라고 애써왔지만, 그 대가란 냉엄한 세상의 비난과 범인이란 낙인뿐이다."

이렇게 한탄한 것은 일찍이 시카고를 손아귀에 넣고 온 미국을 덜덜 떨게 했던 암흑가의 왕자 알 카포네였다. 카포네처럼 흉악무도한 인간도 자기 스스로를 악인이라고는 생각지 않았다. 오히려 자기는 자선가라고 자처하면서 세상 사람들이 자기의 선행을 오해하고 있다는 것이다.

뉴욕에서도 둘째가라면 서러워할 흉악범 더치 슐츠 또한 그러했다. 폭력단의 동료가 잡히는 바람에 목숨을 잃게 된 슐츠도 어느 신문기자와 만난 자리에서 자기가 사회의 은인이라고 말한 일이 있다. 그는 사실 그렇게 믿고 있었다.

이 문제에 대해서 나는 싱싱 교도소장인 와든 조즈 씨로부터 재미있는 이야기를 들은 적이 있다. 수형자 중에서 자기 스스로를 악인이라고 생각하는 사람은 극히 드물다는 것이다. 자기는 일반 선량한 시민과 조금도 다를 바가 없다고 생각하며 끝까지 자신의 행위를 정당하다고 믿고 있다는 것이다. 왜 금고를 파괴하지 않으면 안 되었으며 어째서 권총 방아쇠를 당기지 않으면 안 되었던가를 누누이 설명한다는 것이다. 범죄자는 대부분 자신의 반사회적 행위를 그럴 듯한 이유를 붙여 정당화하려 하고 자기 스스로에게까지 어떻게든지 바르게 설명하려고 하며 따라서 교도소에 들어와 있는 것은 사리에 맞지 않는다고 주장한다는 것이다.

앞에 나온 바와 같이 알 카포네, 크로울 리, 슐츠, 그 밖의 모든 복역수들까지 자신을 나쁘다고 생각지 않는데 하물며 다른 보통 사람들은 어떻게 생각하고 있을까?

"30년 전, 나는 다른 사람을 나무란다는 것이 어리석은 노릇임을 깨달았다. 내 스스로의 어려움도 감당해내지 못하면서 어찌 하나님이 모든 사람들에게 평등한 지능을 부여하지 않았다고 짜증을 낼 여유가 있단 말인가?"

이렇게 말한 것은 미국의 위대한 실업가 존 워너메이커였다. 워너메이커는 일찍이 이를 깨달았지만, 나는 유감스럽게도 이제 나이 마흔이 다 되어서야 인간은 아무리 자기가 잘못되었더라도 결코 자기가 나쁘다는 것을 인정하려 들지 않는다는 것을 겨우 깨닫기 시작한 듯하다.

남의 험을 잡는다는 것은 아무 소용도 없는 짓이다. 상대방은 곧 방어 태세를 갖추고 어떻게든지 자기를 정당화하려 들 것이다. 더구나 자존심이 상한 상대방은 결국 반항심을 갖게 되며 더욱 위험을 초래하게 된다.

일찍이 독일 군대에서는 무슨 불만스러운 일이 있더라도 그 자리에서 곧 불평을 말하거나 비판하는 것을 허용치 않

았다. 속이 타는 대로 하룻밤을 그대로 참고 자야만 했다. 날이 새면 그런 대로 마음이 가라앉는다는 것이다. 만약 그 즉석에서 불평을 하는 병사가 발견되면 그는 처벌을 받았다. 이 규칙은 매우 엄격하게 지켜져 왔다. 그리고 이는 당연히 일반 사회에도 법률로 적용되어 잔소리가 심한 부모, 바가지 긁는 아내, 고용인을 들볶는 주인, 그 밖에 남의 험만 잡으려 드는 모든 사람을 깨우쳐주어야 한다는 것이다.

남을 비난하는 일이 무익하다는 예는 역사상 허다하다. 테오도어 루스벨트 대통령과 그 후 제자인 윌리엄 태프트 대통령 사이의 유명한 싸움도 그 한 예이다. 이 사건으로 말미암아 그들이 이끄는 공화당이 분열되었고, 민주당의 우드로 윌슨이 백악관의 주인으로 들어앉았을 뿐만 아니라, 제1차 세계대전에 미국을 참전케 하는 결과를 가져왔는데, 이 사건을 돌이켜보기로 하자.

1908년에 루스벨트는 대통령 자리를 같은 공화당의 태프트에게 물려주고, 자기는 아프리카로 사자 사냥을 떠났다. 그런데 얼마 뒤에 돌아와 보니 태프트가 하는 짓이 못마땅했다. 보수적 경향이 너무 강하다는 것이다. 이에 루스벨트는 다음 대통령 후보의 지명을 확보하고자 진보적인 '불 무스당' 을 조직했다. 그 결과 공화당은 붕괴의 위기에 직면하게 되었고, 다음번 선거에서 태프트를 후보로 세운 공화당은 버몬트와 유타 두 주에서만 겨우 지지를 받았을 뿐 공화당으로서는 전례없는 완패를 맛보게 되었다.

루스벨트는 태프트를 나무랐다. 그러면 질책받은 태프트는 과연 자기가 잘못했다고 생각했을까? 물론 그렇지 않았다.

"아무리 생각해도 나로서는 그 밖에 달리 도리가 없었다"고 태프트는 분에 못 이겨 눈물을 머금고 말했던 것이다.

이 두 사람 중에서 누가 나빴는가 하고 따진다면, 솔직히 말해 나는 모른다고 할 수밖에 없겠고, 또 누가 나빴는가는 알 필요도 없다. 내가 말하고 싶은 것은 루스벨트가 아무리 심하게 태프트를 책망했다 하더라도 태프트로 하여금 스스로의 잘못을 깨닫게 할 수는 없었다는 점이다. 결과는 태프트로 하여금 다만 자기의 입장을 어떻게든지 정당화하도록 했고 눈물을 흘리면서, “아무리 생각해도 별다른 도리가 없었다”고 되풀이하여 변명하게끔 했을 뿐이다.

또 하나의 예로 티포트 돔 유전(油田) 스캔들을 들어보자. 이는 미국 역사상 전례 없는 큰 부정 사건으로 수년 동안 신문지상에 오르내리며 떠들썩했고, 국민의 분격 또한 굉장한 사건이었다.

이 부정 사건의 중심인물은 제29대 하딩 대통령 내각의 앨버트 폴 내무장관으로서, 당시 정부 소유의 티포트 돔과 엘크 힐의 유전 대여에 관한 실권을 장악하고 있었다. 이 유전은 원래 해군용으로 보존해두기로 했던 것인데, 폴은 입찰에 붙이지도 않고 선뜻 그의 친구인 에드워드 L. 도헤니에게 수의계약으로 대여해줌으로써 큰 돈벌이를 시켜주었던 것이다.

이에 대하여 도헤니는 대부금이라는 명목으로 폴에게 10만 달러의 돈을 주었다. 그러자 이 내무장관은 해병대를 동원하여 그 유전 부근의 다른 업자들을 쫓아냈다. 이는 엘크 힐의 석유 매장량이 이웃에 있는 유전의 영향을 받아 감소될까 두려워한 나머지 취한 독단적인 수단이었다.

그러나 문제가 된 것은 총칼에 쫓겨난 사람들이 들고 일어나 법정에 이 사건을 제소한 것이다. 이리하여 1억 달러짜리 독직(瀆職) 사건은 백일하에 드러나게 되었다. 이 사건은 너무나도 추악하여 끝내는 하딩 내각의 사퇴를 초래했고, 온 국민을 분격시킨 나머지 공화당은 위기에 빠져버렸으며, 앨버트 폴도 투옥당하는 결과를 가져왔다.

폴은 현직 관리로서는 전례없는 중벌에 처해지게 되었다. 그리하여 과연 폴은 자기 죄를 회개했을까? 실제로는 그렇지 못했다. 그로부터 몇 년 뒤 허버트 후버 대통령이 어느 강연회에서 하딩 대통령의 목숨을 재촉한 것은 친구에게 배반당한 정신적 고민이었다고 한 적이 있는데, 이를 듣고 있던 폴의 부인이 갑자기 의자를 차고 일어나더니 주먹을 움켜쥐고 울부짖으며 소리쳤다.

"뭐라고요? 하딩이 폴에게 배반당했다고요? 천만의 말씀을! 제 남편은 남을 배반한 적이 한 번도 없습니다. 설사 이 건물 안에 황금이 가득 차 있더라도 제 남편이 그것에 혹해서 나쁜 일을 저지를 분은 아닙니다. 배반당한 것은 바로 제 남편이에요. 그야말로 배반당하고 억울하게 죽음을 당한 수난자예요."

이처럼 나쁜 인간일수록 자기의 잘못은 깨닫지 못하고 남을 헐뜯으려 드는 법이다. 이것이 곧 인간의 천성이다. 그러나 이는 악인에게만 해당되는 일이 아니다. 우리들도 마찬가지이기 때문이다. 그러니까 만일 남을 비난하고 싶어지면 알 카포네, 크로울 리, 앨버트 폴의 이야기를 한번 상기해보자.

사람을 비난하는 것은 누워서 침 뱉는 일이나 다름없는 것으로 반드시 자기 자신에게 돌아오게 마련이다. 남의 잘못을 고쳐주려 한다든지 그것을 비난하면 상대방은 결국 오히려 이쪽을 원망하고 태프트처럼 기껏해야 "그렇게 하는 수밖에 없었다"고 변명이나 할 따름이다.

1865년 4월 15일 토요일 아침, 포드 극장에서 부스의 흉탄에 맞아 쓰러진 에이브러햄 링컨은 그 극장 바로 건너편에 있는 어느 싸구려 하숙집의 침상에 누워서 죽음을 기다리고 있었다. 침대가 너무 짧아서 키가 큰 링컨은 비스듬히 뉘어 있었다. 방안 벽에는 로자 본눌의 유명한 그림 '마시장(馬市場)'의 복사판 그림이 걸려 있을 뿐, 어둠침침한 가스등의 누런 불꽃이 흔들거리고 있었다.

이 서글픈 정경을 지켜보고 있던 스탠튼 육군 장관은, "여기 누워 있는 분처럼 완전히 인간의 마음을 지배할 수 있었던 사람은 이 세상에 다시없을 것이다"라고 말했다.

그처럼 사람의 마음을 잘 다루었던 링컨의 비결은 무엇이었던가? 나도 링컨의 생애를 10년간 연구했고 그 뒤 만 3년이나 걸려 《링컨 인생 비사(人生秘史)》라는 책을 써냈기 때문에 링컨의 사람됨과 그의 가정생활에 대해 잘 알고 있고 누구보다도 깊은 연구를 했다고 자부하는 바이지만, 그중에서도 특히 그의 사람 다루는 법을 주력해서 연구했다.

링컨도 사람을 비난하는 데 흥미가 있었는가 하면, 사실 그도 그랬던 것 같다. 그가 젊었을 때 인디애나 주의 피전 크리크 벨리라는 시골에서 산 적이 있었는데, 그 무렵 그는 남의 험을 잘 찾아냈을 뿐만 아니라 상대방을 비웃는 시며 편지를 곧잘 써서 일부러 사람들 눈에 잘 띄는 길에 떨어뜨려 놓고는 했다. 그 편지 하나 때문에 한평생 그에게 반감을 갖게 된 사람도 있을 정도였다.

그 뒤 일리노이 주 스프링필드에서 변호사 개업을 한 뒤에도 그는 반대파 인사들을 공격하는 편지를 신문지상에 자주 공개하곤 했는데, 그것이 지나쳐 끝내는 큰 말썽이 일어났다.

1842년 가을, 링컨은 제임스 실즈라는 허세 잘 부리고 싸움 잘하는 아일랜드 태생의 정치인을 공격했다. 즉 그를 조롱하는 익명의 풍자문을 〈스프링필드 저널〉에 기고했던 것이다. 이 글이 발표되자 시중의 모든 사람이 웃음을 터뜨렸다. 다정다감하고 자존심이 강한 실즈는 물론 화가 머리끝까지 치올라서 그 글을 투서한 필자를 알아내자 곧 말을 타고 달려가 링컨에게 결투를 청했다. 링컨은 결투에 반대하는 사람이었지만 그 도전을 받아들이지 않을 수 없었다. 그리고 무기 선택은 링컨에게 일임했다. 링컨은 팔이 길기 때문에 기병용의 날이 넓은 칼을 택하여 육군사관학교 출신인 친구에게서 검도 교습을 받았다. 약속된 날, 두 사람이 미시시피 강의 모래밭에 마주 서서 막 결투를 시작하려는 찰나, 쌍방의 중개인이 절충하여 결투를 그만두게 되었다.

이 사건에는 링컨도 상당히 당황했다. 그 덕분에 그는 사람을 다루는 법에 대하여 매우 귀중한 교훈을 얻게 된 것이다. 두 번 다시 그는 남을 업신여기는 편지를 쓰거나 남을 비웃지 않았으며, 어떠한 일이 있어도 남을 비난하지 않았다.

그 사건이 있은 뒤 오랜 훗날의 일이지만, 남북전쟁 때 포토맥 강

안 지구의 전투가 뜻대로 이루어지지 않아 링컨은 사령관을 여러 차례 교체시키지 않으면 안 되었다. 맥클라랜, 포프, 번사이드, 후커 등 다섯 장군을 차례차례로 바꾸어보았으나 그들 모두가 실망만 안겨주었으므로 링컨은 낙담하게 되었다. 많은 국민이 이들 무능한 장군들을 통렬히 비난했으나, 링컨은 '만인에게 악의를 버리고 사랑으로' 라고 자신을 타이르면서 마음의 평정을 잃지 않았다.

"남의 심판을 받기 싫거든 남을 의심하지 말라."

이 말은 링컨이 좋아하던 좌우명이다.

링컨은 그의 부인이나 측근자들이 남부 사람들을 욕하면 이렇게 타일렀다.

"그들을 너무 나무라지만 말게. 우리도 그 입장이 되면 남부 사람들과 똑같이 될걸세."

그러나 세상에 남을 비난해도 괜찮을 만한 사람이 있었다면 그는 바로 링컨이었을 것이다.

그 예를 하나 들어보자.

1863년 7월 1일부터 사흘 동안에 걸쳐 게티즈버그(펜실베이니아 주 남부의 도시)에서 남북 양군의 격전이 벌어지고 있었다. 4일 밤이 되자 리 장군 휘하의 남군이 내리퍼붓는 호우를 틈타 후퇴하기 시작했다. 패군을 이끌고 리 장군이 포토맥 강까지 퇴각해왔을 때 강은 밤새껏 내린 폭우로 범람하여 도저히 건널 수가 없었고, 뒤에는 의기충천한 북군이 다가오고 있었다.

남군은 궁지에 몰린 것이다. 링컨은 남군을 궤멸시키고 전쟁을 즉각 종결시킬 호기가 찾아온 행운을 기뻐하며, 벅찬 기대에 가슴 죄며 미드 장군에게 작전회의는 생략하고 곧 추격할 것을 명령했

다. 링컨은 전보를 쳐서 이 명령을 미드에게 알렸고 곧 이어 특사를 보내 즉각적인 공격을 개시하라고 지시했다.

그러나 미드 장군은 링컨의 명령과는 정반대의 일을 했다. 작전회의를 열어 시간을 허비했고 여러 가지 구실을 만들어 공격을 거부했다. 그러는 동안에 강물이 빠지고 리 장군은 남군과 함께 강 건너로 무사히 퇴각해버렸다.

링컨은 화를 벌컥 냈다.

"이게 도대체 어찌된 일인가?"

그는 아들 로버트를 붙들고 이렇게 소리치기도 했다.

"아니, 이런 터무니없는 노릇이 어디 있담! 적은 독 안에 든 쥐나 다름없지 않았던가. 우리 편에서 조금만 손을 썼으면 문제없이 쳐부술 수 있었을 텐데. 내가 아무리 말해도 예하 부대가 움직이려 들지 않았단 말야. 이런 경우에는 어느 장군일지라도 리를 무찌를 수 있었을 텐데. 나라도 그를 격퇴시켰을 거야."

매우 낙담한 링컨은 미드 장군에게 한 통의 편지를 썼다. 이 무렵의 링컨은 말에 있어 아주 조심스러웠다는 점을 잊어서는 안 된다. 따라서 1863년에 쓰인 이 편지는 링컨이 몹시 분개해서 쓴 편지라 볼 수 있다.

미드 장군 귀하

나는 적장 리의 탈출이 가져온 불행한 사태의 중요성을 귀관이 올바로 인식하고 있지 못한 것으로 생각합니다. 적은 바로 우리 손아귀에 있었으며 추격만 했더라면 최근 아군이 거둔 전과와 더불어 전쟁을 종결할 수 있었을 것입니다. 그러나

이 좋은 기회를 놓친 현재로는 전쟁 종결의 전망이 완전히 사라져버렸습니다.

귀관은 지난 월요일에 리를 공격했어야 완전하게 물리칠 수 있었던 것입니다. 그런 기회를 놓쳐 그가 대안으로 건너간 지금 그를 공격한다는 것은 절대 불가능합니다. 지금은 그 당시 병력의 3분의 2밖에 사용할 수 없기 때문입니다. 앞으로 귀관의 활약을 기대한다는 것은 어렵게 되었으며 또 기대하지도 않겠습니다.

귀관은 천재일우의 호기를 놓친 것입니다. 그 때문에 나도 말할 수 없는 괴로움을 겪고 있습니다.

미드 장군은 이 편지를 받아보고 어떻게 생각했을까? 실인즉 미드는 이 편지를 읽지 못했다. 링컨이 부치지 않았기 때문이다. 이 편지는 링컨이 죽은 뒤 그의 서류함 속에서 발견되었던 것이다.

미루어보건대 아마 링컨은 이 편지를 쓰고 나서 한참 창밖을 내다보며 이렇게 중얼거렸을 것이다.

"잠깐만, 이건 너무 서두르지 않는 편이 낫지 않을까. 이처럼 조용한 백악관 안에 들어앉아서 미드 장군에게 공격 명령을 내리는 것은 쉬운 일이지만, 만약 내가 게티즈버그 전선에서 일주일 정도를 미드 장군이 목격한 그 처참한 유혈을 직접 보고 전사자의 비명과 단말마의 아우성 소리를 귀가 아프도록 들었다면, 아마 나도 선뜻 공격을 실행할 마음이 생기지 않았을는지 몰라. 만약 나도 미드처럼 소심한 성격의 사람이었다면 결국 같은 태도를 취했을 것이야. 그리고 이미 엎질러진 물이야. 이 편지를 보내면 내 기분

은 좀 풀릴지 모르나 미드는 어떠할까? 자기를 정당화하려 하고 오히려 나를 비난하겠지. 그리하여 나에 대한 반감만 불러일으켜 앞으로 사령관으로서도 쓸모없는 사람이 되어 그는 결국 군을 떠나게 될지도 몰라."

그래서 링컨은 앞에 말한 대로 그 편지를 처박아두었을 것이다. 링컨은 과거의 쓰라린 경험으로 심한 비난이나 힐책은 대부분의 경우, 아무 소용이 없음을 깨닫고 있었던 것이다.

테오도어 루스벨트는 재임 중에 무슨 난관에 부닥치면 언제나 거실의 벽에 걸려 있는 링컨의 초상을 바라보며, "링컨 같으면 이 문제를 어떻게 처리할까" 하고 생각해보는 버릇이 있었다고 스스로 이야기하고 있다.

우리도 타인을 공격하고 싶어질 때면 루스벨트 대통령을 본떠서, "링컨이라면 이러한 경우 어떻게 했을까" 하고 생각해보는 것이 좋지 않을까.

타인의 결점을 고쳐주려는 마음씨는 분명히 훌륭하고 칭찬할 만한 것이나, 왜 먼저 자기 자신의 결점을 고치려 하지 않는 것일까? 섣불리 타인을 고쳐주려 하기보다 자기를 고치는 편이 이기주의적인 견지에서도 훨씬 더 유익하며, 또 덜 위험한 법이다.

"자기 자신과 싸움을 시작한 자는 자기가 가치 있는 인간이라는 것을 증명한 셈이 된다."

이는 영국의 시인 브라우닝이 한 말이거니와, 자기 스스로와 싸우고 자신을 완전한 인간으로 만들려는 노력은 적어도 1년은 걸려야 가능할 것이다. 그러나 만약 이 노력이 성공한다면 우리들은 즐거운 새해를 맞이할 수 있을 것이며, 그 뒤에는 실컷 남의 잘못을 탓해도 좋을 것이다. 그러나 그러기 전에 먼저 자기 자신부터 완전해져야 한다.

자기 집 현관은 지저분하면서 이웃집 지붕의 눈을 치우지 않는다고 탓하는 그런 일은 하지 말라고 가르친 것은 동양의 현인 공자이다.

내가 젊었을 때 일이지만 나는 남에게 어떻게 하면 내 존재를 인정받도록 할 수 있을까 하고 애태운 일이 있었다. 나는 그때 미국 문단에 명성을 떨치기 시작한 작가 리처드 하딩 데이비스에게 어리석은 편지를 썼다. 어느 잡지에 작가론을 쓰기로 되어 있었으므로 그가 일하는 방법을 직접 물어보려 한 것이다. 마침 그보다 몇 주일 전 나는 어느 사람으로부터 편지를 받았는데, 그 말미에 '받아쓰게 하고 읽어 확인해보지는 못했음' 이라고 부기되어 있었다.

나는 그 구절이 마음에 들었다. 이 편지를 보낸 사람은 공사가 다망한 요인임이 틀림없다고 생각했다. 나는 결코 바쁘지는 않았지만 어떻게 해서든 데이비스에게 강한 인상을 주려 한 나머지 그 문구를 편지 끝에 써버렸다.

데이비스는 회답 대신 내 편지를 그대로 돌려보내왔다. 되돌아온 편지의 여백에는, '버릇없는 짓은 그만두게나' 라고 쓰여 있었다. 확실히 내가 나빴다. 그 정도의 핀잔은 받아도 당연했다. 그러나 나도 인간인지라 분개하지 않을 수 없었다. 생각할수록 분했다.

그로부터 10년 뒤 리처드 하딩 데이비스가 죽었다는 소식을 신문에서 보았을 때 먼저 내 가슴에 떠오른 생각은, 부끄러운 말이지만, 그 전에 당한 모욕감이었다.

죽을 때까지 타인의 원망을 사고 싶은 사람은 남을 신랄하게 비평하기만 하면 된다. 그 비평이 정당한 것이면 정당할 것일수록 효과적이다.

무릇 인간을 다룰 경우에는 상대방을 논리의 동물이라고 생각하면 큰 오산이다. 상대방은 감정의 동물이며 편견에 가득 차 있고 자존심과 허영에 따라 행동한다는 것을 명심해둘 필요가 있다. 사람을 비난하는 것은 말하자면 위험한 불꽃이다. 그 불꽃은 자존심이라는 화약고의 폭발을 유발하기 쉽다. 이 폭발은 때때로 사람의 목숨마저 앗아간다.

예를 들면 레너드 우드 장군은 비난을 받고 프랑스 전선에 파견되지 않았던 탓으로 자존심이 상하여 일찍 세상을 떠나게 되었다고 한다.

영문학의 거성이었던 토머스 하디가 소설 쓰기를 그만두게 된 동기는 뜻하지 않은 혹평을 받은 데 있으며, 영국의 천재 시인 토머스 채터튼을 자살로 몰아넣은 것도 비평이었다.

청년 시절에는 사교술이 없기로 유명했던 벤저민 프랭클린은 뒷날 뛰어난 외교적 기교를 배워 사람을 능란하게 다루게끔 되었고, 마침내는 주불 미국대사로 임명되었다. 그가 성공한 비결은, "남의 험담은 절대로 하지 말고 장점을 들추어 칭찬해주는 데 있다"고 그는 말했다.

사람을 비판하거나 비난하거나 잔소리한다든가 하는 일은 어느 바보라도 할 수 있다. 오히려 바보일수록 그러기를 좋아하는 법이다. 그러나 이해와 관용은 뛰어난 품성과 극기심을 갖춘 사람만이 지닐 수 있는 미덕이다.

영국의 사상가 칼라일에 의하면, "위인은 소인을 다루는 솜씨로써 그 위대함을 보여준다"고 한다.

남을 비난하는 대신 그를 이해하려고 노력해보자. 어째서 상대방이 그런 일을 저지르게 되었는가를 곰곰이 생각해보도록 힘써보자. 그렇게 하는 것이 더 유익하며, 또 재미있기도 하다. 이렇게 되면 동정, 관용, 호의가 저절로 우러나오게 마련이다.

모든 것을 알게 되면 모든 것을 용서하게 된다.

영국의 위대한 문학자인 존슨 박사는 일찍이 말하기를, "하나님도 사람이 죽기를 기다렸다가 심판을 하신다" 했다.

하물며 여러분이나 나 같은 사람이 그때까지 기다릴 수 없다고는 하지 못할 것이다.

02 중요감을 갖게 한다

사람을 움직이는 비결은 하나밖에 없다. 그러나 이 사실을 알고 있는 사람은 매우 드문 것 같다.

사람을 움직이는 비결은 확실히 하나밖에 없는 것이다. 즉 스스로 움직이도록 감정을 불러일으켜 주는 것이다. 거듭 말하거니와 이것 말고는 다른 비결이 없다.

물론 어느 사람의 가슴에 권총을 들이대고서 그로 하여금 손목시계를 풀어주고 싶은 마음을 일으키게 할 수는 있다. 종업원을 해고시키겠다고 위협함으로써 협력을 강요할 수도 있을 것이며, 적어도 감시의 눈을 부릅뜨고 있는 동안만은 회초리를 들고 엄포를 놓아 어린아이들을 뜻대로 다룰 수도 있을 것이다. 그러나 이처럼 난폭한 방법은 언제나 좋지 않은 반발을 가져온다.

사람을 움직이는 데는 그에게 그가 바라는 것을 주는 게 가장 좋은 방법이다. 사람은 무엇을 원하고 있을까?

20세기의 위대한 심리학자 지그문트 프로이트 박사에 의하면 인간의 모든 행동은 두 가지 동기, 즉 '성욕과 위대해지려는 욕망'에서 비롯된다는 것이다.

미국의 가장 저명한 철학자이며 교육가인 존 듀이 교수도 같은 내용의 말을 조금 다른 표현으로 피력하고 있다. 즉 인간이 지닌 가장 뿌리 깊은 충동은 '중요한 인물이 되고자 하는 욕구'라는 것이다. '중요한 인물이 되고자 하는 욕구'라는 문구는 실로 뜻 깊은 말이다. 이 책에서 자세히 살펴보기로 하자.

인간은 무엇을 원하는가? 그다지 원하는 것이 없어 보이는 사람일지라도 분명히 요구하는 것이 몇 가지는 있을 것이다. 보통 사람 같으면 먼저 다음과 같은 것을 바랄 것이다.

① 건강한 장수
② 음식
③ 수면
④ 돈 및 돈으로 살 수 있는 물건들
⑤ 내세의 생명
⑥ 성욕의 충족
⑦ 자손의 번영
⑧ 자기의 중요감

이들 욕구는 거의 다 만족시킬 수 있는 것이지만 하나만은 예외이다. 이 욕구는 음식이나 수면의 욕구처럼 아주 뿌리 깊게 박혀 있고 좀처럼 충족되기 힘든 것이다. 즉 여덟 번째의 '자기의 중요감' 이 바로 그것이며 이를 프로이트는 '위대해지려는 욕망' 이라 부르고, 듀이는 '중요 인물이 되고자 하는 욕구' 라고 말하고 있다. (자기의 중요감이란 심리학 용어로 주변 사람에게 중요한 존재, 다시 말해 가치 있는 존재로 인식되고 싶다는 감정이다—옮긴이)

링컨은 어느 편지의 첫머리에 '인간은 누구나 고맙다는 치사의 말을 좋아한다' 고 쓴 일이 있다. 뛰어난 심리학자 윌리엄 제임스는 '인간이 가진 본성 가운데서 가장 강한 것은 남에게 인정을 받고자 갈망하는 마음이다' 라고 말한 바 있다. 여기서 제임스가 '희망' 한다든가 '염원' 한다든가 '동경' 한다든가 하는 말 대신, 구태여 갈망(渴望, craving)한다는 말을 쓴 점을 주의해야 할 것이다.

이것이야말로 인간의 마음을 줄기차게 뒤흔들며 파고드는 간절한 마음인 것이다. 남에게 이러한 마음의 갈망을 제대로 만족시켜줄 수 있는 사람은 아주 드물지만, 그것을 할 수 있는 사람이라야 비로소 남의 마음을 자기 손아귀에 잡아넣을 수 있다. 장의사 주인이라 하더라도 그러한 사람이 세상을 떠나면 진심으로 슬퍼할 것이다. 자기의 중요감에 대한 욕구는 인간을 동물과 구별시키는 주요한 인간의 특성이다. 이에 대한 아주 재미있는 이야기가 있다.

내가 미주리 주의 시골에서 살던 어린 시절, 아버지는 듀록 저어지 종의 혈통 좋은 돼지와 백발의 순혈종 소를 기르고 있었는데, 그것을 중서부 각지의 품종 경진대회에 내보내 여러 번 1등상을 타고는 했다. 아버지는 그 여러 가지 명예의 파란 리본들을 한 장의 흰 모슬린 천에다 가지런히 핀으로 꽂아 손님이 올 때마다 그 긴 모슬린 천을 끄집어내어 그 한쪽 끝은 아버지가 들고, 다른 한쪽 끝은 내게 붙잡게 하여 파란 리본을 손님들에게 보여주는 것이었다.

돼지 자신은 그가 탄 상에 대해 전혀 관심이 없었으나, 아버지는 대단한 관심을 가지고 있었다. 즉 그 상은 아버지에게 자기의 중요감을 주었기 때문이다.

만일 우리의 조상들이 이 자기의 중요감에 대한 열렬한 욕구를 가지고 있지 않았다면 인류의 문명도 탄생하지 않았을지 모른다.

무식하고 가난한 한낱 식료품 가게 직원을 부추겨서 전에 그가 50센트를 주고 사두었던 몇 권의 법률 책을 짐 보따리 속에서 끄집어내어 공부하도록 한 것은 자기의 중요감에 대한 욕구였다. 이 직원은 여러분도 짐작이 가겠지만 바로 링컨 그 사람이다.

영국의 소설가 찰스 디킨스로 하여금 위대한 작품을 쓰도록 한 것도, 18세기 영국의 이름난 건축가 크리스토퍼 렌 경에게 불후의 명작을 남기게 한 것도, 또 록펠러가 평생 써도 못다 쓸 막대한 재산을 이루게 한 것도 모두 자기의 중요감에 대한 욕구인 것이다. 대단한 부자가 필요 이상으로 큰 저택을 짓는 것도 역시 같은 욕구의 발로라 하겠다.

최신 유행의 의상을 몸에 걸치고 신형 자가용차를 몰고 싶어 한다거나, 자기 자식을 자랑한다거나 하는 것은 모두 이 욕구가 있기 때문이며, 수많은 소년 소녀들이 나쁜 길로 빠져들어 가는 것도 이 욕구 때문인 것이다.

뉴욕 시 전 경찰국장인 멀루니는 이렇게 말하고 있다.

"오늘날의 청소년 범죄자는 꼭 자아(自我, 자기 자신에 관한 강한 개인의식)의 덩어리 같습니다. 체포된 뒤 그들이 최초로 요구

하는 것은 자기를 영웅처럼 대서특필하고 있는 신문을 보여달라는 것입니다. 자기의 사진이 베이브 루스, 아인슈타인, 린드버그, 루스벨트와 같은 인사의 사진과 나란히 나와 있는 것을 보고 있노라면, 사형당하는 전기의자에 앉는 걱정쯤은 멀리 사라지는가 봅니다."

자기의 중요감을 만족시키는 방법은 사람에 따라 다르고, 그 방법을 알아보면 그 사람의 인품을 짐작할 수가 있다. 자기의 중요감을 만족시키는 방법에 따라 그 사람의 성격이 정해진다는 것이다. 이는 아주 뜻 깊은 말로서, 예컨대 존 D. 록펠러에게 있어 자기의 중요감을 충족시키는 방법은 잘 알지도 못하는 중국의 빈민들을 위해서 베이징에 현대식 병원을 세울 자금을 기부하는 일이었다. 한편 딜린저 같은 사람은 똑같은 자기의 중요감을 만족시키기 위하여 도둑질을 하고 은행 강도질을 한 끝에 마침내는 살인범까지 되고 말았다.

수사관에 쫓겨 미네소타의 한 농가에 뛰어들었을 때 그는, "내가 바로 딜린저다!"라고 외쳤다. 이는 자기가 흉악한 범인임을 과시하려는 욕망에서 나온 것이다.

"나는 너희들을 해칠 생각은 없다. 하지만 딜린저라는 것을 알아둬!"

딜린저와 록펠러와의 중요한 차이점은 저마다의 중요감에 대한 욕구를 충족시키기 위한 방법상의 차이뿐이다.

저명인사가 자기의 중요감을 만족시키려고 고심한 흥미 있는 예는 역사상 많이 찾아볼 수 있다. 조지 워싱턴조차도 '합중국 대통령 각하' 라고 불리기를 좋아했다. 콜럼버스도 '해군 대제독', '인도 총독' 이라는 이름으로 불리는 것을 즐거워했다.

러시아의 예카테리나 여제는 자기에게 오는 편지 가운데 서두에 '폐하' 라고 쓰여 있지 않은 것은 거들떠보려고도 하지 않았으며, 또 링컨 부인은 관저에서 그랜트 장군 부인에게, "당신은 어쩌면 그렇게 뻔뻔하세요! 내가 앉으라고 말하기도 전에 자리에 앉으니 말이에요!" 하고 화를 몹시 냈다는 것이다

바드 소장의 남극 탐험에 미국의 백만장자들이 자금을 원조해준 것은 남극에서 새로 발견될 산맥에 그들의 이름을 따서 붙여준다는 조건 때문이었다. 또 프랑스의 대작가 빅토르 위고는 파리를 자기 이름을 따서 개칭하려는 대단한 희망을 품고 있었다. 저 위대한 셰익스피어까지도 자기의 이름을 빛내기 위하여 돈을 모아 가문을 샀던 것이다.

타인의 동정과 주의를 끌기 위하여 자기의 중요감을 만족시키고자 병을 앓는 사람도 가끔 있다. 예컨대 매킨리 대통령 부인 같은 사람이 그렇다. 그녀는 자기의 중요감을 충족시키고자 남편인 매킨리 대통령으로 하여금 중요한 국사조차 소홀히 하게 하면서, 그가 침실에 들어와 자기가 잠들 때까지 몇 시간이고 곁에 있도록 했다.

또 부인은 이를 치료받는 동안 줄곧 남편을 떠나지 못하게 함으로써 남의 주의를 끌려는 자기 욕망을 충족시켰다. 한번은 대통령이 존 에이와의 중요한 약속이 있어 부인을 의사에게만 맡기고 자리를 뜨게 되었는데, 그만 큰 소동이 일어나고 만 경우도 있었다.

나는 어느 젊고 튼튼한 여성이 자기의 중요감을 만족시키기 위

하여 병자가 되었다는 이야기를 들은 일이 있다. 이 여성은 어느 날 무언가 알 수 없는, 벽에 부딪힌 것 같은 느낌을 받았다. 아마 그 벽은 그녀의 나이였을 것이다. 혼기는 이미 놓치고, 앞날에는 희망 없는 고독한 세월만 그녀를 기다리고 있을 뿐이었다.

드디어 이 여성은 자리에 몸져눕고 말았다. 그로부터 10년 동안 그녀의 나이 많은 어머니는 하루 세 끼의 식사를 3층에 있는 그녀의 침실로 날라다 주면서 병시중을 들어왔다.

그런데 어느 날, 병시중에 지친 늙은 어머니가 쓰러져 그대로 세상을 떠나고 말았다. 병자는 비탄에 젖어 몇 주일을 지내더니 이윽고 자리에서 일어나 몸단장을 하고 다시 옛날처럼 건강한 사람이 되었다.

전문가의 말에 따르면 현실 세계에서는 자기의 중요감을 만족시키지 못하여 광기의 세계에서 그 만족을 찾고자 실제로 정신이상을 일으킨 사람들도 있다는 것이다. 미국의 병원에 수용된 환자 가운데 정신병 환자는 다른 모든 질병 환자의 합계보다 많다. 뉴욕에 사는 열다섯 살 이상의 인간은 스무 명에 한 명꼴로 7년 동안 정신병원에 격리되어 있는 셈이라는 것이다.

정신이상의 원인은 무엇일까?

이렇게 광범위한 질문에 쉽사리 해답하기는 힘들지만 우리는 어떤 종류의 병, 이를테면 매독 같은 병에 걸리면 뇌세포가 침범되어 발광한다는 것을 알고 있다. 사실 정신병자의 약 반수는 뇌조직 장애, 알코올 독소, 외상 등의 신체적 원인에서 오는 것이지만 나머지 반수는 이상하게도 그 뇌세포에 아무런 조직적인 결함을 찾아볼 수 없다고 한다. 시체를 해부하여 뇌 조직을 가장 정밀

한 현미경으로 살펴보아도 보통 사람과 아무런 차이가 없다는 것이다.

뇌 조직에 이상이 없는 사람이 왜 광인이 되는가?

나는 얼마 전에 이에 대한 의문을 어느 일류 정신병원장에게 물어본 일이 있다. 정신병의 최고 권위자로 모두가 인정하는 이 원장은 "솔직히 말해서 그러한 사람이 왜 정신이상을 일으키는지는 나도 알 길이 없소"라고 말하는 것이 아닌가. 확실한 것은 아무도 모르고 있다. 그러나 현실 세계에서는 충족되지 않는 자기의 중요감을 얻기 위하여 미치광이가 되는 사람이 많은 것만은 분명하다고 이 원장은 말한다.

이에 관해서 다음과 같은 이야기를 들려주었다.

"지금 우리 병원에 결혼에 실패한 부인 환자가 한 사람 있습니다. 그녀는 애정, 성의 만족, 자녀, 사회적 지위 등을 기대하고 결혼생활을 하기 시작했습니다. 그러나 현실은 그녀의 희망을 무참히 짓밟아버렸습니다. 남편은 그녀를 사랑해주지도 않았습니다.

그리고 식사도 같이하려 하지 않았고 자기 식사만 2층 자기 방으로 가져다 먹고는 했습니다. 아이도 낳지 못하고 지위도 신통치가 않았습니다. 그리하여 그녀는 정신이상을 일으켰습니다. 그리고 광기의 세계에서 그녀는 남편과 이혼하고 결혼 전의 성을 쓰게 되었습니다. 그러다가 지금은 영국의 귀족과 결혼하고 있는 것으로 믿고 있고 스미스 후작 부인이라 불러주지 않으면 가만 있지를 않습니다.

또 그녀는 어린아이를 매일 밤 낳고 있다고 믿고 있어서 내가 진찰할 때마다 그녀는 전날 밤에 아기를 낳았다고 행복한 미소를

띠며 말하는 것입니다."

그녀의 꿈을 실은 배는 번번이 현실이라는 암초에 부딪혀 산산이 부서지고 말았으나, 지금은 광기의 찬란한 공상세계 속에서 순풍에 돛을 달고 즐거운 항해를 하고 있는 것이다.

이것은 비극일까?

나는 모르겠다. 그 의사도 이렇게 말하고 있다.

"가령 내가 그저 손만 대면 그녀의 정신이상을 고칠 수 있다 하더라도 그렇게 할 생각은 없습니다. 왜냐하면 지금 그녀의 현 상태가 훨씬 행복하기 때문입니다."

대체로 정신이상자는 우리들 정상적인 인간보다 행복하고, 광기의 세계를 즐기고 있는 사람도 많다. 그것이 어째서 나쁘단 말인가? 그들은 능히 자기네의 문제를 해결하고 있는 것이다. 호기롭게 100만 달러짜리 수표도 끊어주고 이슬람 교주에게 보내는 소개장도 써준다. 정신이상자는 자기가 창조한 꿈나라에서 최대의 갈망인 자기의 중요감을 찾고 있는 것이다.

세상에는 자기의 중요감을 갈망하는 나머지 광기의 세계로까지 들어가서 그것을 충족하려는 사람도 있는 법이다. 그렇다면 우리가 정상적인 현실 세계에서 그 갈망을 만족시켜만 주면 어떠한 기적이라도 일으킬 수 있을 것이다.

연봉 100만 달러를 받는 사람은 내가 아는 바로는 지금까지 두 사람밖에 없다. 월터 크라이슬러와 찰스 슈워브이다.

철강왕 앤드류 카네기가 이 슈워브라는 사내에게 무엇 때문에 100만 달러, 즉 하루에 3000달러 이상이나 되는 급료를 주었을까? 슈워브가 천재였기 때문일까? 그렇지 않다. 제철계의 최고 권위자이기 때문일까? 천만의 말씀이다. 슈워브의 말을 빌리면 그의 휘하에 있는 수많은 부하들이 철에 관해서는 그보다 훨씬 잘 알고 있다는 것이다.

슈워브가 그만한 급료를 받는 주된 까닭은, 그가 사람을 다루는 능력이 남보다 뛰어나기 때문이라고 그 자신은 말하고 있다. 어떻게 사람을 다루느냐고 물어보자 그는 다음과 같은 비결을 가르쳐 주었다. 이는 실로 금언이라고 할 만하다. 동판에 새겨서 각 가정, 학교, 상점, 사무실 등의 벽에 걸어놓아도 좋을 것이다. 아이들도 라틴어의 동사 변화나 브라질에서 1년간 내린 강우량 같은 것을 외우는 시간에 이 말을 기억해둘 만하다. 이 말을 활용하면 우리의 인생은 크게 달라질 것이다.

"저는 사람의 열의를 불러일으키는 능력이 있습니다. 이것이 제게는 무엇과도 바꿀 수 없는 가장 소중한 보배입니다. 남의 장점을 키우기 위해서는 칭찬해주는 것과 격려해주는 것이 가장 좋은 방법입니다. 윗사람한테서 꾸중을 듣는 것처럼 의욕을 꺾는 것은 없습니다. 저는 결코 남을 비난하지 않습니다. 사람을 일하게 만들려면 힘을 북돋아주는 일이 가장 필요하다고 믿고 있습니다. 따라서 저는 사람을 추켜올리는 것을 아주 좋아하지만 사람을 깎아내리는 것을 몹시 싫어합니다. 마음에 드는 일이 있으면 진심으로 기뻐하고 아낌없는 칭찬을 보냅니다."

이것이 슈워브의 방법이다.

그런데 보통 사람은 어떻게 하는가? 이와는 정반대이다. 마음에 들지 않으면 무조건 공박하지만 마음에 들면 아무 말도 하지 않는다.

"나는 지금까지 세계 여러 나라의 훌륭한 인사들과 접촉해왔지만, 아무리 지위가 높은 사람일지라도 잔소리를 듣고 일할 때보다 칭찬을 듣고 일할 때가 일에 대한 열의도 더 있고 성과도 좋은 법이다. 그 예외는 아직 한 번도 겪어본 일이 없다."

슈워브가 한 말이다.

사실 이것이 앤드류 카네기에 있어 대성공의 열쇠라고 슈워브는 말하고 있다. 카네기는 공사 어느 경우에나 남을 칭찬하는 버릇이 있었다. 카네기는 타인의 일을 자기의 묘비에까지 새겨 칭찬했다. 그가 스스로 쓴 묘비명은 이렇다.

> 자기보다 현명한 인물을 주변에 끌어 모으는 방법을 터득한 사람이 이곳에 묻혔노라.

진심으로 남을 칭찬해 성공한 것은 록펠러의 사람 다루는 비결이다. 그에게는 다음과 같은 일화가 있다.

에드워드 T. 베드포드라는 그의 공동 출자자가 있었는데, 한번은 그가 남미에서 거래상 실패를 저질러 회사에 100만 달러라는 손해를 입혔다. 다른 사람 같으면 아마 싫은 소리를 했겠지만, 록펠러는 베드포드가 최선을 다했다는 것을 알고 있었고, 이미 지나간 일이므로 그를 오히려 칭찬해줄 재료를 찾아냈다. 즉 베드포드가 투자액의 60퍼센트까지 회수할 수 있었던 것을 반가워하면서 이렇게 말했다고 한다.

"참 잘했네, 그만큼이나 회수한 것은 아주 큰 성공이야."

플로렌스 지그펠트라고 하면 브로드웨이를 현혹시킨 대흥행사였는데, 그는 어떠한 소녀라도 눈부신 미인으로 만들어낼 수 있는 교묘한 수완으로 이름을 날렸다. 아무도 거들떠보지 않는 초라한 아가씨를 데리고 와서도 무대에 내세울 때는 놀랍도록 매혹적인 모습으로 만들어놓는 것이다.

그는 또한 현실에 맞게 주 30달러인 코러스 걸의 급료를 175달러까지 올려주었다. 그는 또 기사도적인 예의도 아는 사람이어서 공연 첫날 저녁에는 출연 스타들에게 축하 전보를 쳐주고, 코러스 걸 모두에게는 호화로운 장미 꽃다발을 듬뿍 선사하기도 했다.

한때 나는 공연한 호기심으로 단식을 해보고 싶은 마음이 생겨 엿새 동안을 굶고 지내본 일이 있다. 생각보다 그다지 어려운 일은 아니었다. 엿새째의 마지막 날보다 이틀째 밤이 더 힘들었다. 그런데 가령 가족이나 자기가 거느리고 있는 사람에게 6일 동안이나 음식을 주지 않았다면 우리는 일종의 죄악감을 느낄 것이다.

그러면서도 음식 못지않게 누구나가 갈망하고 있는 진심에서 우러나온 칭찬을 엿새는커녕 5주일 때로는 6년, 60년 동안이나 주지 않고도 아무렇지 않게 여기고 있다. 〈비엔나에서의 재회〉라는 유명한 연극에서 주역을 맡았던 앨프리드 랜트도 이렇게 말했다.

“나에게 가장 필요한 영양소는 나 자신을 높이 평가할 수 있도록 격려해주는 말이다.”

우리는 아이들이나 친구나 직원들의 육체에는 영양분을 주면서도 그들의 자기 평가에는 여간해서 영양분을 주지 않는다. 쇠고기며 감자를 주어 체력을 북돋아주기는 하지만 부드러운 칭찬의 말은 해줄 줄 모른다. 부드러운 칭찬의 말은 새벽녘에 반짝이는 별들의 음악처럼 언제까지나 기억에 남고 마음의 양식이 되는 것이다.

"말도 안 되는 소리! 비위를 맞추려는 수작! 다 낡아빠진 수법이야. 그런 수법은 벌써 옛날에 해본 나다! 지성 있는 사람들이 넘어갈 리 없지!"

여기까지 읽어온 독자 가운데는 이렇게 말할 사람도 있을 것이다. 물론 겉치레의 말은 정상적인 사람들에게는 통용되지 않는 법이다. 겉치레의 말은 천박하고 이기적이며 성의이라고는 찾아볼 수가 없다. 그러므로 그것이 통용되지 않는 것은 당연한 일이며 사실 통용되지도 않는다.

하기야 굶어 죽기 직전의 인간이 풀이며 벌레 등을 닥치는 대로 집어먹듯이 아무것이나 가리지 않고 받아 삼킬 만큼 칭찬에 굶주린 사람들이 이 세상에 많은 것도 사실이다.

결국 아첨이란 이로움보다 해로움을 불러들이는 것이다. 겉치레의 말은 가짜이다. 가짜 돈과 마찬가지로 쓰다 보면 언젠가는 화를 당하게 마련이다.

그러면 아첨하는 말과 칭찬하는 말의 차이는 어디에 있는가? 대답은 간단하다. 후자는 진실인 데 비하여 전자는 진실이 아니다. 후자는 욕심이 없고, 전자는 이기적이다. 후자는 속에서 우러나오는 말이지만 전자는 입에 발린 말이다. 후자는 모든 사람의 환영을 받지만 전자는 모두 싫어한다.

나는 최근에 멕시코시티의 차플테펙 궁을 방문한 일이 있다. 그 자리에서 오브레곤 장군의 흉상을 보았는데, 그 흉상 아래쪽에 다음과 같은 장군의 좌우명이 새겨져 있었다.

"적을 두려워할 필요는 없다. 감언을 하는 친구를 조심하라."

그렇다고 나는 결코 감언할 것을 여러분에게 권하고 있는 것은 아니다. 내가 권하고 있는 것은 '새로운 생활 방식'이다. 거듭 말하거니와 나는 새로운 생활 방식을 권하고 있는 것이다.

영국 왕 조지 5세는 버킹검 궁전 안의 서재에 6개조의 금언을 걸어놓고 있었다.

그 하나는 '값싼 칭찬은 주지도 말고 받지도 말라'는 것이다. 아첨하는 겉치레의 말은 곧 값싼 칭찬이다. 또 아첨하는 겉치레 말의 정의에 대해서는 다음과 같이 설명한 책을 읽은 적이 있다.

'아첨이란 상대방의 자기 평가와 일치하는 것을 말해주는 것.'

이는 마음속에 간직해둘 만한 말이다.

미국의 사상가 에머슨은 "인간은 어떠한 말을 하든 본심을 속일 수는 없다"고 말하고 있다.

만일 아첨만 하면 세상 모든 일이 잘되어 나간다면 누구나 겉치레의 말로 아첨하게 되어 이 세상은 대인관계의 명수들로 가득 찰 것이다.

인간은 어느 특별한 문제가 있어 그것에 몰두하고 있을 때 말고는 대개 자신에 대한 일만 생각하며 살고 있다. 그러나 잠깐 자신의 일을 생각하는 것을 멈추고 남의 장점을 생각해보면 어떨까. 남의 장점을 알게 되면 속이 빤히 들여다보이는, 한푼어치도 없는 말 따위는 할 필요가 없게 될 것이다.

에머슨은 또 이렇게 말하고 있다.

"어떤 사람이라도 어느 면에서는 나보다 뛰어나다. 따라서 내가

배울 점을 가지고 있다."

에머슨이 그랬다면 평범한 우리들이야 말할 나위도 없지 않겠는가. 자신의 장점, 욕구를 잊고 남의 장점을 생각해보자. 그렇게 되면 아첨 따위는 전혀 할 필요가 없을 것이다. 거짓이 아닌 진심에서 우러나온 칭찬을 보내보자. 슈워브처럼 진심으로 기뻐하고 아낌없는 칭찬을 보내도록 해보자. 상대방은 그것을 마음속 깊이 간직하여 평생 잊어버리지 않을 것이다. 칭찬을 보낸 나 자신은 잊어버릴지라도 칭찬받은 상대방은 언제까지나 잊지 않고 간직할 것이다.

03 입장을 바꾸어 생각해 보라

해마다 여름이 되면 나는 메인 주로 낚시를 간다.

그런데 나는 딸기밀크를 좋아하는데 물고기는 왜 그런지 지렁이를 좋아한다. 그래서 나는 낚시를 갈 때면 내가 좋아하는 딸기밀크는 생각지 않고 물고기가 좋아하는 지렁이만 생각한다. 딸기밀크를 낚싯밥으로 쓰지 않고 지렁이를 낚싯바늘에 꿰어 물고기 앞에 내밀며 '하나 잡숴보십시오!' 하는 것이다.

사람을 낚을 때에도 이 물고기 낚시의 상식을 그대로 이용하면 될 것이다.

영국의 총리 로이드 조지가 바로 이것을 잘 이용한 사람이다. 제1차 세계대전 중, 그와 함께 활약한 연합군의 지도자인 윌슨, 올랜드, 클레망소 등은 모두 실각하여 벌써 오래전에 세상 사람의 기억에서 사라졌는데, 그 혼자만이 여전히 그 자리를 지키고 있었다. 그 비결을 묻자 그는 대답하기를, '낚싯바늘에는 물고기가 좋아하는 미끼를 다는 것이 비결' 이라고 말했다.

자기가 좋아하는 것을 주제로 삼는다는 것은 유치하고 어리석은 노릇이다. 물론 우리는 자기가 좋아하는 것에 흥미를 갖게 되며 또 이 흥미는 일생을 통해 지속될 것이지만, 자기 말고는 아무도 그것에 흥미를 갖지 않는다. 우리 모두는 자기의 일에만 정신이 팔려 있는 것이다. 따라서 사람을 움직이는 유일한 방법은 상대방이 좋아하는 것을 주제로 삼고 그것을 받아들이는 기술이다. 이것을 모르고서는 사람을 움직인다고 할 수 없다. 가령 당신의 아들에게 담배를 피우지 않도록 하려면 설교를 해서는 안 된다. 자기의 희망을 내세워 말려도 안 된다. 다만 담배를 피우는 사람은 야구선수도 못 되고 100미터 경주에서도 우승하지 못한다는 점을 설명해주면 된다. 이 방법만 잘 알고 있으면 아이들이든 송아지이든 침팬지이든 마음대로 움직일 수 있는 것이다. 그에 대해 이런 이야기가 있다.

한번은 에머슨과 그의 아들이 외양간에 송아지를 몰아넣으려고 했다. 그런데 에머슨 부자는 흔히 누구나 저지르는 잘못을 저질렀다. 그들은 자기들의 원하는 바만 생각하여 아들은 앞에서 잡아끌고 아버지는 뒤에서 밀었다. 송아지도 에머슨 부자와 마찬가지로 자기가 원하는 바만 생각하여 네 다리를 뻗치고 풀밭에서 꼼짝도 하지 않았다. 이것을 보다 못한 아일랜드 태생의 한 하녀가 도와주려고 쫓아나왔다.

그녀는 논문이나 책을 저술할 만한 지식은 없었지만, 적어도 이 경우에 한해서만은 에머슨보다 훌륭한 상식을 갖추고 있었다. 즉 먼저 송아지가 무엇을 바라는가를 생각했던 것이다. 그녀는 자기

손가락을 입에 물려 빨리면서 송아지를 살살 달래 외양간 안으로 끌어들였던 것이다.

인간의 모든 행위는 무엇인가를 원하는 욕구로부터 나온다. 적십자사에 100달러를 기부하는 행위는 어떠한가? 그것이 이 원칙을 벗어난 예외일 수는 없다. 왜냐하면 그것은 남을 돕고자 하는 욕구이기 때문이다. 하나님처럼 조건 없이 인간을 사랑하는 행위를 하고 싶다고 생각했기 때문이다.

"가난한 형제들에게 선을 행함은 곧 주를 섬기는 일이다."

아름다운 행위에서 우러나는 기쁨보다 100달러가 더 소중하다고 여기는 사람은 기부 같은 것은 하지 않을 것이다. 물론 거절하기가 난처하다든지 부탁하러 온 사람과의 친분 관계 때문에 기부하는 경우도 있을 것이다. 그러나 기부를 한 이상 무엇인가를 원했던 것만은 사실이다.

미국의 심리학자 해리 A. 오버스트리트 교수의 유명한 저서《인간 행위를 지배하는 힘》에는 다음과 같은 말이 있다.

"인간의 행동은 마음속의 욕구에서 생긴다. 따라서 사람을 움직이는 최선의 방법은 먼저 상대방의 마음속에 강한 욕구를 불러일으키는 일이다. 사업에 있어서나 학교에 있어서나 혹은 정치에 있어서나 사람을 움직이려는 이는 이 사실을 잘 알아둘 필요가 있다. 이것을 할 수 있는 사람은 모든 사람의 지지를 얻는 데 성공할 것이며, 할 수 없는 사람은 한 명의 지지자를 얻는 데도 실패할 것이다."

강철왕 앤드류 카네기는 본래 스코틀랜드 출신의 가난한 사람에 지나지 않았다. 처음에는 한 시간에 2센트의 급료밖에 못 받는

하급 노동자였다. 그러던 그가 훗날 사회 각 방면에 3억 6500만 달러나 되는 돈을 기부할 만큼 큰 부자가 되었다. 그는 젊었을 때 이미 사람을 움직이려면 상대방이 원하는 것을 생각하여 이야기해주는 수밖에 다른 방법이 없음을 깨닫고 있었다. 학교라고는 4년밖에 다녀보지 못했지만 사람 다루는 법을 잘 알고 있었던 것이다.

이런 이야기도 있다.

앤드류 카네기의 제수는 예일대학을 다니고 있는 두 아들 때문에 병이 날 만큼 걱정을 하고 있었다. 그들은 자기 학교 일에 바빠서 집에는 편지 한 장도 보내지 않았다. 어머니가 아무리 근심하는 편지를 보내도 답장 한 번 하는 일이 없었다.

앤드류 카네기는 그 조카들에게 답장을 하라는 말은 전혀 하지 않고 그저 엽서 하나만 쓰고 나서 답장을 받을지 못 받을지 100달러 내기를 하자고 했다. 그 내기에 응하는 사람이 있었으므로 그는 조카들에게 그다지 중요한 내용도 없는 편지를 써 보냈다. 다만 편지 끝에 두 조카에게 5달러씩 돈을 보낸다는 말을 간단히 덧붙였을 뿐이었다. 그러면서 그 돈은 함께 보내지 않았다.

"앤드류 아저씨, 보내주신 편지는 반갑게 잘 받아보았습니다……."

그 다음 말은 여러분의 상상에 맡기겠다.

남을 설득하여 무슨 일을 하도록 하려면 먼저 입을 열기 전에 스스로에게 물어보는 것이다.

"어떻게 하면 그렇게 하고자 하는 마음을 상대방의 마음속에 불러일으킬 수 있을까?"

이렇게 하면 이러쿵저러쿵 자기 멋대로 쓸데없는 말을 상대방에게 할 필요가 없는 것이다.

나는 어떤 강습회를 열기 위해서 뉴욕 어느 호텔의 대강당을 철마다 20일간씩 밤에만 빌려 쓰기로 하고 있다.

한번은 강습회를 막 시작하기 바로 며칠 전에 호텔 측으로부터 사용료를 지금보다 3배로 올리겠다는 통지를 받았다. 그때는 이미 입장권이 다 인쇄되어 팔렸으며, 또 일정이 공지된 이후였다. 물론 내 마음속으로는 그러한 인상을 당연히 받아들일 수 없었으나 내 기분을 호텔 측에 이야기해본대야 아무 소용도 없을 것 같았다. 호텔 측은 자기네 형편만을 생각하고 있을 테니 말이다. 그래서 한 이틀 뒤에 지배인을 만나러 갔다.

"그 통지를 받았을 때 조금 놀라기는 했습니다만 당신을 원망하고 싶은 생각은 조금도 없습니다. 나도 아마 당신의 입장에 있었더라면 틀림없이 그와 같은 통지서를 쓸 수밖에 없었겠죠. 호텔의 지배인으로서는 될 수 있는 대로 호텔의 수익을 올리는 것이 맡은 일일 테니까요. 그것을 못 하는 지배인이라면 당연히 자리에서 물러나야겠죠. 그런데 이번 사용료의 인상 문제를 생각해봅시다. 그것이 호텔 측에 어떠한 이익과 손실을 가져올 것인지 한번 표를 만들어 살펴보실까요?"

이렇게 말하고 나는 백지 한 장에 가운데다 줄을 긋고 양쪽에 이익과 손해의 두 난을 만들었다. 나는 이익 난에 '대강당이 빈다'라고 써넣고 나서 말을 계속했다.

"빈 대강당을 댄스파티나 집회용으로 자유로이 빌려줄 수 있다는 이익이 생깁니다. 이것은 확실히 큰 이익입니다. 강습회용으로 빌려주는 것보다 훨씬 많은 사용료를 받을 수 있겠죠. 20일 동안이나 강당이 강습회에 자리를 뺏긴다는 것은 호텔 측으로서는 큰 손실일 것입니다. 그러면 이번에는 손해가 되는 점을 생각해봅시다.

첫째로 나한테서 들어가는 수익이 늘지 않고 오히려 줄 것입니다. 아니 주는 것이 아니라 한푼도 들어오지 않게 되겠죠. 나는 당신이 요구하는 대로 사용료를 치르기는 어려운 처지이니 강습회는 어디 다른 장소에서 하는 수밖에 없을 테니까요.

다음으로 또 하나 호텔 측에 불리한 점이 있습니다. 이 강습회에는 주로 지식인이나 문화인들이 많이 모이는데, 이것은 호텔 입장에서 보면 훌륭한 선전이 되지 않겠습니까? 사실 신문광고에 5000달러를 들인다고 해서 이 강습회에 모여드는 만큼 많은 사람이 호텔을 보러 오리라고는 생각되지 않는데요. 그렇다면 이 강습회가 호텔 측에 아주 유리한 것이 아닐까요?"

이상 두 가지 손해를 해당란에 써넣고 나서 그 종이를 지배인에게 주었다.

"여기에 쓴 이익과 손해를 잘 참작하셔서 최종적인 연락을 해주기 바랍니다."

그 이튿날 나는 사용료를 3배가 아니고 50퍼센트만 올려 받겠다는 통지를 받았다.

이 문제에 대해서 나는 나 자신의 요구를 한마디도 입 밖에 내지 않았음에 주의해주기 바란다. 처음부터 끝까지 상대방의 욕구에 관해서만 이야기하고 어떻게 해야 그 욕구를 채울 수 있을까를 이야기했던 것이다.

이를테면 내가 인간의 자연스러운 감정에 못 이겨 지배인 방에 쫓아 들어가 이렇게 소리질렀다고 하자.

"여보! 지금 갑자기 3배나 값을 올려 받겠다니 무슨 말이오? 입장권도 다 찍었고 일정 공지도 이미 끝났다는 것을 당신도 알고 있지 않소. 3배 이상이라니! 나는 못 내겠소!"

그러면 어떤 일이 벌어졌을까? 서로 흥분하고 욕설이 튀어나왔을 것이며 그 다음은 뻔한 노릇이다. 비록 내가 상대방을 설득하여 그의 잘못된 점을 깨우쳐주었다 하더라도 상대방은 쉽사리 물러서지 않을 것이다. 자존심이 그것을 허락하지 않을 테니까.

자동차 왕 헨리 포드는 인간관계의 기술에 대하여 다음과 같이 말한 바 있다.

"성공에 비결이라는 것이 있다면 그것은 남의 입장을 이해하고, 자기의 입장과 동시에 남의 입장에 서서도 사물을 볼 줄 아는 능력일 것이다."

이 얼마나 음미해 볼 만한 가치 있는 말인가? 몇 번이고 되풀이하여 기억해 두기 바란다. 아주 간단하고 알기 쉬운 이치이면서도 대개의 경우 거의 모든 사람이 이를 잊어버리고 있는 것이다.

그 예는 얼마든지 있다. 매일 아침 배달되어 오는 편지가 그것이다. 편지는 대개 이 상식의 대원칙을 무시하고 있다. 그 한 예로서 전국 곳곳에 지사를 가진 어느 광고회사의 방송부장으로부터 각 지방 방송국장 앞으로 보내는 편지를 보기로 하자(괄호 안의 것은 이에 대한 나의 비평이다).

안녕하십니까.

폐사는 라디오 광고대행업자로서 늘 선도업자가 되고자 염

원하고 있습니다.

(당신 회사의 염원 같은 것을 알 게 뭔가. 이쪽도 머리 아픈 문제를 산더미처럼 가지고 있다. 집은 저당 잡혀 언제 내주어야 할지 모르고, 귀중한 집 정원수는 해충 등쌀에 죽어가고 있지. 주식은 폭락했고, 오늘 아침에는 통근열차를 놓쳐 지각했고, 어젯밤에는 웬일인지 존스 씨 집의 무도회에도 초대받지 못했지. 의사는 고혈압이니 신경염이니 하고 있고. 그런데 이것은 또 웬일인가. 그렇지 않아도 신경이 날카로워지는데. 이 편지가 상대방에게 어떤 인상을 줄 것인지 모를 정도라면 일찌감치 광고업을 그만두고 양의 세제라도 만드는 편이 나을 것이다.)

우리나라 방송 사업이 발족한 이래로 폐사의 업적은 실로 뚜렷하여 늘 업계에서 손꼽을 만한 자리를 차지하고 있습니다.

(당신 회사가 대규모이고 자본이 많고 업계에서 첫째라는 말인 모양이군. 그래, 그것이 어쨌다는 것인가? 비록 당신 회사가 제너럴 모터스와 제너럴 일렉트릭의 두 큰 회사를 합친 것보다 몇 배 더 크다고 하더라도 그런 것은 아무래도 좋다. 이쪽은 당신 회사가 얼마나 큰가 하는 것보다 무엇을 더 중요하게 여기는지, 그만한 정도의 일은 알 만할 텐데.—당신 회사의 자랑을 듣고 있으면 이쪽 체면이 깎이는 기분이 들 수도 있는 것이다.)

폐사는 늘 각 방송국의 최근 상황에 정통하기를 바라마지 않습니다.

(바라마지않는다니, 또 그쪽 염원이란 말인가! 이쪽의 염원은 어쩌자는 거야. 이쪽 염원에 대해서는 한마디도 비치지 않으니.)

따라서 귀국의 주간보고서를 받고자 하오니 광고대행업자에게 필요하다고 생각되는 사항을 상세히 알려주시기 바랍니다.

(뻔뻔스럽기 짝이 없는 말투로군. 실컷 제멋대로 자랑을 늘어놓은 다음에 보고서를 달라니 이게 무슨 수작인가?)

귀국의 최근 상황에 대하여 빨리 알려주시면 서로간에 유익할 것으로 봅니다.

(어리석게도 이런 엉터리 복사 편지를 보내고 빨리 답신을 달라니 어이가 없군. 아마 이 편지를 가을바람에 낙엽처럼 전국 곳곳에 뿌리고 있겠지? '빨리' 라니! 이쪽도 당신 못지않게 바쁜 몸이야. 당신은 무슨 권리로 이렇게 잘난 체하고 명령을 내리는 거지? '서로간에 유익' 하다니 끝에 와서 겨우 이쪽 입장에도 관심을 조금 비친 것 같은데, 도대체 무엇이 어떻게 이쪽에 유익하다는 것인가?)

추신: 〈브랭크빌 저널〉의 사본을 한 통 넣어 보내니 귀국의 방송에 도움이 되면 이용해주시기 바랍니다.

(추신에 와서야 겨우 '서로간에 유익' 하다는 점이 밝혀졌군. 왜 처음에 그 말을 쓰지 않았지? 처음에 썼더라도 큰 차이는 없었겠지만.—대개 이런 어리석은 편지를 태연히 보내는 광고업자는 머리가 좀 모자랄 것임이 틀림없다. 당신에게 필요한 것은

상황 보고가 아니라 당신의 바보 머리를 고치는 약일 것이다.)

광고업을 천직으로 삼고 사는 사람, 즉 사람들로 하여금 마음을 움직여 물건을 사도록 하는 전문가여야 할 사람마저 이런 편지를 쓰는 형편이니 다른 직업에 종사하는 사람들이 쓰는 편지야 어떻겠는가 짐작하고도 남을 것이다.

여기에 또 한 통의 편지가 있다. 어느 운송 회사의 수송계장으로부터 나의 강습회의 수강생인 에드워드 버밀렌 씨에게로 온 것이다.

버밀렌 씨 귀하

저희 형편을 말씀드리면 취급하는 화물의 대부분이 저녁때나 되어서 한꺼번에 밀려들어오기 때문에 발송업무에 지장을 받는 경우가 많습니다. 그 결과로 저희 회사직원들은 시간 외 노동을 하게 되고 적화와 수송은 늦어지게 마련입니다. 지난 11월 10일 귀사로부터 510개나 되는 많은 화물을 접수했습니다만 그때는 이미 오후 4시 20분이었습니다. 저희는 그런 사태로 인한 작업의 혼란과 불편을 피하고자 귀사의 적극적인 협력을 바라마지않습니다. 앞서 말한 바와 같은 대량 화물은 도착 시간을 조금 당겨 주시든지 또는 오전 중에 화물의 일부가 도착되도록 힘써 주시기 바랍니다.

그렇게 배려해 주신다면 귀사의 차량이 기다리는 시간도 줄어들 것이며 화물도 그날로 발송될 수 있을 것입니다.

귀사의 발전을 기원합니다.

이 편지에 대한 A. 제레가 선즈 회사의 판매과장인 버밀렌 씨의 의견은 다음과 같다.

"이 편지는 그 뜻하는 바와는 오히려 반대의 효과를 나타냈습니다. 처음부터 자기의 형편만 이야기하고 있는데, 그런 것은 이쪽에 그다지 흥미가 없는 일입니다. 다음에는 협력을 구하고 있으나 그것이 이쪽에 미치는 불편은 전혀 무시하고 있습니다. 겨우 마지막 구절에 와서야 협력하면 이쪽에도 이러저러한 이익이 있을 것이라고만 했습니다. 이렇게 가장 긴요한 점을 뒤에서 이야기했으니 협력은커녕 적개심이 일어날 지경이었습니다."

이 편지를 조금 고쳐 써 보기로 하자. 자기 형편에만 정신을 쓸 게 아니라, 자동차 왕 포드의 말처럼 '남의 입장을 이해하고 자기의 입장과 동시에 남의 입장에서도 사물을 보도록' 해야 할 것이다. 다음과 같이 쓰면 물론 완전하다고는 할 수 없지만 먼저 것보다는 훨씬 나을 것이다.

버밀렌 씨 귀하

폐사는 지난 14년 동안이나 귀사의 성원을 받아왔기에 진심으로 감사하게 생각하는 바이며 앞으로도 더욱 빠르고 능률적인 서비스로 그 성원에 보답코자 노력하고 있습니다. 그러나 지난 11월 10일처럼 오후 늦게 많은 화물을 한꺼번에 보내시면 유감스럽게도 기대에 어긋나게 되는 경우가 있습니다.

왜냐하면 다른 사람들도 오후 늦게야 화물을 보내오는 경우가 많으므로 일이 밀려 혼란이 생기고, 따라서 귀사의 차량도 오래 기다려야만 하며 때로는 화물을 내리는 데도 늦어지

는 수가 있습니다. 이는 실로 저희들도 매우 유감스럽게 여기는 바입니다. 이러한 사태를 피하기 위해서는 가능하면 오전 중으로 화물을 보내주시면 고맙겠습니다.

그렇게 되면 귀사의 트럭이 오래 기다릴 필요도 없을 것이고 화물은 즉시 하차할 수 있으며 또 폐사의 종업원도 제 시간에 가정으로 돌아가 귀사의 '제품인 맛있는 마카로니의 저녁상 앞에 앉아 가족과 함께 즐길 수 있을 것입니다.

이는 결코 무슨 불평을 말하려고 함도 아니요, 또 귀사의 영업방침에 왈가왈부, 주제넘은 간섭을 하려는 것도 아닙니다. 이 점 널리 양해하시고 그저 귀사의 성원에 100분의 1이라도 더 보답코자 하는 생각에서 드리는 말씀이니 너그러이 받아 주시기 바랍니다. 물론 귀사의 화물이라면 언제 도착하더라도 빠르게 처리하도록 온 힘을 다하겠사오니 이 점만은 안심하시기 바랍니다.

바쁘실 터이니 답장은 주지 않아도 좋습니다.

오늘도 수천 명의 세일즈맨들이 제대로 수입도 못 올리고 실망한 채 지친 몸으로 터덜터덜 거리를 걸어가고 있다. 무엇 때문일까? 그들은 언제나 자기들이 원하는 것밖에 생각하지 않기 때문이다. 우리는 그다지 사고 싶은 물건이 없는데 그들은 이것을 이해하지 못하고 있다.

우리는 원하는 물건이 있으면 직접 매장에 가서 산다. 우리는 자신이 필요한 물건에 늘 관심을 가지고 있다. 따라서 그 물건을 팔면서 세일즈맨이 억지로 사게 할 필요는 조금도 없는 것이다.

손님이라는 것은 마음이 내켜서 사는 것을 좋아하지 억지로 떠맡기는 것을 사고 싶어 하지 않는다.

그럼에도 불구하고 세일즈맨의 대다수는 손님의 입장에서 팔 생각은 하지 않는다. 그 좋은 예로, 나는 뉴욕 교외의 포리스트 힐즈에 살고 있는데, 어느 날 정거장으로 가는 도중에 롱아일랜드에서 다년간 부동산 중개업을 하고 있는 사람을 만났다. 그 사내는 포리스트 힐즈의 사정에 밝았으므로 내가 살고 있던 집의 외벽 건축 재료가 무엇인가를 물어보았다.

그랬더니 그 사람은 모른다고 대답하며 인테리어 협회에 전화를 걸어서 물어보라고 했다. 그런 정도라면 나도 이미 알고 있는 일이다. 그런데 그 이튿날 그로부터 한 통의 편지가 왔다. 어제 물어본 일을 알아보아서 연락을 해 주는 것일까? 전화를 걸면 1분도 안 걸릴 문제인데 이상하다고 생각하며 편지를 뜯어보니 그런 내용이 아니었다. 그 전날과 같이 전화로 물어보라는 말을 되풀이하고 나서 끝에는 보험에 들어 달라는 부탁이 쓰여 있었다.

이 사람은 나에게 도움이 될 만한 일에는 도무지 흥미가 없고 자기 자신에게 이로운 일에 대해서만 관심이 있는 것이다. 이 사람이 남을 돕는 데 관심을 갖게 된다면 나를 보험에 들게 하는 것은 문제도 아닐 것이다.

지적인 직업에 종사하는 사람도 같은 잘못을 저지른다. 한번은 내가 필라델피아에서 유명한 이비인후과 의사를 찾은 일이 있다. 그 의사는 내 편도선을 보기도 전에 내 직업부터 물어보았다. 그는 내 편도선의 병세보다도 나의 주머니 사정에 더 큰 관심이 있

었던 것이다. 그래서 그 사람은 결국 손해를 보았다. 나는 그의 인격을 경멸하여 그대로 치료도 받지 않고 나와 버렸기 때문이다.

세상에는 이처럼 자기 실속만 채우려는 이기적인 인간들이 득실득실하다. 따라서 자기보다도 남을 위해 봉사하려는 소수의 사람들에게 이 사회는 꽤 유리하게 되어 있다. 즉 경쟁자가 거의 없는 셈이다.

"남의 입장에 자기를 놓을 줄 알고 남의 마음의 움직임을 이해할 수 있는 사람은 앞날을 걱정할 필요가 없다."

이것은 오웬 D. 영이 한 말이다.

이 책을 읽고 여러분이 '늘 상대방의 입장에 자기를 놓고 상대방의 입장에서 사물을 생각한다'는 단 한 가지만을 깨달을 수 있다면, 그것으로 성공을 향해 첫발을 내디딘 것이나 다름없다.

대학에서 어려운 라틴어며 미적분을 공부한 사람들도 자기 자신의 마음 움직임에 대해서는 전혀 모르는 수가 많다.

한번은 뉴저지 주의 뉴워크에 있는 캐리어 냉난방기 제조회사에 '화술'에 대해 강의를 하러 간 일이 있는데, 수강생은 모두 대학을 갓 졸업한 신입사원들이었다. 한 수강생이 동료를 부추겨서 농구를 같이하려고 했다. 그는 여러 사람에게 이와 같이 말했다.

"우리 함께 가서 농구를 하면 어떨까? 나는 농구를 좋아하여 몇 번인가 체육관에 가 보았지만 언제나 인원수가 모자라서 게임을 할 수가 없었네. 요전에는 두서넛이 공을 던지고 받고 하다가 공에 얻어맞아 혼이 났었어. 내일 밤에는 모두 꼭 와 주기를 바라네. 나는 농구가 하고 싶어 죽을 지경일세."

그는 상대방이 하고 싶어 하는 마음을 일으키게 하는 말은 한

마디도 하지 않았다. 아무도 안 가는 체육관에 누군들 가고 싶어 할 리가 없다. 그가 아무리 농구가 하고 싶다 해도 그것이 다른 사람에게 무슨 상관이란 말인가. 더구나 공에 맞아 혼이 났다니 딱 질색일 수밖에.

좀 달리 말할 수도 있었을 것이다 농구를 하면 어떠한 이익이 있다는 점을 그는 왜 말하지 않았는가. 기운이 난다든가, 식욕이 왕성해진다든가, 머리가 산뜻해진다든가, 아주 재미있다든가 등등의 이로운 점이 얼마든지 있었을 것이다.

여기서 오버스트리트 교수의 현명한 충고를 다시 한 번 되새겨 보는 것도 좋을 것이다.

"먼저 상대방의 마음속에 강한 욕구를 불러일으킬 것. 이것을 할 수 있는 사람은 모든 사람의 지지를 얻는 데 성공할 것이고 이것을 못하는 사람은 한 사람의 지지자를 얻는 데도 실패할 것이다."

내 강습회에 참석한 어느 청강자의 이야기인데, 그는 언제나 자기 어린 아들에 대해 걱정을 하고 있었다. 그 아이가 너무 편식을 하여 몸이 여위었기 때문이다. 누구나 흔히 그렇듯이 그도 자기 아내와 함께 잔소리만 퍼부었다.

"엄마는 네가 이것들을 먹기 바라는데……."

"아빠는 네가 몸이 튼튼한 사람이 되는 것이 소원이다."

이런 잔소리를 듣고 이 아이가 부모의 말을 잘 들었다면 그야말로 이상한 노릇이다. 30대 아버지의 생각을 세 살짜리 어린아이에게 강요하려는 것이 무리라는 것쯤은 누구나 알고 있다. 그럼에도 불구하고 이 아버지는 굳이 그 무리한 일을 관철하려 드니 어리석

기 짝이 없는 이야기이다. 그러다가 그 아버지도 자기의 어리석음을 뒤늦게나마 알게 되었는지 이렇게 생각해 보았다.

"도대체 저 아이는 무엇을 가장 원하고 있는 것일까. 어떻게 하면 저 아이의 소원과 내 소원을 일치시킬 수 있을까?"

생각해 보면 아무것도 아니다. 그 아이는 세발자전거가 있었는데 그것을 타고 집 앞길에서 놀기를 가장 좋아했다. 그런데 몇 집 건너 이웃에 개구쟁이 아이가 있어서 툭하면 그 자전거를 빼앗아 제것처럼 타고 놀기가 일쑤였다.

그러면 그 아이는 울음을 터뜨리고 엄마한테로 달려온다. 그리고 엄마가 쫓아가서 세발자전거를 다시 찾아 준다. 이러한 일이 거의 날마다 되풀이되고 있었다.

이 아이는 무엇을 가장 원하고 있을까? 셜록 홈스의 신세를 질 것도 없이 생각해 보면 곧 알 수 있다. 그의 자존심, 분노, 자기의 중요감, 즉 이와 같은 마음속의 강렬한 감정이 그를 움직이고 있어 언젠가는 그 개구쟁이를 한번 혼내 주어야겠다는 결심을 갖게끔 했다.

"엄마가 먹으라는 대로 무엇이나 가리지 않고 잘 먹으면 아가도 그 아이보다 더 힘이 세어지는데."

이렇게 아버지가 타이름으로써 그 아이의 편식 문제는 쉽사리 해결되었던 것이다. 아이는 그 개구쟁이를 때려 주고 싶은 생각으로 무엇이나 가리지 않고 잘 먹게 되었다.

편식 문제가 해결되자 그 아버지는 또 다른 문제에 부닥치게 되었다. 그 아이는 곤란하게도 자면서 오줌을 싸는 버릇이 있었다.

아이는 늘 할머니와 같이 잤는데, 아침이 되면 할머니가 "조니야, 이게 뭐냐? 또 쌌구나" 하고 꾸중을 했다.

아이는 이를 완강히 부정하고 오줌을 싼 것은 할머니라고 우겨댄다.

그럴 때마다 혼을 내주거나 달래거나 엄마의 희망을 이야기하기도 하지만, 아무 소용이 없다. 그래서 드디어는 부모도 어린아이 자신이 잠자리에서 오줌을 싸고 싶지 않게 하는 방법을 궁리하게 되었다.

아이는 무엇을 바라고 있을까? 첫째로 할머니가 입고 있는 것 같은 잠옷이 아니라 아버지와 같은 파자마를 입고 싶어 했다. 할머니는 손자의 오줌 싸는 버릇에 진저리가 나서 그 버릇만 고친다면 파자마를 사 주자고 했다. 다음으로 그 아이가 갖고 싶어 하는 것은 자신의 전용 침대였다. 할머니는 이에 반대할 까닭이 없었다.

날을 잡아 엄마는 조니를 데리고 백화점에 갔다.

"우리 아이가 물건 좀 사겠다는데요."

아이 엄마가 여직원에게 눈짓을 보내면서 말을 건네자 여직원도 알았다는 듯이 그 아이에게 공손히 인사를 했다.

"어서 오세요. 무엇을 드릴까요, 도련님."

이러한 여직원의 응대에 자기 중요감이 흡족해진 조니는 아주 신이 나서 대답했다.

"제가 잘 침대가 필요해요."

어머니의 눈치를 살피며 여직원이 재치 있게 권하는 대로 결국 꼬마는 침대를 사게 되었다. 그 다음날 침대가 집으로 배달되었다. 저녁에 아버지가 집에 돌아오자 조니는 현관까지 뛰어 나오면

서, "아빠, 어서 2층에 올라가서 내가 사온 침대를 봐 주세요!" 하고 소리쳤다.

아버지는 그 침대를 바라보며 여러 가지 칭찬의 말을 해 주고 나서, "설마 이 침대를 오줌으로 적시지는 않겠지" 하고 말했다.

아버지의 이 말에 조니는 결코 적시지 않겠노라는 약속을 했고, 사실 그 뒤부터는 잠자리에서 오줌 싸는 버릇이 깨끗이 사라지고 말았다. 자존심이 약속을 지키게 했던 것이다. 자기의 침대이고 더구나 제 손으로 골라서 사온 침대이다. 어른처럼 파자마를 입게 되었으니 어른처럼 행세하고 싶었고, 또 사실 그렇게 행동한 셈이다.

더치만이라는 전화 기사가 내 강습회에 참가했는데 그도 또한 세 살 난 딸이 아침밥을 잘 먹지 않아 애를 태우고 있었다. 야단도 치고 달래 보기도 했지만 소용이 없었다.

그 아이는 엄마가 하는 일을 흉내 내기를 좋아했다. 엄마 흉내를 내면 어른이 된 것 같은 기분이 드는 모양이다. 그래서 생각 끝에 하루는 그 아이에게 아침상을 차려 보도록 했다. 그 딸아이가 요리 만드는 흉내를 내고 있을 때 적당한 기회를 타서 아버지가 주방을 들여다보니 그 아이는 좋아하며 이렇게 소리쳤다.

"아빠, 여기 좀 봐요. 내가 지금 아침상을 차리고 있어요!"

그날 아침 그 어린이는 자기가 만든 요트밀을 두 접시나 먹어치웠다. 아침 식사에 관심을 갖게 되었기 때문이다. 그 아이는 자기의 중요감을 충족시킬 수 있었고 아침상을 차리는 데서 자기표현의 방법을 발견한 것이다.

"자기표현은 인간의 중요한 욕구의 하나이다."

이것은 윌리엄 윌터가 한 말인데 우리는 이 심리를 실제 생활에 응용할 수 있는 것이다. 무슨 훌륭한 아이디어가 떠올랐을 경우에 그 아이디어를 내세우지 말고 상대방으로 하여금 그것을 응용하여 활용하도록 해주기만 하면 되지 않을까? 그쪽에서는 그 착상을 자기 것으로 생각하여 두 배로도 해낼 수 있을 것이다.

"먼저 상대방의 마음속에 강한 욕구를 불러일으켜라. 이것을 할 수 있는 사람은 모든 사람의 지지를 얻는 데 성공할 것이고 이를 못하는 사람은 한 사람의 지지자를 얻는 데도 실패할 것이다."

이 말은 언제나 기억할 만한 귀중한 교훈이다.

제2부

HOW TO WIN FRIENDS AND INFLUENCE PEOPLE

상대방에게 호감을 주는 여섯 가지 기술

1. 상대방에게 진정한 관심을 보여 주어라

2. 웃는 얼굴로 대하라

3.이름을 기억하라

4.상대방의 말에 귀를 기울여라

5.관심을 끌 수 있는 화제를 찾아라

6.진심으로 칭찬해 주어라

01 상대방에게 진정한 관심을 보여 주어라

친구를 얻는 방법을 배우려면 일부러 이 책을 읽어 볼 것까지도 없이 이 세상에서 그 방면에 가장 뛰어난 그 누군가의 방식을 배우면 될 것이다. 그 방면에 가장 뛰어난 그 누군가를 우리는 날마다 만나고 있는데 이쪽에서 다가가면 꼬리를 흔들기 시작한다. 가만히 쓰다듬어 주면 신이 나서 호의를 나타내 보이려 한다. 무슨 속셈이 있어서 그렇게 애정을 표시하는 것은 아니다. 집이나 땅을 팔아넘기려거나 결혼을 간청하려는 속셈이 있어서도 아니다.

아무 일도 하지 않고 먹고 살 수 있는 동물은 개뿐이다. 닭은 알을 낳고, 소는 젖을 짜고 카나리아는 노래를 불러야 하지만 개는 그저 애정만 사람에게 보여줌으로써 살아나갈 수가 있다.

내가 다섯 살 때 아버지께서 누런 강아지 한 마리를 50센트 주고 사 주셨다. 그 강아지의 존재는 그 무렵의 나에게는 비길 수 없는 기쁨이자 광명이었다. 날마다 오후 4시 반쯤 되면 강아지는 꼭 앞마당에 앉아서 귀여운 눈초리로 집 쪽을 바라보고 있었다. 내 말소리가 들리거나 또는 꽃밭 사이를 걸어오는 내 모습이 눈에 띄기만 하면 쏜살같이 달려와서는 핥고 뛰어오르고 하면서 반가워 어쩔 줄을 몰라했다.

그로부터 5년 동안 티피라는 그 강아지는 나의 둘도 없는 친구가 되었다. 그러던 어느 날 밤, 티피는 내가 보는 앞에서 죽었다. 벼락을 맞았던 것이다. 티피의 죽음은 평생 잊을 수 없는 슬픔을 나의 어린 가슴속에 남겨 주었다.

"티피는 심리학 책을 읽은 일도 없고 또 그럴 필요도 없었다. 상대방의 관심을 끌려고 하기보다는 상대방에게 순수한 관심을 보여 주는 일이 훨씬 더 많은 친구를 얻을 수 있다는 것을 티피는 본능적으로 알고 있었던 것이다."

다시 말하면 친구를 얻는 데는 상대방의 관심을 끌려고 하는 것보다 상대방에게 순수한 관심을 보여 주는 것이 가장 좋다.

그런데 이 세상에는 남의 관심을 끌기 위하여 헛된 노력을 쏟으면서도 그 잘못을 깨닫지 못하는 사람이 많이 있다. 이러한 잘못된 노력은 아무리 계속해 보아야 소용이 없다. 인간은 본래 남에 대하여 관심을 갖기보다는 자기 자신의 일에만 관심을 갖는 법이다.

뉴욕 전화국에서 통화 중에 어떤 말이 가장 많이 쓰이고 있는가에 대하여 상세히 연구를 한 일이 있었는데 그 낱말은 누구나 짐작할 수 있듯이 '나'라는 일인칭 대명사였다. 500번의 통화 중에 3690번이나 '나'라는 말이 쓰였다.

다른 사람과 여럿이서 함께 찍은 사진을 볼 때 우리는 맨 먼저 누구의 얼굴을 찾는가! 만일 자기에게 얼마나 많은 사람들이 관심을 가지고 있는가를 알려면 다음의 물음에 대답해보라.

"만약 내가 오늘 밤 안으로 죽어 버린다면 몇 명이나 내 장례식에 와 줄 것인가?"

또 이렇게도 자기 마음속에 물어보라.

"먼저 내가 남에 대하여 관심을 갖지 않는데 어떻게 남이 나의 일에 관심을 가져 줄 수 있을 것인가?"

단순히 어떤 깊은 인상을 주어 상대방의 관심을 끌려고만 해서는 결코 참된 친구를 얻을 수 없다. 참된 친구는 그러한 방법으로는 만들 수 없는 것이다.

나폴레옹이 그러했다. 그는 아내 조세핀과 헤어질 때 이렇게 말했다.

"조세핀, 나는 세계 으뜸가는 행운아야. 그래도 내가 진실로 믿을 수 있는 사람은 당신 하나뿐이지."

그러한 조세핀조차 그에게 있어서 정말 믿을 수 있었던 인간이었는가는 의문이라고 역사가들은 말하고 있다.

심리학자 앨프리드 아들러는 이렇게 말했다.

"남의 일에 관심을 갖지 않는 사람은 힘든 일생을 살아나갈 수밖에 없고, 남에게도 무거운 짐이 될 뿐이다. 인간의 많은 실패는 그런 인간들 사이에서 일어나게 마련이다."

심리학에 대한 책은 많지만 어느 것을 읽어보나 나에게 이처럼 깊은 감명을 준 구절은 찾아보기 힘들다. 아들러의 말은 몇 번이고 되풀이하여 음미해 볼 만하다.

나는 뉴욕대학에서 단편소설 창작법에 관한 강의를 들은 일이 있는데, 그때의 강사는 〈콜리어스〉 편집장이었다. 그는 날마다 책상 위에 쌓여 있는 수많은 원고 뭉치 중에서 어느 하나를 펴들고 한 두어 구절만 읽어보면 그 작가가 인간에 대해 애정을 갖고 있는지 아닌지를 곧 알 수 있다는 것이다.

"작가가 인간을 좋아하지 않으면 세상 사람들도 그 사람의 작품을 좋아하지 않습니다."

이것이 그의 말이다.

이 편집장은 소설 창작법의 강의를 하는 도중에 갑자기 두 번씩이나 강의를 멈추고 이렇게 말하는 것이다.

"설교 같아서 좀 안됐지만 저는 목사와 같은 말을 또 하겠습니다. 만일 여러분이 소설가로서 대성하려고 한다면, 남에게 애정 어린 관심을 가질 필요가 있다는 것을 명심해 두기 바랍니다."

소설을 쓰는 데 인간에 대한 애정 어린 관심이 필요하다면 직접 사람과의 관계에 있어서는 세 곱절이나 더 필요하다고 생각해도 틀림없다.

하워드 더스틴이라고 하면 이름난 마술사이다. 그가 얼마 전 브로드웨이에 공연차 왔을 때, 나는 그를 무대 뒤의 의상실로 찾은 적이 있다. 그는 과연 마술계의 왕자로서 40년 동안이나 세계 곳곳을 순회공연하면서 관중들로 하여금 환각을 일으키게 하고 또 경탄과 아울러 손에 땀을 쥐게 하는 사람이었다. 6000만 명 이상의 관객이 그를 위해 입장료를 냈으며, 그는 200만 달러에 이르는 수입을 올렸던 것이다.

나는 더스틴에게 성공의 비결을 물어보았다. 학교 교육이 그의

성공과는 아무런 관계가 없었다. 그는 어렸을 때 집을 뛰쳐나와 부랑아가 되어 화물차에 몰래 숨어 타기도 하고, 건초더미 위에서 잠을 자거나 남의 집 문 앞에서 끼니를 구걸하기도 했다. 글자 읽는 법은 화물열차를 타고 가면서 철도 연변의 광고물을 보고 배웠을 정도이다.

그가 마술에 대해서 특히 뛰어난 지식을 가지고 있었느냐 하면 그런 것도 아니다. 마술에 관한 책은 수도 없이 출판되었으며 그와 비슷할 만큼의 마술에 관한 지식을 가진 사람도 많다고 한다. 그러나 그는 다른 사람이 흉내 낼 수 없는 것을 두 가지 가지고 있다.

첫째는 관객을 끄는 그의 인품이다. 그는 아주 뛰어난 예능인으로서 갖춰야 할 조건을 잘 파악하고 있다. 몸짓이며 이야기하는 태도, 얼굴 표정 등등의 세밀한 점에 이르기까지 미리 충분히 연습을 하고, 그 연습한 바를 실연에 옮기는 데 단 1초의 착오도 없게 한다.

둘째로 더스틴은 인간에 대하여 진실한 애정 어린 관심을 가지고 있었다. 그의 이야기로는 대부분의 마술사가 관객 앞에 나서면 마음속으로, '흠, 보아하니 모두 얼간이 같은 인간들만 모였군. 이런 따위 인간들의 눈을 속이기란 누워서 떡먹기지' 하고 생각한다는 것이다.

그러나 더스틴의 방법은 그와는 전혀 달리 무대 앞에 설 때면 언제나 이렇게 생각한다고 한다.

'나의 무대를 보러 온 손님이 있다는 것은 정말 고마운 일이다. 이분들 덕택에 나는 그날그날을 편안히 살아나갈 수 있다. 그러니

최선을 다해 내 연기를 보여드리도록 하자.'

더스틴은 무대 위에 설 때마다 반드시 마음속으로 '나는 관객들을 사랑하고 있다'고 몇 번이나 되뇐다고 한다. 독자는 이 이야기를 대수롭지 않다고 생각하거나 그냥 웃어넘길지도 모르지만, 그것은 여러분의 자유이다. 나는 세계 첫째가는 마술사가 쓰고 있는 비법을 있는 그대로 알려 준 것이다.

슈만 하인크 여사도 더스틴과 똑같은 말을 나에게 들려주었다. 굶주림과 정신적인 고뇌, 그 밖의 여러 가지 슬픔에 견디다 못한 그녀는 자녀들과 함께 집단 자살을 꾀한 적도 있었다. 그러한 역경 속에서도 그녀는 꾸준히 노력하여 마침내 세계적인 와그너 창법의 가수가 되었다. 그녀의 말에 따르면 그러한 성공의 비결도 역시 인간에 대해 깊은 애정 어린 관심을 보인 데 있었다고 한다.

테오도어 루스벨트의 절대적인 인기의 비밀도 역시 그러한 데 있었다고 하겠다. 집안 하인에 이르기까지 모든 사람들이 그를 따랐으며, 그를 모신 일이 있는 흑인 하인 제임스 A. 아모스는 《하인의 눈에 비친 영웅, 테오도어 루스벨트》라는 제목으로 책까지 썼었다. 그 책 속에는 다음과 같은 구절이 있다.

어느 날 내 아내가 대통령께 메추라기가 어떤 새냐고 물어본 일이 있다. 아내는 메추라기를 본 적이 없었기 때문이다. 대통령께서는 나의 아내에게 메추라기란 이러이러한 새라고 자세히 설명해 주셨다. 그러고 나서 얼마 안 되어 우리 집으로 전화가 걸려왔다(아모스 부부는 웨스터 베이에 있는 루스벨트 저택 안의 조그마한 행랑채에 살고 있었다). 지금 바로

행랑채 창밖에 메추라기 한 마리가 와 앉아 있으니, 창문으로 내다보면 보일 것이라는 말씀을 일부러 전화까지 걸어서 알려 주신 것이다. 이 조그마한 일이 대통령의 인품을 잘 말해 주고 있다. 대통령은 우리 살림집 곁을 지나치실 때마다 우리의 모습이 보이거나 안 보이거나 간에 반드시 "여보게! 아니, 제임스!" 하고 다정히 인사말을 건네주시곤 했다.

이러한 주인을 좋아하지 않을 하인은 이 세상에 아무도 없을 것이다. 비록 하인이 아니더라도 누구나 다 그런 사람을 좋아하게 될 것이다.

어느 날, 태프트 대통령이 부재중이었을 때 백악관을 방문한 루스벨트는 그가 대통령으로 재임하고 있을 때부터 일하고 있는 하인들의 이름을 모두 기억하고 있어서, 심지어는 주방의 하녀에게까지 그 이름을 부르고 친절하게 안부를 물어주었다. 이는 그가 손아랫사람에게 호의를 품고 있었다는 증거이기도 하다.

조리실에서 하녀인 아리스를 만나자 루스벨트는 이렇게 물었다.

"여전히 옥수수빵을 잘 굽고 있나?"

"네, 그러나 저희 하인들끼리만 먹기 위해서 가끔 구울 뿐입니다. 2층에 계신 분들은 아무도 그것을 잡수시지 않으니까요."

아리스가 이렇게 대답하자 루스벨트는 큰 소리로 말했다.

"아직 그 빵 맛을 모르는 모양이군. 내가 대통령을 만나면 한번 이야기하지."

아리스가 접시에 담아 내놓은 옥수수빵을 한쪽 집어서 맛있게 먹으며 그는 사무실로 걸어갔다. 가는 도중에 정원사며 일꾼들을 만나면 그 전과 조금도 다름없이 다정한 목소리로 한 사람 한 사람의 이름을 불러가며 이야기를 주고받고 했다. 하인들은 지금도 그때 일을 잊지 않고 늘 이야기하고 있다. 특히 아이크 후버라는 사내는 감격의 눈물을 글썽이며 이렇게 말했다.

"지난 2년 동안에 이렇게 기쁜 날은 없었습니다. 이 기쁨은 도저히 돈을 주고도 살 수 없는 것이라고 모두들 이야기하고 있습니다."

찰스 W. 엘리어트 박사가 대학 총장으로 그 이름을 떨친 것도 이와 똑같이 남의 문제에 강한 관심을 보였기 때문이다. 박사는 남북전쟁 뒤 4년째 되던 해로부터 제1차 세계대전이 터지기 5년 전까지 약 40년에 걸쳐 하버드대학의 총장으로 있었던 사람이다. 어느 날, 크랜든이라는 신입생이 학자금 50달러를 빌리려고 총장실로 찾아가서 융자 허가를 받았는데, 그때의 광경을 크랜든 군은 이렇게 말하고 있다.

> 감사하다는 인사를 드리고 물러나오려고 하자 엘리어트 총장은 나를 불러 세웠다.
>
> "학생, 여기 잠깐 앉게나."
>
> 무슨 말을 하려는 걸까 하며 자리에 앉자,
>
> "학생은 자취를 하고 있다는 말을 들었는데……?"
>
> 내가 놀란 듯한 얼굴로 바라보자 총장은 곧 말을 이었다.
>
> "어느 한 가지 음식에 편식하지 말게. 그리고 배불리 먹을 수만 있다면 자취도 그리 나쁘지는 않네. 나도 학창시절에 자취를 해 본 경험이 있지. 자네 빌로프란 것을 해 먹어 본 일이 있나? 재료로 쓰이는 쇠고기를 잘 삶기만 하면 돈을 들이지 않고도 맛

있는 요리를 만들 수 있다네.”

그러고 나서 총장은 쇠고기를 다지는 법이며 삶는 법, 자르고 먹는 법에 이르기까지 자세히 설명해주었다.

나의 경험에 비추어 보아도 이쪽에서 진정한 관심을 보이면 아무리 나쁜 사람이라도 주의를 기울여 주고 시간도 내주며 협력도 해 주는 법이다.

예를 들어 보기로 하자. 얼마 전 일인데 나는 브루클린 예술과 학원에서 소설 작법의 강의를 한 일이 있었다. 우리는 그 무렵에 이름난 작가 캐서린 노리스, 페니 히어스트, 아이다 타아벨, 앨버트 페이슨 터휴, 루퍼트 휴즈 등의 여러 사람들로부터 그들의 유익한 경험담을 듣고 싶었다. 그래서 우리는 그들의 작품을 열심히 읽고 있으며 직접 그들의 이야기를 들어 성공의 비결을 배우고자 한다는 뜻의 편지를 작가 앞으로 보냈다.

그 편지에는 약 150명의 학생들 이름이 적혀 있었다. 이 작가들이 몹시 바빠 강연 준비를 할 여가가 없으리라는 것을 짐작하고 있었으므로 우리는 미리 편지에다 이쪽의 질문을 표로 만들어 함께 넣어 보냈다. 그렇게 한 것이 그쪽의 마음에 들었던지 그 작가들은 먼 길을 마다하지 않고 브루클린까지 우리를 위해서 와 주었던 것이다.

이와 같은 방법으로 테오도어 루스벨트 내각의 재무장관인 레슬리 M. 쇼, 태프트 내각의 법무장관 조 W. 워커샴, 윌리엄 제닝스 브라이언, 프랭클린 D. 루스벨트 및 그 밖의 여러 저명인사를 설득해서 내 강좌 수강생들에게 와서 강연을 해 주도록 할 수 있었다.

인간은 누구나 자기를 칭찬해 주는 사람을 좋아하는 법이다. 그 한 예로서 독일 빌헬름 황제의 경우인데, 제1차 세계대전에 패했을 때 그는 이 세상에서 가장 미움을 받았을 것이다. 목숨이 위태로워져서 네덜란드로 망명할 때쯤에는 그의 신하며 백성들조차 그를 원수로 여길 정도였다. 몇백만이나 되는 인간이 그를 증오하고 그의 온몸을 갈기갈기 찢어 불에 태워도 시원치 않을 정도로 생각했다. 이러한 분격의 소용돌이 속에서 어느 소년 하나가 진정과 찬미에 넘쳐흐르는 편지를 빌헬름 황제에게 보냈다.

다른 사람들이야 어떻게 생각하든 저는 폐하를 언제까지나 저의 황제로서 경애하겠습니다.

이 글을 읽고 빌헬름은 깊이 감동되어 꼭 한 번 만나고 싶다는 답장을 그에게 보냈다. 소년은 그의 어머니와 함께 찾아갔다. 그리고 빌헬름은 후일 그 소년의 어머니와 결혼하게 되었다. 그 소년은 말하자면 날 때부터 사람을 움직이는 법을 터득하고 있었던 셈이니, 이 책을 구태여 읽을 필요는 없을 것이다.

친구를 얻고자 하면 먼저 남을 위해서 힘써주어라. 남을 위해서 자기의 시간과 노력을 바치고 사려 깊은 이타심을 기울여야 한다.

윈저 공이 황태자로 있을 무렵에 남미여행의 계획을 세운 일이 있었다. 외국에 나가면 그 나라의 언어로 말을 하고 싶다고 생각한 윈저 공은 떠나기 전 몇 달 동안 스페인어 공부에 몰두했다. 남미에서 윈저 공의 인기는 과연 대단했다.

여러 해에 걸쳐 나는 친구들의 생일을 알아 두도록 힘써 오고 있다. 본래 나는 점성술 따위는 믿지 않는 성격이지만 인간의 생년월일과 성격 기질 사이에 무슨 관계가 있는지를 먼저 상대방에게 물어보곤 했다.

그러고 나서 상대방의 생년월일을 물어본다. 가령 11월 24일이라고 상대방이 대답하면 나는 마음속으로 '11월 24일, 11월 24일' 하고 되풀이하면서 틈을 보아 상대방의 이름과 생일을 메모지에 써서 집으로 가지고 와 생일수첩에 적어 둔다. 해마다 1월이면 새 탁상 달력에 그 생일을 다 적어 넣는다. 이렇게 해 두면 잊어버릴 염려가 없다. 그 사람들은 생일에 틀림없이 내가 보낸 축전이나 축하의 편지를 받아 보는 것이다. 이것은 아주 효과적이어서 그 사람의 생일을 기억하고 있던 사람은 이 세상에서 나 하나뿐이었다는 경우도 흔히 있다.

친구를 만들고 싶으면 상대방을 성의 있는 태도로 대해야 한다. 전화가 걸려왔을 때도 마찬가지여서 전화를 받는 것이 정말 반갑다는 기분을 담뿍 담은 목소리로 '안녕하세요!' 하고 대답해야한다. 뉴욕 전화국에서는 교환수들이, "네, 몇 번을 대 드릴까요" 하는 말에, "안녕하십니까. 전화를 애용해 주셔서 감사합니다"라는 기분을 넣어서 말하도록 교육시키고 있다. 우리도 전화 응대는 이렇게 하면 좋을 것이다.

이러한 방법이 과연 비즈니스에서도 도움이 될까? 물론 도움이 된다. 그 실례는 얼마든지 있으나 먼저 다음 두 가지만을 들어보기로 한다.

뉴욕의 어느 큰 은행에서 일하고 있는 찰스 월터스는 어떤 회사

에 관한 기밀을 조사하도록 명령받았다. 월터스는 그 회사 사정에 정통한 사람을 단 한 사람 알고 있었는데, 그는 어느 큰 공업회사의 사장이었다. 월터스가 그 회사를 찾아가 사장실에 안내되었을 때, 젊은 여비서가 방을 들여다보며 사장에게 말했다.

"사장님, 죄송하지만 오늘은 드릴 우표가 없는데요."

"열두 살 난 아들이 우표수집을 하기 때문입니다."

사장은 월터스에게 이렇게 설명했다. 월터스는 용건을 말한 다음 질문을 시작했으나, 사장은 말을 이랬다저랬다 하여 도무지 갈피를 잡을 수가 없었다. 그 용건에 끼어들기를 몹시 꺼려하는 것으로 보여 그로부터 어떤 정보를 얻어낸다는 것은 도저히 불가능한 일로 생각되었다. 이야기는 짧은 시간에 끝나고 그가 얻은 소득이라고는 아무것도 없었다.

"솔직히 말해서 나도 그때는 어떻게 해야 좋을지 몰랐습니다."

월터스는 그 무렵의 일을 이렇게 말하고 있다.

"그러다 문득 나는 여비서가 사장에게 하던 이야기를 생각해냈습니다. '우표, 열두 살 난 아들……' 순간 내가 일하고 있는 회사의 외국과가 머리에 떠올랐습니다. 외국과에서는 세계 각 나라의 우표가 들어오고 있었습니다.

다음날 오후, 나는 다시 사장을 찾아가 그의 아들을 위하여 우표를 가지고 왔다고 말했습니다. 물론 대환영이었죠. 그가 만일 국회의원에 입후보를 하고 있었더라도 그처럼 친절하게 나를 맞이해 주지는 않았을 것입니다. 아주 기분이 좋아진 사장은 우표를 소중하게 만지작거리면서 '이것은 틀림없이 조지가 아주 좋아할 것이야, 저것은 꽤 값나가는 우표일 것 같군' 하고 신이 나서 떠들어대는 것이었습니다.

사장과 나는 그로부터 30분 동안 우표 이야기도 하고 그의 아들 사진을 들여다보기도 하다가, 내가 먼저 이야기를 꺼내기도 전에 내가 알고자 하는 정보를 말하기 시작했습니다. 한 시간 이상에 걸쳐 그는 자기가 아는 바를 모두 털어놓고 나더니 이번에는 부하 직원들을 불러 물어보기도 하고 전화로 알 만한 사람에게 문의까지 해 주는 것이었습니다. 나는 목적을 충분히 이루었습니다. 신문기자가 말하는 이른바 특종을 얻은 셈이었습니다."

또 하나 다른 예를 들어보자.

필라델피아에 살고 있는 C. M. 내플이라는 사람이 어느 대형 체인점과 석탄연료 거래를 트려고 몇 년 동안이나 애써 왔다. 그 체인점에서는 석탄연료를 시외의 한 사업자로부터 사들여, 그 석탄연료를 실은 트럭이 여봐란듯이 내플의 회사 앞을 지나다니곤 했다.

어느 날 저녁, 내플은 나의 강습회에 나와서 체인점에 대한 평소의 불만을 털어놓으며 국가적으로도 손해라고 심한 험담을 하는 것이었다. 그렇다고 그가 체인점에 석탄연료를 팔려는 노력을 그만둔 것은 아니었다. 나는 그에게 좀 다른 방법을 써보면 어떻겠느냐고 제안했다. 그 내용을 간단히 설명해 보면 이렇다.

즉 강습회 토론의 제목으로서, '체인점의 보급은 과연 국가에 해로운가' 라는 문제를 내놓기로 한 것이었다.

내플은 내 권고에 따라 반대하는 입장에 서게 되었다. 즉 체인점을 보호하는 입장이 된 것이다. 그는 평소 원수처럼 여겨오던 그 체인점의 임원을 곧 찾아갔다.

"오늘은 석탄을 사 달라고 부탁하기 위해서 온 것이 아니라 다른 부탁이 있어서 왔습니다."

그는 이렇게 말을 꺼내놓고 나서 토론회의 용건을 설명했다.

"실은 체인점에 대하여 여러 가지를 좀 가르쳐 주시면 고맙겠습니다. 선생님보다 더 적당한 분이 없을 것 같아 찾아왔습니다. 토론회에서는 꼭 이겨야겠습니다. 그러니 많이 도와주시기 바랍니다."

다음은 내플이 한 말을 그대로 옮겨놓은 것이다.

그 임원은 내게 단 1분 동안만 시간을 내 주기로 되어 있었다. 그러한 조건으로 면회가 허락되었던 것이다. 내가 찾아온 취지를 이야기하자 그 임원은 나에게 의자에 앉기를 권하고 이야기를 시작하여 무려 1시간 47분 동안이나 말을 계속했다. 그는 체인점에 관한 책을 쓴 일이 있는 다른 임원까지 불러 주었다. 또 온 미국 체인점 협회에 조회하여 그 문제에 관한 토론 기록의 사본까지도 구해 주었다.

그는 체인점이 세상 사람들에게 큰 공헌을 하고 있다고 믿고 있으며, 또 자기가 하고 있는 일에 큰 보람을 느끼고 있는 것 같았다. 이야기해 나가는 가운데 그의 눈은 광채를 내기까지 했다. 솔직히 말하자면 나는 지금까지 꿈에도 그려보지 못한 새로운 사실에 눈을 뜨게 되었다. 그는 내 사고방식을 일깨워 준 것이다.

면담을 끝내고 돌아가려고 하자 그는 나의 어깨에 손을 얹고 문 있는 데까지 바래다주면서 토론회에서 꼭 이기기를 바란다는 말과 함께 그 결과를 알려 달라고 부탁하는 것이었다.

"내년 봄에 또 한 번 오십시오. 그때는 석탄연료를 좀 주문할지도 모르겠습니다."

이것이 그가 헤어질 때 한 말이었다. 나는 눈앞에 기적을 본 것 같았다. 나는 아무 말도 꺼내지 않았는데 저쪽에서 먼저 석탄연료를 사 주겠다는 것이다. 내 회사의 석탄연료에 관심을 갖게 하려는 방법으로는 10년 걸려도 하지 못할 일을 그의 관심사항에 대하여 이쪽에서 성실한 관심을 보여줌으로써 겨우 2시간도 안 되어 목적을 이룰 수 있었던 것이다.

내플이 무슨 신기한 진리를 발견한 것은 아니다. 이미 기원전 100년에 로마의 시인 푸블리우스 시루스가 다음과 같이 갈파한 바 있다.

"우리는 자기 자신에 대하여 관심을 보여 주는 사람에게 관심을 갖게 마련이다."

사람의 호감을 사는 제1 기술

상대방에게 진정한 관심을 보여주어라.

02 웃는 얼굴로 대하라

얼마 전 나는 뉴욕에서 열린 한 만찬회에 참석한 일이 있다. 손님들 가운데는 막대한 재산을 상속받은 부인이 한 사람 있었는데 그 부인은 어떻게 해서든지 여러 사람에게 좋은 인상을 주려고 몹시 애쓰고 있었다. 호사스러운 검은담비 털가죽으로 만든 목도리며 다이아몬드, 진주 등의 패물을 몸에 걸치고 있었으나 얼굴에는 그다지 신경을 쓴 것 같지 않았다. 얼굴 표정에는 심술과 고집만 가득 넘쳐흐르고 있었다.

몸에 걸친 옷보다 얼굴에 나타나는 표정이 여성에게 얼마나 중요한지, 남자라면 누구나 다 알고 있는 그 사실을 그녀는 모르고 있었던 것이다(지금 문득 생각이 나서 하는 말인데, 만일 아내가 모피코트를 사 달라고 조를 때에는 이 구절을 기억해 두었다가 써먹는 것도 괜찮을 것이다).

찰스 슈워브는 자기 미소에는 100만 달러의 가치가 있다고 말했지만 사실 미소의 값은 그보다 더 비싼 것이다. 그의 뛰어난 성공은 오로지 그의 인품, 매력, 사교적인 능력이 가져다준 선물이며, 그의 매혹적인 미소는 그의 인품을 형성하는 데 있어서 가장 훌륭한 요소가 되어 준 것이다.

한번은 인기 가수 겸 배우인 모리스 슈바리에와 오후 시간을 함께 지낸 일이 있는데, 솔직히 말해서 나는 매우 실망했다. 그는 아주 무뚝뚝하고 말이 없는 사내로 내가 상상하고 있었던 것과는 딴판이었다. 적어도 그가 미소를 짓기 전까지는 그런 생각이 들었던 것이다. 그러나 그가 한번 미소를 지으니 마치 구름 사이로 태양이 모습을 드러낸 것처럼 갑자기 환해지는 느낌이 드는 것이었다. 만일 그 기막힌 미소가 없었던들 모리스 슈바리에는 지금도 파리의 뒷골목에서 자기 아버지의 가업을 이어받아 가구공장에서 직공으로 일하고 있었을 것이다.

행동은 말보다 더한 웅변이다. 그리고 미소는 이렇게 말한다.

"나는 당신을 좋아합니다. 당신 덕분에 나는 아주 즐겁습니다. 당신을 뵙게 되어 정말 기쁩니다."

개가 귀여움을 많이 받는 까닭도 바로 여기에 있다. 주인을 보면 개는 반가워서 어쩔 줄 몰라하며 뛰어오르곤 하는데, 그 때문에 우리도 자연히 개가 귀여워지는 것이다.

마음에 없는 거짓 미소에는 아무도 속지 않는다. 그처럼 기계적인 것은 오히려 화를 불러올 뿐이다. 나는 진실한 미소에 대해서 이야기하고 있을 뿐이다. 보기만 해도 마음이 흐뭇해지는 미소, 마음속에서 우러나오는 미소, 천금의 값어치를 지니고 있는 미소를 말하고 있는 것이다.

뉴욕 시에 있는 어느 큰 백화점의 인사 담당자의 말을 빌리면, 직원은 점잖은 얼굴 표정을 짓는 대학원을 나온 여자보다는 오히려 귀여운 웃음을 지닌, 초등학교도 제대로 나오지 못한 여자를 채용하는 편이 낫다는 것이다.

미국에서도 손꼽히는 한 고무회사 사장의 말로는, 자기가 관찰한 바에 의하면 일에 애착과 재미를 느끼지 않는 사람은 성공하지 못한다는 것이다. 이 공업계의 거물은 '근면이 희망의 문을 여는 유일한 열쇠' 라는 옛 격언을 그다지 믿고 있는 것 같지 않다. 그는 이렇게 말한다.

"나는 자신이 하는 일을 마치 굉장한 유흥처럼 즐겨하기 때문에 성공한 사람들을 몇몇 알고 있는데, 그런 사람이 그와는 다른 진지한 기분으로 일을 하기 시작한다면 점점 일이 무미건조해지고 결국에는 실패하고 말 것이다."

다른 사람이 나를 만나 즐겁게 놀아 주기를 바라는 사람은 먼저 나 자신이 다른 사람들을 만나 즐겁게 놀 수 있어야 한다.

나는 수많은 사업가들에게 1주일간 깨어 있는 동안에는 매 시간마다 한 번씩 누구에게든 웃음 띤 얼굴을 보이고 그 결과를 내 강습회에서 발표해 보도록 제안한 적이 있다.

그 일이 어떠한 효과를 가져왔는지 예를 한 가지 들어보기로 하자. 지금 나에게는 뉴욕 장외 증권거래소의 중매인인 윌리엄 B. 스타인하트의 수기가 있는데, 그다지 신기한 것은 못 되고 다만 흔한 예 가운데 하나에 지나지 않는다. 스타인하트의 수기는 이렇다.

나는 결혼한 지 벌써 18년이 넘었지만 아침 잠자리에서 일

어나 출근하기까지 한 번도 아내에게 웃는 얼굴을 보인 일도, 그다지 말을 주고받은 일도 없었습니다. 세상에도 보기 드물 만큼 성질이 까다로운 사람이었죠. 선생님이 웃는 얼굴 표정에 관한 경험을 발표하라고 하기에 시험 삼아서 지시한 대로 1주일만 해 보기로 했습니다. 그래서 그 이튿날 아침 머리를 빗으면서 나는 거울에 비친 내 돌부처 같은 얼굴을 보고 이렇게 타일렀습니다.

"빌, 오늘은 그 찌푸린 얼굴을 버리고 웃는 모습을 보여주어라. 자 어디 한번 웃어볼까."

아침상을 받으면서 나는 아내에게 잘 잤느냐고 인사를 하면서 방긋 웃어 보였습니다. 처음에는 상대방이 깜짝 놀랄지도 모른다고 선생님이 말씀하셨습니다만, 아내의 반응은 너무 뜻밖이어서 굉장한 쇼크를 받은 모양이었습니다. 날마다 이렇게 웃을 테니까 그런 줄 알고 있으라고 아내에게 약속했고 사실 그것이 오늘까지 두 달 동안이나 계속되고 있습니다.

내가 태도를 바꾼 뒤 2개월 동안 일찍이 맛보지 못했던 큰 행복이 저희 가정에 찾아왔습니다.

지금은 매일 아침 출근할 때마다 나는 아파트의 승강기 안내원에게 웃는 얼굴로 아침 인사를 하고, 출입문 수위에게도 정답게 미소를 지으며 인사를 하게 되었습니다. 지하철의 창구에서 거스름돈을 받을 때도 마찬가지이고 증권거래소에서도 이제껏 내 웃는 얼굴을 보지 못했던 사람에게 아낌없이 미소를 보여 줍니다.

그러다 보니 이제는 모두가 나에게 웃음을 보내오게 되었습

니다. 불평이나 말썽거리를 가지고 오는 사람도 나는 밝은 태도로 맞이합니다. 상대방이 하는 이야기에 귀를 기울이면서도 웃음을 잃지 않으면 서로의 문제가 훨씬 쉽게 해결됩니다. 미소 덕분에 나의 수입도 두둑하게 늘었습니다.

나는 다른 중매인 한 사람과 사무실을 함께 쓰고 있는데, 그가 고용하고 있는 사무원 가운데 호감이 가는 한 젊은이가 있습니다. 웃음의 효과에 재미를 본 나는 며칠 전 그 젊은이에게 인간관계에 관한 나의 새로운 처세관을 들려주었습니다. 그러자 그는 나를 처음 보았을 때는 괘 까다로운 사람인 줄 알았는데, 요즘 다시 보게 되었다고 솔직히 털어놓는 것이었습니다. 나의 웃는 얼굴에는 인정미가 넘쳐흐른다고까지 말하더군요.

또 나는 남을 헐뜯지 않기로 했습니다. 남의 허물을 말하는 대신 칭찬해 주기로 했지요. 나 자신이 바라는 일에 대해서는 아무 말도 하지 않고, 오직 상대방의 입장에서 사물을 생각해 보고 남을 이해하려고 노력하고 있습니다. 그러자 나의 생활에 글자 그대로 혁명적인 변화가 일어났습니다. 나는 그 전과는 아주 다른 새 사람이 되었으며, 수입도 늘고 친구도 많이 생긴 행복한 사람이 되었습니다. 인간으로서 어떻게 그 이상의 행복을 바라겠습니까?

이 수기를 쓴 사람이 뉴욕의 장외 증권 중매업자라는 점을 여러분은 유의해 주기 바란다. 뉴욕의 장외 주식 중매인이라 하면 매우 힘든 직종으로 백 사람 중 아흔아홉 사람은 실패하고 만다. 이처럼 위험한 일을 하면서 세상을 헤쳐 나가는 사회물정에 훤한 사

람이 이런 수기를 썼다는 것은 퍽 뜻깊은 일이라고 할 수 있다.

미소를 띠고 싶지 않을 때는 어떻게 하면 좋을까? 방법은 두 가지가 있다. 우선 첫째로 억지로라도 웃어 보아라. 혼자 있을 때마다 휘파람을 불거나 콧노래를 불러보기도 한다. 둘째로 행복해서 못 견디겠다는 듯이 행동하여라. 그러면 정말 행복한 기분이 드는 것이다.

하버드대학 교수였던 윌리엄 제임스의 말을 소개해 본다.

"동작은 감정에 따라 일어나는 것처럼 보이나 사실 동작과 감정은 동시에 일어나는 것이다. 동작은 의지에 의하여 직접 억누를 수 있지만 감정은 그렇지 못하다. 그러나 감정은 동작을 조정함으로써 간접적으로 조정할 수 있다. 따라서 쾌활함을 잃었을 때 그것을 되찾는 가장 좋은 방법은 일부러라도 쾌활한 척 행동하고 쾌활하게 이야기하는 것이다."

이 세상 사람은 누구나 행복을 추구하고 있는데 그 행복을 얻는 방법은 단 하나밖에 없다.

그것은 자기의 기분을 마음대로 움직일 수 있는 힘을 기르는 것이다.

행복이란 외적인 조건에 의하여 얻어지는 것이 아니라 자기의 마음가짐 하나로 얻을 수도 있고 놓칠 수도 있는 것이다. 행, 불행은 재산, 지위 또는 직업 등으로 결정되는 것은 아니다. 무엇을 행복이라 생각하고 또 무엇을 불행이라 생각하는가—이 사고방식에 따라서 행복과 불행이 나뉘는 것이다.

가령 같은 곳에서 같은 일을 하고 있는 두 사람이 있다고 가정해 보자. 이 두 사람은 대개 비슷한 재산과 지위를 가졌음에도 불구하고 한 사람은 행복한데 다른 한 사람은 불행한 경우가 가끔 있다. 왜 그럴까? 마음가짐이 다르기 때문이다.

파크 애비뉴에서 행복한 사람들의 모습을 많이 볼 수 있듯이 나는 중국을 여행했을 때, 하루에 겨우 7센트의 노임을 벌려고 온종일 땀을 흘리며 일하는 중국인 노동자들 가운데도 행복한 얼굴을 하고 있는 사람이 많은 것을 보았다.

뉴욕의 번화가 파크 애비뉴를 걸어 보아도 중국인 노동자보다 더 행복한 얼굴을 하고 있는 사람은 많지 않을 것이다.

"사물에는 본래 좋고 나쁜 것이 없다. 오직 우리가 생각하기에 따라 좋고 나쁜 것이 나뉜다."

이는 문호 셰익스피어의 명언이다.

"대부분의 사람들은 행복해지려는 결심의 크기에 따라 그만큼 행복해진다."

이것은 링컨이 한 말이지만 진정 핵심을 찌른 말이다.

얼마 전 나는 이 말을 뒷받침해 주는 산 실례를 하나 눈으로 직접 보았다. 내가 뉴욕의 롱아일랜드 정거장 계단을 올라가고 있을 때, 내 바로 앞을 30~40명의 장애인 소년들이 나무 지팡이에 의지하여 땀을 뻘뻘 흘리며 힘들게 계단을 올라가고 있었다. 다른 사람에게 업혀 올라가는 아이도 있었다. 그런데 나는 그 소년들의 밝은 얼굴을 보고 깜짝 놀랐다. 그들을 보호하여 인솔하고 있는 사람에게 물어보니 그는 이렇게 대답했다.

"평생을 불구로 살게 되었다는 사실을 알게 되면 소년들은 처음에는 심한 마음의 충격을 받지만, 차츰 그 충격이 사라지고 대개는 자기의 운명을 체념하는데, 결국은 보통 아이들보다 오히려 쾌활해진답니다."

나는 그 소년들 앞에서 머리가 수그러짐을 느꼈다. 그들은 나에게 언제까지나 잊을 수 없는 큰 교훈을 준 것이다.

메리 픽퍼드가 더글러스 페어뱅크스와 이혼 수속을 밟고 있을 때, 나는 그녀를 만난 적이 있다. 틀림없이 비탄의 눈물에 젖어 있을 것이라고 짐작하는 게 보통이겠지만, 그녀는 아주 침착하고 오히려 자신에 찬 태도였다. 매우 행복해 보이기까지 했다. 그녀는 그 비결을 38페이지의 조그마한 책자로 써냈는데 그 제목은 《하나님을 의지하여》이다.

일찍이 세인트루이스 카디널스의 유명한 3루수였었고 지금은 미국에서 손꼽을 만한 보험 설계사인 프랭클린 베트거의 이야기인데, 그는 미소를 잃지 않는 사람은 늘 사람들에게 환영받는다는 것을 오래전부터 알고 있었다고 한다. 그래서 그는 누구를 찾아갈 때는 그 방에 들어가기 전에 잠깐 서서 자기가 그에게 감사해야 될 일을 여러 가지 생각해 내고는 진심에서 우러나오는 웃음을 띠고 그 기분이 사라지기 전에 방에 들어가기로 하고 있다. 보험 설계사로 대성공을 거둔 것도 이 간단한 방식 덕택이라고 그는 말하고 있다.

다음에 인용하는 앨버트 허버드의 말을 잘 읽어보자. 물론 읽어만 보아서는 소용이 없으니 한 번 실천에 옮겨 보도록 하자.

> 집에서 나올 때는 언제든지 턱을 당기고 머리를 곧게 세운 다음 될 수 있는 대로 크게 숨을 내쉬어라. 햇살을 마음껏 받아들여라. 친구를 웃음으로 대하며 악수는 정성껏 하라. 오해받을

걱정 같은 것은 하지 말고 적에 대해서도 마음을 쓰지 말라. 하고 싶은 일은 마음속으로 꼭 하겠노라고 결심하고 곧바로 목표를 향해 나아간다. 크고 훌륭한 일을 이룩하겠다는 큰 포부를 염두에 두어라. 그러면 언젠가는 그 포부를 이루는 데 필요한 기회가 다가오고야 말 것이다. 마치 산호충이 조류로부터 양분을 섭취하는 것과도 같은 것이다.

또한 유능하고 성실하며 남에게 도움이 될 수 있는 인물이 되도록 노력하고 그것을 언제나 잊지 말아야 한다. 그러면 세월이 흘러감에 따라 그런 인물이 되는 것이다. 올바른 마음가짐 즉 용기, 솔직성 그리고 명랑성을 늘 지니고 있어야 한다. 올바른 정신 상태는 뛰어난 창조력을 가져온다. 모든 것은 원하는 데서부터 생기는 것이니 진정한 소원은 반드시 이루어지고 만다.

사람의 일은 마음먹은 대로 되는 것이다. 턱을 당기고 머리를 똑바로 세우자. 기도하고 간절히 원하면 이루어지는 것이다.

옛날 중국인들은 아주 현명했다. 처세술에 특히 밝았다고도 말할 수 있다. 중국 격언에 여러분이나 나나 깊이 명기해 두어야 할 만한 것이 있다.

"웃는 얼굴을 보이지 않는 사람은 상인이 될 수 없다."

프랭크 어빙 플레처가 오펜하임 콜린스 회사의 광고문 가운데 다음과 같은 평범한 철학이 담긴 문구가 있다.

성탄절의 미소

돈은 하나도 들지 않지만 소득은 큰 것입니다.

주어도 줄지 않고 받는 사람만 더 풍성해지는 것입니다.

비록 한 순간만 보여도 그 기억은 언제까지나 계속 될 수 있습니다. 아무리 부자라도 이것 없이는 못살고, 아무리 가난한 사람이라도 이것만 있으면 행복해질 수 있는 것입니다.

가정에는 행복을, 사업에는 호의를 가져다주며 우정의 구름다리이기도 한 것입니다.

지친 사람에게는 휴식, 실의에 빠진 사람에게는 광명, 슬퍼하는 이에게는 태양, 근심걱정하는 이에게는 자연이 주는 최선의 해독제입니다.

돈을 주고 살 수도 없고, 강요할 수도, 빌릴 수도, 훔칠 수도 없는 것, 대가 없이 줄 때 비로소 값이 나가는 것입니다.

성탄절 대매출로 지친 직원이 이것을 보여 주지 않았을 때는 죄송한 말씀이지만 손님께서 한번 선심 써서 미소를 보내주시지 않겠습니까?

미소를 다 써 버린 사람만큼 미소를 필요로 하는 사람은 없기 때문입니다.

사람의 호감을 사는 제2 기술
웃는 얼굴로 대하라.

03 이름을 기억하라

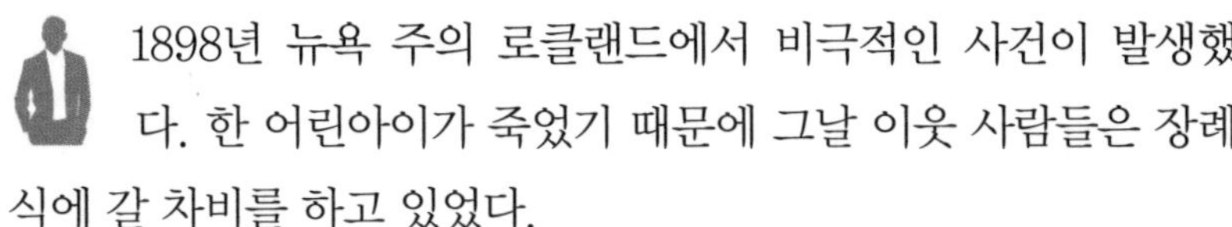

1898년 뉴욕 주의 로클랜드에서 비극적인 사건이 발생했다. 한 어린아이가 죽었기 때문에 그날 이웃 사람들은 장례식에 갈 차비를 하고 있었다.

짐 팔리는 마구간으로 말을 끌어내러 갔다. 땅은 눈으로 뒤덮여 있었고 날씨는 이날따라 살을 에는 듯 추웠다. 말은 며칠 동안 활동을 하지 않았는데도 물통 있는 데로 끌어내는 도중에 갑자기 뒷다리로 높이 차는 듯하더니, 그만 짐을 죽여 버리고 말았던 것이다. 스토니 포인트라는 이 작은 마을에는 그 주일에 초상집이 하나 더 늘고 말았다.

짐 팔리는 아내와 세 아들에게 얼마 안 되는 보험금을 유산으로 남기고 죽었다. 맏아들의 이름도 역시 짐이었는데, 이제 겨우 열 살의 어린 몸으로 벽돌공장에 직공으로 일하고 있었다. 모래를 이겨서 틀에 넣어 찍어 그것을 햇볕에 말리는 것이 그의 일이었다. 짐 소년은 학교에 다닐 시간이 없었다. 그러나 이 소년은 아일랜드인의 특이한 쾌활한 성격을 지니고 있었기 때문에 여러 사람들로부터 호감을 샀고, 훗날 정계에까지 진출했는데, 그는 사람 이름을 기억하는 비상한 능력을 지니고 있었다.

짐은 고등학교라고는 구경도 해 보지 못한 사람이었지만 마흔여섯 살 때는 대학 네 군데서 학위를 수여받았고, 민주당 전국 위원장이 되었으며, 미합중국 체신장관에까지 이르게 되었다.

어느 날, 나는 짐 팔리와 회견하는 자리에서 그의 성공의 비결을 묻자 이렇게 대답했다.

"부지런히 일한 것"이라고 하기에, "농담하지 마시고요" 하고 내가 말하자 그는 오히려 내 의견을 물었다.

"그러면 당신께서는 어떻게 생각하십니까?"

"선생님께서는 만여 명이나 되는 사람들의 이름을 기억하고 계시는 것으로 알고 있는데요."

내가 이렇게 말하자 그는 다시 바로잡았다.

"아니, 사실은 5만 명입니다."

프랭클린 루스벨트가 대통령으로 당선된 데에도 이 짐의 능력이 크게 도움이 되었다는 것이다.

짐 팔리는 석고회사의 외무사원으로 각지를 돌아다니기도 하고, 스토니 포인트 시청의 직원으로 일한 적도 있는데, 그 동안에 그는 사람 이름을 기억하는 방법을 생각해 낸 것이다.

그 방법이란 처음에는 아주 간단한 것이었다. 처음 인사한 사람에게서 반드시 그 성명, 가족, 직업 그리고 정치에 관한 의견 등을 알아낸다. 그리고 그것을 모두 머리 속에 간직해 두는 것이다. 그러면 다음에 만났을 때, 이를테면 1년 뒤라도 상대방의 어깨를 툭툭 치며 그의 가족들에 대한 일이며 정원에 있는 화초에 이르는 여러 가지 일까지 안부를 물을 수가 있게 된다. 그러니 자연히 그를 지지하는 사람의 수가 늘어날 수밖에 없었다.

루스벨트가 대통령 선거전에 나서기 몇 달 전, 팔리는 서부 및 서북부 여러 주에 있는 사람들에게 날마다 몇백 통씩의 편지를 썼다. 그러고는 19일 동안에 20개 주를 찾아다녔다. 그 여정의 총 거리는 무려 1만 2000여 마일. 그동안에 그는 마차, 기차, 자동차, 배 할 것 없이 모든 교통수단을 이용했고, 한 도시에 도착하면 곧 그 고장 사람들과 식사와 차를 나누며 서로 마음을 털어놓고 이야기하고, 그 일이 끝나면 다시 다음 목적지로 가곤 하는 매우 바쁘고 고달픈 방문이었다.

동부로 돌아오자, 이번에는 자기가 방문한 도시의 대표자들에게 편지를 써서 집회에 모인 사람들의 명단을 보내달라고 부탁했다. 이리하여 그가 모은 이름의 수는 몇만에 이르렀고, 명단에 올라 있는 사람은 하나도 빠짐없이 민주당 전국 위원장 제임스 팔리로부터 정성 어린 서신을 받았던 것이다.

그 편지는 '빌 씨' 라든가 '조 군' 으로 시작하여 마지막 서명에는 짐(제임스의 애칭)이라 되어 있으며 가까운 친구 사이에 서로 주고받는 듯한 친밀감을 주는 투로 쓰여 있었다.

인간은 남의 이름 따위에는 별로 유의하지 않으면서도 자기의 이름에는 굉장한 긍지를 갖는 법이라는 점을 짐 팔리는 일찍부터 알고 있었던 것이다. 누가 자기 이름을 기억해 두었다가 그것을 불러준다는 것은 아주 기분 좋은 일이어서 의례적인 겉치레의 말보다 훨씬 효과적인 것이다. 그와 반대로 상대방의 이름을 잊어버리거나 잘못 쓰거나 하면 곤란한 일이 생길 수도 있다.

예를 들면 내가 언젠가 파리에서 대중연설에 관한 강습회를 개최한 적이 있었다. 그때 그곳에 살고 있거나 묵고 있는 미국인들에게 타이핑한 안내장을 보냈는데, 영어에 미숙한 프랑스인 타이피스트에게 주소, 성명을 쓰도록 한 것이 그만 실패의 원인이 되었다. 어느 미국 일류 은행의 파리 지점장은 자기 성명의 철자가 틀렸다고 화가 잔뜩 나서 항의를 해왔다.

앤드류 카네기의 성공 비결은 무엇일까?

카네기는 강철왕이라고 불리고 있지만, 카네기 본인은 강철에 관해서 그다지 알고 있는 것이 없었다.

그러나 그는 사람을 다룰 줄 알았다. 이 재주가 그를 부호로 만든 것이다. 그는 어렸을 때부터 사람을 조직하고 다루는 재능을 보여주었다. 열 살 때에는 이미 인간이란 자기의 이름에 대해서는 놀라울 정도의 관심을 갖는다는 것도 알고 있었고, 그러한 발견을 이용하여 다른 사람의 협력을 얻었다.

이런 예가 있다.

스코틀랜드에서 살았던 소년 시절의 이야기인데, 어느 날 그는 토끼 한 마리를 잡았다. 그런데 그 토끼가 새끼를 배고 있었으므로 얼마 안 되어 많은 새끼 토끼가 토끼 우리에 가득 차게 되었다. 그러자 먹이가 모자랐다. 그때 그에게는 훌륭한 묘안이 떠올랐다. 이웃 아이들에게 토끼 먹이가 될 풀을 많이 뜯어오는 아이의 이름을 토끼에게 붙여 주겠다고 말한 것이다.

그 계획이 보기 좋게 들어맞았다. 카네기는 어른이 된 뒤에도 그때의 일을 잊지 않았다. 뒤에 이 심리를 사업에 이용하여 그는 막대한 부를 이룩했다.

또 이런 이야기도 있다.

그가 펜실베이니아 철도 회사에 레일을 팔려고 했는데, 그 무렵 에드가 톰슨이라는 사람이 철도 회사 사장이었다. 그래서 카네기는 피츠버그에 거대한 제철 공장을 세워 그것을 '에드가 톰슨 철강회사'라고 이름 지었다.

펜실베이니아 철도회사가 어디에서 레일을 사들였을까 하는 것은 구태여 이야기할 것 없이 독자의 상상에 맡기기로 하겠다.

카네기와 조지 풀맨이 침대차 판매를 놓고 치열한 경쟁을 하고 있을 때에도 카네기는 토끼 이름의 교훈을 상기했다.

카네기의 센트럴 트랜스포테이션 회사와 풀맨 회사는 유니언 퍼시픽 철도회사에 침대차를 납품하고자 서로 상대방의 약점을 캐내고 채산성을 무시하면서까지 판매 경쟁을 벌이고 있었다. 카네기도 풀맨도 유니언 퍼시픽의 수뇌부와 접촉하려고 뉴욕으로 갔다.

어느 날 밤, 센트 니콜라스 호텔에서 이 두 사람은 얼굴을 마주치게 되어 카네기가 먼저 말을 걸었다.

"여어, 풀맨 씨, 안녕하십니까? 생각해 보니 우리 두 사람이 모두 바보짓을 하고 있는 것 같소."

"그게 무슨 소리요?" 풀맨이 되물었다.

그래서 카네기는 늘 생각해 오던 일을 그에게 털어놓았다. 즉 두 회사의 합병안인 것이다. 서로 미워하고 경쟁하느니보다는 제휴하는 편이 훨씬 더 유익하다는 점을 열심히 설명했다. 가만히 귀를 기울이며 듣고 있던 풀맨은 반신반의하는 듯했다. 이윽고 풀맨이 카네기에게 이렇게 물었다.

"그런데 그 새 회사의 이름은 어떻게 할 작정이시오?"

이에 카네기는 선뜻 대답했다.

"물론 풀맨 팰리스 차량회사라고 해야죠."

그러자 풀맨은 갑자기 얼굴에 화색을 띠면서 이렇게 말했다.

"그러면 내 방으로 들어가 조용히 의논해 보십시다."

이 의논이 열매를 맺어 공업사상에 신기원을 가져왔던 것이다.

이처럼 친구나 거래처의 이름을 존중하는 것이 카네기가 성공을 거둔 한 가지 비결이었던 것이다. 카네기는 자기 밑에서 일하고 있는 수많은 근로자의 이름을 기억하고 있음을 자랑으로 삼고 있었다. 그리고 그가 기업의 진두지휘를 맡고 있는 동안은 파업이 한 번도 일어나지 않았다는 것도 그의 자랑거리였다.

이것은 또 다른 이야기이지만 유명한 피아니스트인 파데레프스키는 침대차의 흑인 요리사에게 '미스터 코퍼'라고 정중하게 이름을 부름으로써 상대방에게 자기의 중요감을 맛보게 했던 것이다.

파데레프스키는 수많은 청중의 요청에 따라, 열다섯 번이나 미국 연주여행을 떠났던 일이 있다. 그럴 때면 언제나 전용차를 타고 다니는데, 연주회가 끝난 뒤에 먹는 밤참은 반드시 그 요리사기 차려주는 것이었다.

파데레프스키는 이 흑인 요리사를 미국식으로 '조지'라고 함부로 부르는 법이 없었다. 유럽식의 정중한 격식에 따라 그는 언제나 '미스터 코퍼'라고 부른 것이다. 이것이 당사자인 '미스터 코퍼'에게는 더할 나위 없이 기뻤던 것이다.

인간은 자기의 이름에 강한 긍지를 가지고 있어서 그것을 어떻게 해서든지 후세에 남기려고 애쓴다. 구두쇠로 이름난 미국의 흥행사 P. T. 바넘조차도 자기의 이름을 이어줄 자식이 없음을 늘 한탄해 오다가 드디어 손자인 C. H. 실레이에게 바넘의 이름을 이어 준다면 2만 5000달러를 내겠노라고 제안했던 것이다.

지금으로부터 200여 년 전에는 돈 많은 사람들이 곧잘 책의 저자에게 돈을 주어 '이 책을 모모 씨에게 바침' 하는 자기 명의로 된 헌사를 책에 써넣도록 했다.

도서관이나 박물관의 호화로운 소장품에는 자기들의 이름을 오래도록 후세에 남기고 싶은 사람들이 기증한 것도 꽤 많다. 뉴욕 시립도서관의 아스터 콜렉션이 바로 그것이며, 메트로폴리탄 박물관에서는 벤저민 알트만이나 J. P. 모건의 이름을 지금까지도 전해 주고 있다. 또 교회 가운데는 기증자의 이름을 박아 넣은 스테인드글라스로 장식되어 있는 곳도 많다.

대부분의 사람들은 남의 이름을 그리 잘 기억하고 있지 않다. 바빠서 기억해 둘 시간의 여유가 없다는 것이 그 이유이다.

아무리 바쁘더라도 프랭클린 D. 루스벨트보다 더 바쁜 사람은 없을 것이다. 루스벨트는 잠시 만난 한낱 기계공의 이름을 기억하기 위해서도 시간을 낸 것이다.

그 내용은 이렇다. 크라이슬러 자동차회사가 루스벨트를 위하여 특별 승용차를 만든 일이 있다. W. F. 체임벌린이 기계공 한 사람을 데리고 그 차를 대통령 관저에 배달해 주었다. 그때의 모습을 체임벌린이 나에게 보낸 편지에서 다음과 같이 말하고 있다.

나는 대통령께 특수 장치가 많이 달린 자동차의 조종법을

가르쳐드렸는데 그는 나에게 훌륭한 인간 조정법을 대신 가르쳐 주셨습니다.

관저에 들어가자 대통령께서는 기분 좋은 얼굴로 내 이름을 부르시면서 이것저것 말씀을 걸어주셨기 때문에 나는 긴장했던 마음이 풀려 마음의 여유가 생겼습니다. 그 가운데서도 특히 감명 깊었던 일은 그분이 나의 설명을 깊은 흥미와 관심으로 열심히 들어 주신 일입니다. 그 차는 두 손으로만 운전할 수 있게 만들어졌기 때문에 수많은 구경꾼들이 모여들었습니다.

대통령께서는 "이거 참 신기한데. 단추를 누르기만 하면 마음대로 조종할 수 있다니 썩 편하군. 그래, 내부 장치는 어떻게 되어 있을까? 가능하다면 한번 열어서 자세히 살펴보고 싶군" 하고 말씀하시는 것이었습니다.

대통령은 자동차를 들여다보고 있는 여러 사람들 앞에서 나에게, "체임벌린 씨, 이렇게 좋은 차를 만들려면 평소의 노력보다도 훨씬 대단하겠죠. 정말 감탄했습니다"라고 말씀하시며 라디에이터, 백미러, 시계, 조명기구, 운전석, 트렁크 속의 이름을 새긴 슈트케이스 등을 하나하나 살펴보시고 감탄하는 것이었습니다. 대통령은 나의 노고를 하나하나 이해해 주시는 듯했습니다.

또 대통령은 부인이며 노동장관인 파킨스 여사, 그리고 비서 등 주위에 있는 여러 사람들에게도 그 자동차의 새로운 장치를 보여 주면서 설명을 잊지 않으셨습니다. 그리고 일부러 나이 많은 흑인 하인을 부르시더니, "조지, 이 특제품 슈트케

이스는 각별히 조심해서 다루도록 하게" 하고 주의를 주는 것이었습니다.

운전 연습이 끝나자 대통령은 나에게, "체임벌린 씨, 아까부터 연방준비제도은행 사람들이 만나러 온 것을 30분이나 기다리게 했으니 오늘은 이 정도로 끝내겠습니다" 하고 말씀하셨습니다,

나는 그때 기계공 한 사람을 데리고 갔었습니다. 관저에 도착했을 때 그도 대통령에게 소개되었지만 그 뒤로는 잠자코 있기만 했습니다. 그러니 대통령께서는 그의 이름을 단 한 번밖에 들은 일이 없으신 셈이죠. 원래 그 기계공은 수줍음을 타는 사람이어서 줄곧 남의 뒤편에 숨어 있기만 했습니다.

그런데 우리가 막 인사를 하고 물러가려고 하자, 대통령은 그 기계공을 찾아서 그의 이름을 부르며 악수를 하고 또 치사의 말도 해 주셨습니다. 그런데 그 말씀하시는 품이나 행동 하나하나가 그냥 의례적인 것이 아니고 어디까지나 깊은 마음속에서 우러나온 것이었습니다. 나는 그것을 분명히 느낄 수가 있었던 것입니다.

뉴욕으로 돌아온 몇 주일 뒤에 나는 대통령의 친서가 있는 사진과 감사장을 받았습니다. 대통령이 어떻게 그런 시간까지 내 주셨는지 저는 짐작도 못하겠습니다.

프랭클린 루스벨트는 사람들의 호감을 사는 가장 간단하고 평범하면서도 가장 중요한 방법은 상대방의 이름을 기억하고, 상대방에게 중요감을 갖게 한다는 것을 알고 있었다. 그런데 이것을

알고 있는 사람이 과연 이 세상에 몇이나 될까?

첫 대면하는 사람을 소개받고 2~3분 이야기하다가 작별하려 할 때, 상대방의 이름이 생각나지 않는 경우란 흔히 있는 것이다.

"선거인의 이름을 기억해두어라. 그것이 정치적 능력이다. 그것을 잊어버린다는 것은 곧 자신이 유권자들에게서 잊혀지고 만다는 것을 뜻한다."

이것은 정치가가 배워 두어야 할 과제일 것이다. 남의 이름을 기억한다는 것은 비즈니스나 사교에 있어서도 정치의 경우와 다름없이 아주 중요하다.

나폴레옹 3세는 나폴레옹 1세의 조카 되는 사람이지만, 그는 바쁜 정무 중에도 소개받은 사람의 이름은 모두 기억하고 있다고 늘 자신하고 있었다.

그가 사용한 방법이란 아주 간단했다. 상대방의 이름을 분명히 알아듣지 못했을 때는 "미안하지만 다시 한 번 말씀해 주십시오" 하고 부탁한다. 만일 그 이름의 발음이 좀 이상하면, "철자가 어떻게 됩니까" 하고 물어본다.

상대방과 이야기하고 있는 도중에 그는 몇 번이고 상대방의 이름을 되풀이하며 상대방의 얼굴, 표정, 모습 등을 머릿속에 기억해 두려고 노력한다.

만약 상대방이 중요한 인물이면 그는 더욱 노력을 기울인다. 자기 혼자 남게 되면, 곧 메모지에다 상대방의 이름을 적어 넣고 그것을 정신을 가다듬어 계속 뚫어져라 바라보면서 다 기억해 버린 다음에는 그 메모지를 찢어 없앤다. 이렇게 눈과 귀 양쪽으로 기억하는 것이다. 이것은 꽤 오랜 시간이 걸리는 방법이기는 하지만 에머슨의 말을 빌리면, "좋은 습관은 적은 희생으로 이루어지는 것이다"라고 한다.

사람의 호감을 사는 제3 기술

이름이라는 것은 그 소유자에게 있어서 가장 반갑고 또 가장 소중한 영향력을 가진 것이라는 점을 잊지 말아야 한다.

04 상대방의 말에 귀를 기울여라

나는 최근 어느 브리지 놀이에 초대되어 갔다. 사실 나 자신은 브리지 놀이를 할 줄 몰랐다. 그곳에는 역시 나처럼 브리지 놀이를 하지 못하는 한 금발 여인이 와 있었다.

나는 로웰 토머스가 라디오에 출연하여 유명해지기 전에 그의 매니저 노릇을 한 일이 있다. 그의 그림이 들어가는 여행기의 준비를 돕느라고 유럽 여러 곳을 여행하고 다닌 일이 있는데, 그런 사실을 알게 된 그 금발 여인은 나에게 그 이야기를 해 달라고 했다.

"아참, 카네기 씨. 선생님께서 여행하신 훌륭한 장소와 아름다운 경치에 대한 말씀을 해주시지 않겠어요?"

나와 나란히 안락의자에 앉자 그녀는 최근 남편과 함께 아프리카 여행에서 돌아온 지 얼마 안 되었다는 사실을 알려 주었다.

"아프리카라고요?"

나는 깜짝 놀라며 말했다.

"참 재미있었겠군요. 나는 오래전부터 아프리카를 가 보는 것이 소원이었는데, 알제리에서 24시간 머무는 것밖에는 한 번도 가 본 일이 없습니다. 맹수들이 있는 지방에도 가셨었던가요. 참 좋은 구경을 하셨겠군요. 정말 부럽습니다. 아프리카 이야기 좀 들려주십시오."

그러자 그녀는 45분 동안에 걸쳐 아프리카 이야기를 해 주었다. 나의 여행담을 들려 달라는 말은 두 번 다시 하지 않았다. 그녀가 바라고 있었던 것은 자기 이야기를 귀담아 들어 주어 자아를 만족시켜 줄 만한 사람이 필요했던 것이다. 그렇다면 그녀는 정신적인 어떤 문제가 있는 것일까? 아니, 그렇지 않다. 극히 보편적인 여자인 것이다.

한 예로서 나는 최근 뉴욕에서 출판사를 하는 J. W. 그린버그 씨가 베푼 만찬회에서 한 저명한 식물학자를 만난 일이 있다. 나는 일찍이 식물학자와는 이야기해 본 적이 없었던 탓으로 그가 하는 이야기에 매혹되고 말았다.

회교도가 마취제로 쓰는 대마 이야기, 식물의 새로운 종을 많이 만들어낸 루터 버뱅크의 이야기, 그 밖의 실내 정원과 감자 이야기 등 나는 그야말로 넋을 잃고 듣고 있었다. 우리 집에도 작은 실내 정원이 하나 있어서 몇 가지 의문스러운 점이 있었는데 나는 그의 이야기를 듣고 그 의문이 풀렸다.

우리는 만찬회 자리에 있었으며 그곳에는 10여 명의 낯선 손님도 함께 앉아 있었으나 나는 다른 손님들에게 실례되는 줄 알면서도 아랑곳하지 않고 그 식물학자하고만 몇 시간이나 이야기했던

것이다. 밤도 깊었으므로 나는 여러 사람에게 작별 인사를 하고 일어섰다. 그때 그 식물학자는 그 집주인에게 나를 입에 침이 마르도록 칭찬했다. 즉 내가 아주 재미있는 이야기꾼이라는 것이다.

내가 재미있는 이야기꾼이라고? 도대체 내가 무슨 말을 했다는 건가? 식물학에 대해서 아는 것이라고는 전혀 없기 때문에 화제를 바꾸지 않는 한 말하고 싶어도 한마디도 할 수 없었던 내가 아닌가?

그러나 말하는 대신 열심히 듣고 있었다. 나는 진심으로 흥미를 가졌기 때문에 귀를 기울이고 있었으며, 그 또한 이 사실을 인식했다. 이런 것들이 자연히 그를 기쁘게 만든 것이다. 이처럼 상대방의 말에 귀를 기울여 준다는 것은 누구에게나 표할 수 있는 최고의 칭찬인 것이다. 이것은 잭 우드포드의 말이지만 나는 이야기에 정신을 빼앗겼을 뿐 아니라 아낌없는 칭찬을 보낸 것이다.

"정말 즐겁게 이야기를 들었고 배운 것도 많았습니다."

"저도 그만한 지식이 있었으면 좋겠습니다."

"당신을 따라 들판을 쏘다녀 보고 싶습니다."

나는 이런 찬사를 말했는데 모두 진심에서 우러나온 말이었다. 다만 나는 좋은 경청자가 되어 주고 그에게 이야기하는 의욕을 북돋아 주었을 뿐인데도 그로 하여금 훌륭한 이야기꾼인 것으로 생각하게 했던 것이다.

상담의 비결에 대하여 찰스 W. 엘리어트는 이렇게 말한다.

"상담에는 별다른 비결이 없다. 당신에게 이야기하고 있는 사람에게 전적인 주의를 기울이는 것이 가장 중요하다. 어떤 아침의 말이라도 이보다 더 효과적인 방법은 없을 것이다."

이 말은 너무도 잘 알려진 말이다. 대학을 나오지 않아도 누구나 알 수 있는 말이다. 비싼 매장을 임차해서 좋은 상품을 들여놓고, 눈길을 끌도록 진열장을 꾸며 놓고, 많은 돈을 들여 광고를 하면서도 손님의 말을 귀담아듣고 재치 있게 서비스하는 직원을 고용하지 못하는 상인은 허다하다. 손님의 말을 가로채고 손님의 말에 대들어 손님을 쫓아버리는 직원을 아무렇지도 않게 고용하고 있는 것이다.

여기에 J. C. 우튼의 경험을 예로 들어 보자. 그는 이 이야기를 내 강습회에서 발표했다.

그는 뉴저지 주 뉴워크 시의 어떤 백화점에서 양복 한 벌을 샀다. 얼마 안 가서 그 양복은 물감이 빠져서 셔츠의 칼라를 더럽혔다. 그는 양복을 싸들고 백화점을 찾아가 먼저 그 직원을 붙들고 이 사실을 말했다. 아니 말하려고 했다. 그런데 상대방은 말할 기회를 주지 않았다.

"우리는 이와 같은 양복을 몇천 벌이나 팔아왔습니다."

이렇게 직원이 역습해 왔다.

"그런데도 이렇게 항의를 하러 온 것은 당신이 처음입니다."

직원의 말을 옮기면 이렇지만 그의 말투는 마치 너한테 속을 줄 아느냐는 식이었다.

"댁에서는 거짓말을 하고 계십니다. 말하자면 저희들에게 무엇인가 뒤집어씌울 심사가 아니십니까? 그렇죠. 그렇다면 여기서 다른 것을 한두 개 보여드리죠."

이렇게 한참 말다툼을 하고 있을 때 이 모습을 지켜보고 있던

직원 하나가 참견을 했다.

"검은 양복이란 원래 처음에는 조금 물이 빠집니다. 그 값으로는 그 정도의 양복밖에 살 수 없을 겁니다. 결국 물감이 좋지 않은 것이죠."

우튼 씨는 그때의 모습을 이렇게 말했다.

"이렇게 되니 나도 더 이상 참고만 있을 수는 없었습니다. 첫 번째 직원은 나의 정직성을 의심했고, 두 번째 직원은 내가 산 물건이 싸구려라는 것을 알려 준 셈입니다. 내가 화를 참을 수가 없어 막 그 양복을 상대방에게 내동댕이치려는데 마침 백화점 지배인이 다가왔습니다. 그 사람은 영업하는 요령을 잘 알고 있었으므로 화난 내 마음을 완전히 바꿔 놓았습니다. 그는 성난 사람을 흡족해 하는 단골손님으로 만들어 놓았습니다. 그가 쓴 방법은 다음 세 가지였습니다.

첫째, 그는 내 이야기를 처음부터 끝까지 한마디의 대꾸도 하지 않고 들어 주었습니다.

둘째, 내 이야기가 끝나고 직원들이 다시 그들의 의견을 내세우려 들자, 그는 그 직원들을 상대로 나의 입장에 서서 말다툼을 벌였던 것입니다. 내 칼라에 묻은 검은 색깔은 양복에서 묻은 것이 틀림없다는 사실을 지적했을 뿐만 아니라, 이 매장에서는 손님을 완전히 만족시켜 주지 못하는 물건은 앞으로 결코 팔아서는 안 된다고까지 주장했습니다.

셋째, 이 옷에 결점이 있는 것을 몰랐다고 하며 자기의 잘못을 사과하고 '걱정 마시고 양복을 어떻게 해 드리면 되는가를 말씀해 주십시오. 손님이 원하시는 대로 해 드리겠습니다' 하고 말한 것

입니다. 몇 분 전까지만 해도 그 마땅치 않은 양복을 돌려주고 싶은 생각이었던 나였지만, 이렇게 대답했습니다. '이렇게 물이 빠지는 상태가 일시적인가요? 그렇다면 이를 방지할 수 있는 무슨 방법이라도 일러 주십시오.'

그는 1주일만 더 입어 보면 어떻겠느냐고 권하면서, '그때 가서도 마음에 안 드신다면 가져오십시오. 마음에 드시는 것으로 바꿔 드리겠습니다. 정말 죄송합니다' 하고 말했습니다.

나는 흐뭇한 마음으로 백화점을 나왔습니다. 1주일이 지나자 그 양복은 아무런 이상이 나타나지 않았고, 따라서 그 백화점에 대한 나의 불신감도 완전히 사라졌습니다."

이 지배인은 역시 지배인다운 점이 있다. 그러나 이와는 반대로 그 직원들은 평생을 두고 직원 노릇밖에는 하지 못할 것이다. 아니 어쩌면 영영 손님들과의 접촉이 없는 포장부로 전출될지도 모른다.

사소한 일에도 화를 내는 사람이 있다. 개중에는 꽤 심한 사람도 있으나 그런 심한 사람이라도 끈기 있게 앉아 상대방의 이야기를 들어 주는 사람, 아무리 코브라처럼 독이 올라 있어도 끝까지 열심히 귀를 기울여 주는 사람에게는 대개 수그러들게 마련이다.

몇 년 전의 일이지만 이런 일이 있었다. 뉴욕 전화국 가입자 중에 교환수를 잘 울리는 말썽꾸러기 한 사람이 있었다. 차마 입에 담지 못할 욕을 교환수에게 퍼붓는 것이다. 청구서가 부당한 것이므로 요금을 내지 않겠다고 억지를 부리고, 여러 신문지상에 투고를 하는가 하면, 끝내는 공익사업위원회에 청원서를 제출하고, 전화국을 상대로 소송을 내기도 했다. 마침내 전화국에서는 이 극성스러운 사람과 이야기를 나누기 위해 가장 능숙한 해결사를 한 사람 보냈다.

이 해결사는 상대방이 마음껏 울분을 터뜨리도록 내버려 두고 당연한 말이라는 듯 고개를 끄덕이며 '네, 네' 대답만 하고 그의 불만에 동정을 나타내면서 그저 듣고만 있었다.

그 해결사는 필자의 강습회에서 그때의 경험을 이렇게 말했다.

"그는 악을 바락바락 쓰고 있는데 나는 근 세 시간 동안이나 가만히 듣고만 있었습니다. 그리고 그 뒤에도 몇 번을 이렇게 계속했습니다. 나는 그와 모두 네 번을 면담했는데, 네 번째 방문할 때는 나는 이미 그가 추진하고 있는 어떤 모임의 발기인이 되어 있었습니다.

그 모임의 명칭은 '전화가입자보호협회'라 부르고 있었습니다. 나는 지금도 그 모임의 회원입니다. 내가 알기론 이 지구상에서 그 모임 회원이란 그 사람을 빼놓고는 나뿐일 것입니다. 나는 줄곧 그의 입장에서 이야기를 들어 주었습니다. 그는 전화국 사람이 그에게 이런 태도로 말하는 것을 일찍이 본 적이 없었기 때문에 나중에는 친구를 대하듯 했습니다.

그를 무엇 때문에 찾아갔는가 하는 점을 첫 번째 방문 때도 두 번째, 세 번째 방문 때에도 말하지 않다가 이 사건을 완전히 매듭지은 네 번째 방문에서 그의 요금 미납액 전액을 치르게 했을 뿐 아니라, 위원회에 대한 그의 청원도 취하하게 했습니다."

그 사람은 틀림없이 대중의 권리를 방어하는 전사로 자처하고 있었을 것이다. 그러나 그가 실상 바라고 있었던 것은 자기의 중요감이었다. 자기의 중요감을 얻기 위해 그는 불평을 터뜨린 것인데, 전화국 직원이 그 중요감을 채워주자 그의 망상이 만들어낸 불평은 씻은 듯이 사라져 버린 것이다.

데트머 모직물 회사는 이제 세계에서도 손꼽힐 만한 회사로 자랐지만, 창립 후 얼마 안 되어서의 일이다. 초대 사장 줄리언 F. 데트머의 사무실에 한 성난 고객이 뛰어들어왔다.

데트머 사장은 그때의 일을 나에게 이렇게 말해 주었다.

"그 사람은 우리에게 15달러의 미수금이 남아 있었습니다. 그러나 본인은 그렇지 않다고 펄쩍 뛰었습니다. 하지만 절대로 틀림없는 일이므로 또다시 독촉장을 보냈습니다. 그러자 그는 화를 내며 시카고에 있는 나의 사무실까지 달려와 결제는커녕 앞으로 데트머 회사와는 거래를 일절 끊겠다고 했습니다.

나는 그가 말하고자 하는 말을 참을성 있게 듣고만 있었습니다. 말을 가로막고 싶은 충동을 받으면서도 그것이 좋지 않은 수법임을 알고 있었기 때문에 그가 하고 싶은 말을 다 마칠 때까지 내버려 두었던 것입니다. 마음껏 떠들고 난 그는 흥분도 가시고 이쪽 이야기도 알아들을 것 같기에 나는 조용히 말했습니다.

'선생께서 이 말씀을 하시기 위하여 일부러 시카고까지 오신 데 대해 감사하게 생각합니다. 담당자가 그런 실수를 선생께 저질렀다면 다른 고객들에게도 역시 그런 실수를 저지르고 있을지도 모릅니다. 그렇다면 이것은 보통 일이 아닙니다. 선생께서 와 주시지 않았더라면 제가 찾아볼 문제입니다.'

이런 말이 내 입에서 나오리라고는 꿈에도 생각하지 않았을 겁니다. 나를 단단히 혼을 내주려고 일부러 시카고까지 찾아왔는데 오히려 고맙다는 말을 들었으니 다소 기대에 어긋났을 것입니다. 나는 계속해서 이렇게 말했습니다.

'우리 직원들은 수천에 이르는 거래처의 계산서를 취급해야 합니다. 그러나 선생께서는 꼼꼼하신 데다 우리가 드린 계산서 하나만을 취급하시면 되니까 아무래도 잘못은 우리 쪽에 있는 것 같습니다. 15달러 건은 없었던 것으로 하겠습니다.'

나는 그가 느끼고 있던 것을 이해할 수 있으며, 내가 그 입장이라면 역시 꼭같이 느꼈을 것이라는 점을 말해 주었습니다. 또한 그는 앞으로 우리 회사의 물건은 아무것도 사지 않겠다고 했으니까 나로서는 그에게 다른 회사를 추천해 주기로 했습니다.

전부터 그가 시카고에 오면 함께 점심식사를 하는 전례가 있었으므로, 그날도 나는 그와 점심을 같이하기로 했습니다. 그는 달갑지 않은 것같이 나를 따라나섰으나 점심식사를 마치고 함께 다시 사무실로 돌아오자, 그는 일찍이 없었던 많은 물건을 주문했습니다. 기분 좋게 돌아간 그는 완전히 다른 사람이 되어, 다시 한번 청구서 철을 조사하여 잘못된 그 15달러짜리 청구서를 찾아내고는 사과와 함께 그 돈을 수표로 송금해 주었습니다.

그 뒤 그가 아들을 갖게 되어 데트머라는 이름을 지어 주고, 그가 세상을 떠날 때까지 25년 동안 나의 친구이며 회사의 고객으로 오래오래 지냈습니다."

몇 해 전의 일이다. 이민 온 한 불쌍한 네덜란드 소년이 학교 수업이 끝나면 주 50센트 벌이로 빵가게 유리창을 닦고 있었다. 그들 네덜란드 가족은 몹시 가난했기 때문에 날마다 포대 자루를 들고 거리에 나와서 석탄 운반차가 흘리고 간 탄 부스러기를 주워 모으곤 했던 것이다.

에드워드 보크라는 이 소년도 평생 동안 6년밖에는 학교를 다녀보지 못했지만, 훗날 미국에서도 손꼽히는 잡지사 편집자가 되었다. 그의 성공 비결은 한마디로 말해 이 장에서 말한 원리를 응용한 것이다.

그는 13세에 학교를 그만둔 뒤 주급 6달러 5센트를 받고 웨스턴 유니언 회사에 사환으로 들어갔다. 그러나 잠시도 공부하겠다는 생각을 버리지 않고 계속 독학을 했다. 그는 교통비를 아끼고 점심을 굶기까지 해가며 모은 돈으로 미국 인물사전을 사 가지고는 그때까지 아무도 해보지 않았던 일을 했던 것이다. 그는 저명인사들의 전기를 읽고서는 본인 앞으로 편지를 내어 그들의 어린 시절에 관한 상세한 이야기를 해 달라고 부탁했다. 그는 역시 좋은 경청자였던 것이다. 그는 저명인사들에게 그들 자신에 대한 이야기를 하게끔 한 것이다. 그는 그 무렵 대통령 입후보자이던 제임스 A. 가필드 장군에게 서신을 내어 그가 소년시절에 어느 운하에서 배를 모는 일을 한 것이 사실인가를 물었다. 가필드로부터 답장이 왔다. 또 그는 그랜트 장군(미국 남북전쟁 당시 북군의 총사령관이었으며 제18대 대통령)에게 편지를 써서 어느 전투에 대하여 질문했는데 장군은 지도를 그려 설명한 답장을 보내고는, 이 14세 소년을 저녁식사에 초대해서 이야기해 주느라고 온 저녁 시간을 그와 함께 보냈다.

그는 또한 에머슨에게도 편지를 보냈고 그도 기꺼이 자신에 대한 이야기를 하게끔 했다. 이 웨스턴 유니언 회사의 사환은 얼마 안 가서 온 나라의 저명한 인사와 편지를 주고받게 되었다. 즉 에머슨, 필립스 브루크스, 올리버 웬델홈스, 롱펠로, 에이브러햄 링컨 여사, 루이자 메이올코트, 셔먼 장군, 제퍼슨 데이비스 등 여러 인사들이다.

그는 이들 저명인사와의 교신뿐 아니라, 휴가를 받으면 그들을 방문하여 따뜻한 환영을 받았다. 이러한 경험으로 얻은 자신감은 그에게 귀중한 것이었다. 이들 저명인사들은 이 소년의 꿈과 희망을 크게 부풀게 했으며 마침내는 그의 생애를 바꿔 놓고 말았다. 이것이 바로 이 장에서 다루고 있는 원리를 이용한 것이다.

유능한 탐방기자로 이름난 아이작 F. 마코슨은 많은 사람들이 상대방의 말에 주의깊게 귀를 기울이지 않기 때문에 좋은 첫인상을 주는 데 실패하고 있다고 단언하고 있다.

"자기가 할 말만 생각하기 때문에 귀를 놀리는 사람이 많다. 여러 거물급 인사들은 화술이 능한 사람보다 잘 들어주는 경청자를 좋아한다. 그러나 남의 말을 잘 듣는 재능은 다른 재능보다 훨씬 얻기 힘든 일이다."

그는 이렇게 말하고 있으나 좋은 경청자를 바라는 것은 거물급 인사뿐만이 아니고 보통사람들도 역시 마찬가지이다. 언젠가 〈리더스 다이제스트〉에 이런 말이 실려 있는 것을 보았다.

"세상에는 자기 이야기를 들어줄 사람이 필요해서 의사를 부르는 환자가 많다."

남북전쟁의 암흑기에 링컨이 일리노이 주 스프링필드에 있는 한 친구에게 편지를 보내 워싱턴으로 초청했다. 링컨은 그와 의논할 문제가 생겼다고 전했던 것이다. 그 친구가 백악관에 도착하자 링컨은 몇 시간 동안이나 노예해방 선언을 발표하는 일이 과연 올바른 정책인가를 그에게 이야기했다. 자기 의견을 모두 말하고 나자 이번에는 투서와 신문기사를 읽어 주었다.

어떤 사람은 노예해방에 반대하고 어떤 이는 찬성하고 있다. 몇 시간을 이렇게 이야기한 뒤 링컨은 그 친구와 작별 인사를 하고는 그의 의견조차 물어보지도 않고 일리노이 주로 돌려보냈다. 처음부터 끝까지 링컨은 이렇게 자기 할 말만 하고 말았다. 이렇게 함으로써 그의 마음은 후련해졌을 것이다. 훗날 그 친구는, "그는 이야기를 실컷 하고 나더니 퍽 마음이 편해진 듯이 보였습니다" 하고 말했다.

링컨은 상대방의 의견을 들을 필요는 없었던 것이다. 다만 그는 그의 짐을 내려 줄 만한 사람, 즉 내 일처럼 열심히 들어 줄 사람이 필요했던 것이다. 이는 마음에 괴로움이 있을 때는 누구나 바라는 일이다. 흔히 화난 고객, 불만스러운 고용인, 또는 마음을 상한 친구들이 좋은 경청자를 바라고 있는 것이다.

사람들이 당신을 싫어하고 등 뒤에서 비웃고 당신을 경멸하도록 하려면 다음 사항을 지키면 된다.

① 처음부터 끝까지 당신 말만 하라.
② 다른 사람의 말을 절대로 오랫동안 경청하지 마라.

③ 다른 친구와 이야기하고 있는 동안 무슨 생각이 떠오르면 그의 말이 끝나기를 기다리지 말고 가로채라.
④ 그는 당신과 같이 예민하지 못하다. 무엇 때문에 그런 친구의 부질없는 잔소리를 경청하느라고 시간을 낭비하는가?

당신은 이런 부류의 사람을 본 일이 있을 것이다. 나 역시 불행히도 이런 사람들을 알고 있다. 더욱 놀라운 것은 그들 가운데 몇 사람의 이름이 사회 명사록에 들어 있다는 사실이다.

그런 인간은 정말 골치 아픈 상대이다. 자아에 도취하고 자기만 위대하다고 생각하는 사람들이다. 자기 말만 하는 사람은 자기만 생각하는 사람이다.

"자신만을 생각하는 사람은 교양이 없는 사람이다. 많은 교육을 받았다 하더라도 그는 교양이 몸에 배지 않은 사람인 것이다."

컬럼비아 대학 총장인 니콜라스 머레이 버틀러 박사가 한 말이다.

훌륭한 화술가가 되려면 훌륭한 경청자가 되어야 한다. 찰스 N. 리 부인은 이에 대하여 다음과 같이 말했다.

"자신에게 흥미를 갖게 하기 위해서는 우선 이쪽에서 흥미를 가져야 한다. 상대방이 기꺼이 대답할 수 있는 질문을 하는 것이다. 상대방 자신의 일이나 자랑거리로 여기고 있는 일을 말하도록 의욕을 북돋아 주어라."

당신이 이야기하고 있는 상대는 자기 자신과 자신의 소원과 문제에 대하여 당신과 당신의 문제에 대해서보다 더 많은 관심을 가지고 있다는 사실을 상기하라. 그가 앓는 치통은 그에게 100만 명을 사망케 한 중국의 기근보다 더 큰 의미를 갖게 하는 것이다.

목의 염증은 아프리카에서 일어난 마흔 번의 지진보다도 그에게는 더 큰 관심의 대상인 것이다. 언제나 내 이야기 차례는 다음이라는 것을 생각하라.

사람의 호감을 사는 제4 기술

좋은 경청자가 되어라.

05 관심을 끌 수 있는 화제를 찾아라

웨스트 베이 저택으로 테어도어 루스벨트를 방문해 본 사람은 누구나 그의 해박한 지식에 경탄을 금치 못한다.

"루스벨트는 상대방이 카우보이든 의용 기병대원이든, 혹은 정치가, 외교관, 그 밖의 어느 누구이든 그 사람에게 알맞은 화제를 풍부하게 갖고 있다."

이것은 가말리엘 브래드퍼드의 말인데, 그는 어떻게 그처럼 풍부한 재주를 가지고 있었을까? 따지고 보면 해답은 간단하다. 루스벨트는 누구든지 찾아올 사람이 있음을 알면 그 사람이 좋아할 만한 문제에 대하여 그 전날 밤 늦도록 책을 찾아보고 연구를 하는 것이다.

예일 대학의 문학부 교수 윌리엄 라이언 펠프스는 이미 어렸을 때부터 그것을 알고 있었다.

그는 〈인간성에 대하여〉라는 제목의 논문에서 이렇게 말하고 있다.

"내가 여덟 살 때 어느 주말 스트래트퍼드의 린제이 아주머니 댁으로 놀러 간 일이 있다. 저녁 때 한 중년 남자 손님이 찾아와서 아주머니와 한참 동안 이야기를 나누고 있었는데, 이윽고 그는 나를 상대로 열심히 이야기를 꺼내기 시작했다. 그 무렵 나는 보트에 정신이 팔려 있었는데 그 사람의 이야기는 내 마음에 꼭 들었다. 그 사람이 돌아간 뒤에 나는 입에 침이 마르도록 그 사람을 칭찬했다.

'참 훌륭한 분이에요. 보트를 그렇게 좋아하는 분도 드물어요.'

그러자 아주머니가 그 손님은 뉴욕의 변호사로서 보트에 대해서는 그다지 잘 알지도 못하고, 보트 이야기를 좋아할 턱도 없다고 말씀하시는 것이었다. '그럼 왜 보트 이야기만 하셨을까?' 하고 말하자, '그것은 그분이 신사이기 때문이지. 네가 보트에 마음을 빼앗긴 것을 눈치 채고 네가 좋아할 이야기를 일부러 해 주신 거야. 기분 좋게 너의 말벗이 되어 주려고 하셨을 뿐이란다' 하고 아주머니는 일러 주시는 것이었다."

펠프스 교수는 아주머니의 그 말을 결코 잊을 수 없다고 그의 저서에서 말하고 있다.

보이스카우트에서 한창 활동하고 있는 에드워드 L. 찰리프로부터 온 편지를 하나 소개해 보기로 한다.

"어느 날 나는 남의 도움에 기대지 않고는 도저히 해결할 수가 없는 문제를 만나고야 말았습니다. 유럽에서 열리는 보이스카우트 대회가 가까워져, 그 대회에 대표 소년 한 명을

참석시켜야겠는데 비용이 없어 그 비용을 어느 큰 회사의 사장으로부터 기부받을 생각을 하고 있었습니다.

그 사장을 만나러 가기 직전에 나는 아주 호기심을 살 만한 이야기를 들었습니다. 그 사장은 100만 달러짜리 수표를 끊어서 지불을 끝마친 뒤, 그것을 사진틀에 넣어 걸어놓고 있다는 것이었습니다. 사장실에 들어가자 먼저 나는 그 수표를 보여 달라고 청했습니다.

100만 달러짜리 수표! 그런 거액의 수표를 내 눈으로 직접 본 이야기를 보이스카우트 소년들에게 들려주고 싶다고 나는 말을 꺼냈습니다. 사장은 기꺼이 그 수표를 보여 주었습니다. 나는 감탄하면서, 수표를 끊게 된 경위를 자세히 들려주었으면 좋겠다고 부탁했습니다."

독자들도 이렇게 말하면 이미 짐작한 바가 있겠지만, 찰리프 씨는 이야기의 첫머리에 보이스카우트니, 유럽 대회니 또는 그 자신의 희망에 대해서는 아무 말도 하지 않았다. 오히려 상대방이 관심을 가지고 있는 일에 대해서만 이야기하고 있었던 것이다. 그 결과는 다음과 같았다.

"이렇게 이야기를 해 나가다가 사장이 문득 '그런데 당신의 용건은 무엇이었죠?' 라고 나한테 묻는 것이었습니다. 그래서 나는 비로소 내 용건을 꺼냈습니다. 놀랍게도 그 사장은 나의 간청을 두말없이 들어주었을 뿐 아니라 이쪽이 생각지 않았던 것까지 지원해 줄 것을 제의했습니다.

나는 소년 대표 한 명만 유럽에 보내 주기를 청했을 뿐인데, 사

장은 소년 다섯 명과 나까지 보내주겠다는 것이었습니다. 1000달러 액면의 수표를 써 주면서 7주 동안이나 머무르고 오라는 말씀이었습니다. 그는 또 유럽의 지점장에게 소개장을 써 주며 우리 대표단 일행의 편의를 잘 봐주도록 부탁까지 해 주었습니다.

그리고 사장 자신은 우리와 파리에서 만나 파리 안내까지 해 주었습니다. 그 뒤로 그는 계속 우리 단체를 후원해 주었으며 가정이 어려운 단원들에게는 일자리까지 마련해 준 일도 몇 번인가 있었습니다.

그런데 만약 내가 그의 관심의 소재가 어디인지를 잘 파악하지 못하고 처음에 그의 흥미를 환기시키지 않았다면 그처럼 쉽사리 그와 만나서 도움을 받을 수는 없었을 것입니다."

이 방법이 과연 비즈니스에서도 실제로 응용되느냐 여부의 한 예로서 뉴욕 일류 제과회사인 듀버노이사의 헨리 G. 듀버노이 씨의 경우를 들어보기로 하자.

듀버노이 씨는 전부터 뉴욕의 어느 호텔에 자기 제과회사의 빵을 납품시키려고 노력했다. 그래서 4년 동안이나 그 호텔 지배인을 찾아다니며 졸라 보았다. 지배인이 나가는 모임에도 참석해 보고, 그 호텔 손님으로 투숙해 보기까지 했으나 모두 헛일이었다.

듀버노이 씨는 그때의 노력을 이렇게 이야기하고 있다.

"결국 나는 궁여지책으로 인간관계에 대한 연구를 시작했습니다. 그리고 전술을 다시 세웠습니다. 그 사내가 무엇에 관심을 가지고 있는 지, 어떤 일에 몰두하고 있는지를 조사하기 시작한 것입니다.

그 결과 그가 아메리카 호텔협회의 회원임을 알아냈습니다. 그것도 단순한 평회원이 아니라 그의 능력과 활동력 때문에 그 협회의 회장이자 동시에 국제 호텔협회의 회장까지 겸임하고 있었던 것입니다. 그리고 협회의 대회가 어디에서 개최되든 반드시 출석하고야 마는 열성가였습니다.

그래서 나는 다음날 그와 만나 협회 이야기를 끄집어냈습니다. 그 반응은 과연 놀라운 것이었습니다. 그는 눈에 열기마저 띠면서 한 30분 동안이나 협회 이야기를 떠들어댔습니다. 협회를 육성시키는 것이 그에게는 더할 나위 없는 기쁨이며, 정열의 원천인 것으로 느꼈습니다. 그러다가 그는 나에게도 협회에 가입하도록 권하기까지 했습니다.

그가 이야기하고 있는 동안 나는 빵 이야기는 전혀 비치지 않았습니다. 그러나 며칠 뒤 호텔의 구매부로부터 전화가 걸려와 나에게 빵의 견본과 가격표를 가지고 와 보라는 연락이 왔습니다. 호텔에 들어서자 구매부가 '당신이 어떻게 했는지는 모르지만 지배인이 당신을 매우 마음에 들어하시는 것 같아요' 하고 나에게 귀띔해 주는 것이었습니다.

한번 생각해 보십시오. 그 사람과 거래를 트기 위하여 4년 동안이나 아무 소득 없이 쫓아다녔던 것입니다. 만일 그 사내가 무엇에 관심을 가지고 있는가, 어떠한 화제를 좋아할 것인가를 찾아내는 수고를 하지 않았더라면 나는 아직도 그 사람과 거래를 트고자 헛되이 그를 쫓아다니고만 있었을 것입니다."

사람의 호감을 사는 제5 기술

상대방의 관심 소재를 파악하여 그것을 화제로 삼아라.

진심으로 칭찬해 주어라 06

뉴욕의 8번가에 있는 우체국에서 나는 등기우편을 부치려고 줄을 서서 차례를 기다리고 있었다. 등기 담당 직원은 어제도 오늘도 우편물의 무게를 달고 우표와 거스름돈을 내 주며 영수증을 발행해 주고 하는 똑같은 일이 되풀이되는 것에 아주 진력이 나는 모양이었다. 그래서 나는 잠시 생각해 보았다.

'한번 이 사내가 나에게 호의를 갖도록 해 보자. 그렇게 하려면 내 일이 아니라 그의 일에 관하여 무엇인가 호의에 찬 이야기를 해 줘야겠는데, 그 사람에 대해서 내가 정말 감탄할 만한 것은 무엇인가?'

이것은 매우 어려운 문제이며, 특히 상대방이 초면인 경우에는 더욱 어려운 것이다. 그런데 우연히 그 일이 쉽게 해결되었다. 나는 그에게서 실로 훌륭한 것을 곧 발견할 수 있었던 것이다.

그가 내 봉투의 무게를 달고 있을 때, 나는 진심으로 부러운 듯이 이렇게 말했다.

"당신의 그 아름다운 머리카락! 참 부럽습니다."

약간 놀라움이 섞인 표정으로 나를 쳐다본 그의 얼굴에는 미소가 번지고 있었다.

"뭘요. 요즘은 아주 볼품이 없어졌는걸요."

그는 겸손하게 대꾸하는 것이었다.

전에는 어떠했는지 알 수 없으나 하여튼 멋있는 머리카락이라고 나는 마음속으로 감탄했다. 이런 나의 눈치를 알아차린 그의 기쁨 또한 큰 모양이었다. 우리는 다시 몇 마디 유쾌한 말을 주고받았는데, 나중에 그는 "사실 멋있는 머리카락이라고들 하기는 합니다" 하고 실토를 하고야 말았다.

그날 그는 즐거운 기분으로 점심식사를 하러 나갔을 것이다. 저녁에 집에 돌아가서는 아내에게도 이야기했을 것이다. 거울을 혼자 들여다보면서, "과연 근사하군!" 하고 중얼거렸을 것이다.

이 이야기를 나는 어느 공개석상에서 한 적이 있다. 그러자 내 이야기를 듣고 나서 나에게 "그래 당신은 그 사람에게서 무엇을 얻었습니까" 하고 질문하는 사람이 있었다.

내가 무엇을 기대하고 있었느냐고? 이 얼마나 쑥스러운 질문인가?

타인을 기쁘게 하고 칭찬을 했으니까 무엇을 바라야 한다는 인색하고 좁은 소견을 가진 사람들은 결국 실패하고 말 것이다.

아니 실은 나도 대가를 바라고 있었다. 내가 바랐던 것은 돈으로는 못 사는 것이었다. 그리고 확실히 나는 그것을 얻었다. 그에게 기분 좋은 말을 해 주고 그러면서도 그에게 아무런 부담도 지우지 않았다는 후련한 기분, 바로 그것이다. 이러한 기분은 언제까지나 즐거운 추억으로 남게 되는 것이다.

인간의 행위에 관하여 중요한 법칙이 하나 있다. 이 법칙에 따르면 대개의 난관은 피할 수가 있다. 이것을 지키기만 한다면 친구는 점점 많아질 것이며 항상 행복을 느낄 수 있다. 그러나 이 법칙을 깨뜨리면 곧 난관에 부닥치게 될 것이다. 이 법칙이란 다름이 아니다.

늘 상대방에게 중요감을 갖도록 하라.

이미 설명한 대로 존 듀이 교수는 중요한 인물이 되고 싶다는 욕망은 인간의 가장 뿌리깊은 욕구라고 말하고 있다. 또 윌리엄 제임스 교수는 인간성의 바탕을 이루고 있는 것은 다른 사람으로부터 인정을 받고자 하는 갈망이라고 단언했다. 이 욕망이 인간과 동물을 구별짓는다는 것은 이미 말한 바이지만 인류의 문명도 이러한 인간의 욕망에 의하여 발전되어 온 것이다.

인간관계의 법칙에 대하여 철학자들은 수천 년에 걸쳐 사색을 기울여 왔다. 그리고 그 사색 가운데서 단 한 가지 중요한 교훈이 탄생했다. 그것은 결코 새로운 교훈이 아니다. 그것은 인간의 역사만큼이나 오래되었다. 3000여 년 전의 페르시아에서는 조로아스터가 그 교훈을 교도들에게 전해 주었다. 2400여 년 전의 중국에서는 공자가 그것을 설파했다. 도교의 창시자인 노자도 그것을 제자들에게 가르쳤다. 예수보다 500여 년이나 빨리 석가는 거룩한 갠지스 강 기슭에서 이를 가르쳤다. 이보다 1000여 년 전에 힌두교의 성전에도 이것이 설명되어 있다. 예수는 1900여 년 전에 유대의 바위산에서 이 교훈을 가르쳤다. 예수는 이를 다음과 같은 말로 이야기했다. 그것은 이 세상에서 가장 중요한 법칙이라고도 할 수 있을 것이다.

"남이 나에게 해 주기를 원하는 것처럼 남에게 행하라."

인간은 누구나 주위 사람들에게서 인정받기를 원하고 있다. 자기의 진가를 인정받고 싶은 것이다. 작으나마 자신의 세계에서는 자기가 중요한 존재라고 느끼고자 하는 것이다. 속이 훤히 들여다 보이는 겉치레 말은 듣고 싶지 않지만 진정한 칭찬에는 굶주려 있는 것이다. 찰스 슈워브의 말대로 자기 주위 사람들에게서 '마음 속으로부터의 인정과 아낌없는 칭찬'을 받고 싶은 것이 누구나의 공통된 마음이다.

그러므로 앞에 말한 황금률(黃金律)에 좇아서 남이 나에게 해 주기를 원하는 바를 내가 남에게 해주면 되는 것이다.

그러면 그것을 어떻게, 언제, 어디서 할 것인가? 언제든지 어디서나 행하라.

이런 예가 있다. 어느 날, 나는 라디오시티(뉴욕 RCA 빌딩에 있음)의 안내원에게 헨리 수벤의 사무실 호수를 물어보았다. 단정한 제복 차림의 그 안내원은 자랑스러운 듯이 가르쳐 주었다.

"헨리 수벤…… 18층…… 1816호실입니다."

또박또박 말마디 사이에 간격을 두고 그는 대답해 주었다.

나는 급히 승강기 있는 쪽으로 가다가 다시 돌아와서 안내원에게 말했다.

"당신이 지금 그 말해 주는 방식이 아주 좋은데요. 명료하고 정확하여 일종의 예술이라 할 정도입니다. 나는 절대로 흉내도 낼 수 없겠는데요."

이 말에 그는 얼굴에 기쁜 빛을 감추지 못하며 왜 그러한 방식으로 발음을 했으며, 어째서 말마디 사이에 간격을 두었는가 하는 까닭을 나에게 설명해 주었다. 내가 한 몇 마디의 말에 그는 가슴이 울렁거릴 정도로 기뻤던 것이다. 18층까지 올라가면서 나는 인류 행복의 총량을 조금이나마 증가시킬 수 있었다는 사실의 즐거운 여운을 맛보고 있었다.

이 칭찬의 철학은 외교관이나 자선단체의 회장이 되기 전에는 응용할 길이 없는 사치품이 아니다. 매일 응용하여 마술 같은 효과를 거둘 수 있는 것이다.

예컨대 음식점에서 종업원이 주문한 것과 다른 것을 가지고 왔을 때, "미안하지만, 나는 커피가 아니라 홍차를 시킨 것 같은데요" 하는 식으로 정중히 말하면 종업원은 기꺼이 바꿔다 줄 것이다. 상대방에게 경의를 표했기 때문이다. 이러한 공손하고 점잖은 말씨는 단조로운 일상생활의 톱니바퀴에 치는 윤활유 구실을 하며 동시에 교양의 수준을 증명해 주기도 한다.

또 한 가지 예를 들어 보자. 홀 케인은 《그리스도교도》, 《재판관》, 《맨 섬의 사람》 등의 소설을 쓴 유명한 작가이지만 원래 대장장이의 아들이었다. 학교는 8년 남짓밖에 다니지 않았으나, 마침내는 세계에서도 손꼽히는 작가가 되어 큰 부를 누렸다.

홀 케인은 '14행 시'나 민요를 좋아하여 영국의 시인 단테 가브리엘 로제티의 작품을 탐독하고 있었다. 그 결과 그는 로제티의 예술적 공적을 찬양하는 기고문을 쓰고 그 사본을 로제티에게 보냈다. 로제티는 기뻐했다.

'나의 능력을 이처럼 높이 평가해 주는 청년은 필경 훌륭한 인물임이 틀림없다.'

로제티는 아마 이렇게 생각했을 것이다.

그리고 이 대장간 집 아들을 런던으로 불러내어 자기 비서로 삼았던 것이다. 이것이 홀 케인 생애의 전환점이 되었다. 이 새로운 일자리에서 그는 당시의 유명한 문학가들과 친하게 사귈 수 있었고, 그들의 조언이나 격려에 힘입어 새로운 인생을 개척하여 후일에는 세계에 문명을 떨칠 수 있게 되었다.

맨 섬에 있는 그의 저택 글리버 캐슬은 세계 각지에서 밀려오는 관광객의 메카가 되었다. 그가 남긴 재산은 250만 달러에 이르렀다고 하는데, 만일 그가 유명한 시인에 대한 찬사의 기고문을 쓰지 않았던들 그는 가난한 무명인사로 일생을 마쳤을는지도 모른다.

마음으로부터의 아낌없는 칭찬은 이와 같이 무궁무진한 위력을 지니고 있는 것이다. 로제티는 자기를 중요한 존재라고 생각하고 있었다. 당연한 일이다. 인간은 거의 예외 없이 그렇게 생각하고 있다. 이 지구상의 인간은 누구나 다 그렇게 생각하고 있는 법이다.

미국인 중에는 일본인에 대해 우월감을 느끼고 있는 사람이 있다. 그러나 일본인 역시 미국인보다 훨씬 우수하다고 생각하고 있다. 백인이 일본 부인과 춤을 추고 있는 것을 보고 분개할 만큼 보수적인 일본인도 있는 것이다.

힌두교도에 대하여 우월감을 느끼든 안 느끼든 그것은 외국인의 자유겠지만, 어쨌든 힌두교도들은 외국인에 대하여 한없는 우월감을 가지고 있다. 그러므로 이교도인 외국인의 그림자가 스쳐지나갔던 음식물에는 더럽다고 절대로 손도 대지 않는다.

에스키모에 대해 누가 우월감을 갖든 안 갖든 그것은 각 개인의 자유겠지만 에스키모 자신은 백인에 대하여 어떠한 생각을 갖고 있는가를 한번 살펴보기로 하자.

에스키모 사회에도 부랑자가 있는데 이처럼 게으르고 쓸모없는 인간을 에스키모는 백인 같은 족속이라고 욕하는 것이다. 이 말보다 더 심한 경멸을 뜻하는 말은 달리 없다고 한다.

어느 국민이라도 스스로는 타국민보다 우수하다고 생각하고 있다. 그것이 애국심을 낳고 때로는 전쟁까지도 일으킨다.

사람은 누구나 모두 타인보다 어느 점에서는 우수하다고 생각하고 있는 것이다. 따라서 상대방의 마음을 내 손에 꼭 휘어잡으려면 상대방이 상대방 나름의 세계에서 중요한 인물임을 사실대로 인정해 주고, 그 점을 상대방에게 잘 말해 줘야 한다.

에머슨이 "누구나 사람은 나보다 어느 면에서는 우수하고 또 배울 점을 갖추고 있다"라고 한 말을 기억해 주기 바란다.

그런데 참 보기에도 딱한 것은 남에게 자랑할 만한 아무런 장점도 없으면서 그로부터 오는 열등감을 터무니없는 자만이나 자기자랑으로 얼버무리려 하는 사람들의 모습이다.

셰익스피어는 이러한 모습을 "오만 불손한 인간들! 보잘것없는 것을 내세워 천사라도 통곡할 만한 거짓말을 태연히 하는 사람들"이라고 표현하고 있다.

칭찬의 원칙을 응용하여 성공을 거둔 세 사람의 일화를 소개해 보겠다. 세 사람 모두 나의 강습회의 수강생이었다.

먼저 코네티커트의 변호사 이야기를 하겠는데, 본인은 친척에 대해 피해를 줄 수도 있으니 익명으로 해 달라는 부탁이 있기에 그저 R씨라고만 해 두겠다. 나의 강습회에 참석한 지 얼마 안 되어 R씨는 아내와 더불어 롱아일랜드에 있는 처가 친척집에 다니러 갔다.

연로하신 숙모님 댁에 도착하자, 아내는 R씨를 숙모님 댁에 남겨두고 자기는 다른 친척집을 방문하러 갔다. R씨는 칭찬의 원칙을 실험한 결과를 강습회에 보고하도록 되어 있었으므로, 먼저 이 나이 많은 처숙모님에게 시험해 보려 했다. 그래서 그는 집 안을 두루 살피면서 진심으로 칭찬해 줄 만한 일을 찾아내려고 애썼다.

"이 집은 1890년 무렵에 지은 것이겠죠?"

그가 묻자, 숙모는 바로 1890년에 지었다고 대답했다.

"저의 생가도 이와 똑같은 집이었습니다. 참 훌륭한 건축 양식입니다. 여러모로 쓸모 있는 집이죠. 널찍하고…… 요즈음은 이런 집을 잘 짓지를 않더군요."

그 말을 듣자 숙모는 과연 그렇다는 듯이 내 말에 맞장구를 쳤다.

"정말 그래요. 요즘 젊은 사람들은 주택의 미관에는 전혀 관심이 없는 것 같아요. 좁은 아파트에 전기냉장고, 그리고 놀러 돌아다니기 위한 자가용차 따위를 들여놓는 것이 요즘 젊은 사람들의 이상인 모양이에요."

좋았던 옛날을 회상하는 듯이 그녀는 목소리에 감정을 담으면서 말했다.

"이 집이 나에게는 꿈에 그리던 집이랍니다. 이 집에는 사랑이 깃들어 있죠. 이 집이 다 지어졌을 때 남편과 나와의 오랜 꿈이 실현되었다고나 할까요? 설계도 건축가에게 의뢰하지 않고 직접 우리 손으로 한 것이랍니다."

그러고 나서 그녀는 R씨를 안내하여 집 안을 두루 구경시켜 주었다. 그녀가 여행 기념으로 수집하여 소중히 간직하고 있는 아름다운 귀중품을 본 R씨는 마음속으로부터 찬탄을 금할 수가 없었다. 스코틀랜드의 페이즈리 산 숄, 오래된 영국의 찻잔, 웨지우드의 도자기, 프랑스제 침대와 의자, 이탈리아의 회화, 프랑스 귀족의 저택에 장식되어 있었다고 하는 비단 포장 등이 있었다.

집 안 구경이 끝나자 숙모는 R씨를 차고로 데리고 갔다. 거기에는 신품이나 다름없는 패커드 차 한 대가 잭으로 괸 채 놓여 있었다. 그 자동차를 가리키며 숙모는 조용히 말했다.

"남편이 세상을 떠나기 직전에 이 차를 샀는데 나는 아직 이 차를 한 번도 타 보지 못했답니다. 당신은 물건의 값어치를 알아보실 만한 분이라고 생각되어 이 차를 드리기로 하겠어요."

"숙모님, 그것은 곤란합니다. 물론 후의는 대단히 감사합니다만, 이 차를 받을 수는 없습니다. 저는 숙모님과 무슨 핏줄이 닿은 것도 아니고, 자동차는 저도 산 지 얼마 안 된 새 차를 가지고 있으니까요. 이 패커드를 가지고 싶어할 가까운 친척도 여러 분 계실 텐데요."

R씨가 간곡히 사양하자 숙모는 펄쩍 뛰는 것이었다.

"가까운 친척이라고요? 물론 있죠. 이 차가 탐이 나서 내가 어

서 죽기를 기다리는 일가 나부랭이들이 있죠. 그러나 그런 사람들에게 이 차를 넘겨 줄 수는 없어요."

"그렇다면 중고 자동차 거래상에 팔아 버리시면 될 것 아닙니까."

"판다고요? 내가 이 차를 팔 것 같아요? 어디 사는지, 이름 석 자가 무엇인지도 모르는 사람한테 이 차를 팔아서 제멋대로 타고 다니는 꼴을 내가 보고 견딜 것 같아요. 이 차는 남편이 나를 위해 사 준 차인데 팔다뇨! 생각조차 할 수 없어요. 그냥 당신한테 선물하고 싶군요. 당신은 좋은 물건의 진가를 알아줄 만한 사람이니까요."

R씨는 어떻게든 그녀의 기분을 상하지 않게 하고 거절하려고 했지만 도저히 어쩔 수가 없었다.

넓은 방 안에서 그저 홀로 추억을 더듬어 독수공방을 지키며 살아온 이 노부인은 자그마한 칭찬의 말에 굶주려 왔던 것이다. 그녀도 한때는 젊고 아름다웠으며 남자들이 귀찮게 쫓아다니던 때가 있었을 것이다. 사랑의 보금자리를 짓고, 유럽 각지에서 사 모은 골동품으로 방을 꾸미던 시절도 있었을 것이다. 그러나 지금은 늙고 고독한 과부의 몸, 누가 조그만 칭찬이나 위로의 말을 해 주기만 하면 그것이 큰 감동을 주는 것이다.

그런데 아무도 그것을 제공해 주려고 하지 않는 것이다. 따라서 그녀는 R씨의 자상한 태도에 접하자 사막에서 오아시스를 만난 듯이 기뻐하며 패커드를 주지 않고는 못 배기겠다는 것이었다.

다음은 도널드 M. 맥마흔 씨의 이야기이다. 뉴욕에 있는 루이스 앤 밸런타인 조경회사의 부장인 맥마흔 씨의 경험은 이렇다.

"강습회에서 〈사람을 움직이는 법〉의 강습을 받은 다음 얼마 안 되어 나는 어느 유명한 법률가의 저택에서 정원공사를 맡아 일하게 되었습니다. 그러자 그 집주인이 정원에 나와 나에게 석류나무와 진달래 꽃 심을 자리를 지시해 주었습니다. 나는 그에게 '선생님, 참 마음이 흐뭇하시겠습니다. 저렇게 좋은 개를 여러 마리나 기르고 계시니 말입니다. 에디슨 스퀘어가든 품평회에서 댁의 개들이 많은 포상을 받았다면서요?' 하고 말을 걸었습니다. 그는 이러한 찬사에 놀랄 만한 반응을 보여 주었습니다.

주인은 신이 나는 듯 '그거야 물론 말할 수 없이 기쁘죠. 어디 개들 구경 좀 시켜 드릴까요?' 하고 말하는 것이었습니다.

한 시간쯤이나 그의 자랑거리인 개며 상패를 차례차례 보여주면서 그 개들의 족보까지 끄집어냈습니다. 그리고 개의 우열을 좌우하는 혈통에 관해서 열심히 설명해 주는 것이었습니다.

마지막에 그는 '당신 집에 아들이 있소?' 하고 물어 보기에 있다고 대답하니 '그 아이가 강아지를 좋아합니까?' 하고 또 물어 보았습니다. '네, 물론 참 좋아합니다' 하고 나는 대답했습니다. 그러자 그는 '그렇다면 강아지 한 마리를 그 아이에게 선물하겠습니다' 하고 말했습니다. 그는 강아지 키우는 법을 설명하기 시작했는데, 잠깐 생각하더니 '말로만 일러주면 잊어버리기 쉬우니까 내가 종이에 써 드리도록 하겠습니다' 라고 말하고는 집 안으로 들어갔습니다.

그리고 족보와 개 사육법을 타이프로 친 것과 함께, 돈을 주고 사려면 100달러는 됨직한 강아지를 나에게 주었습니다. 그뿐만 아니라 그의 귀중한 시간을 한 시간 반이나 할애해 준 셈입니다.

이것이 모두 그의 취미와 그의 성과에 대하여 내가 표명한 솔직한 찬사의 부산물이었던 것입니다."

코닥 사진기로 유명한 조지 이스트만은 이른바 영화 제작에 불가결한 투명 필름을 발명하여 거부가 된 세계에서 몇 안 되는 대실업가이다. 그렇게 큰 사업을 해낸 사람인 그도 여러분이나 나와 마찬가지로 자그마한 칭찬에 대하여 대단히 민감한 반응을 보여준 것이다. 그 사람의 일화를 하나 소개해보기로 하자.

펵 오래전의 이야기이지만, 이스트만은 로체스터에 이스트만 음악학교와 그의 어머니를 기념하는 킬본 홀 극장을 건설 중이었다. 뉴욕 고급 의자 제작회사의 제임스 애덤슨 사장은 이 두 건물에 시설할 좌석 의자를 주문받으려 했다. 그래서 애덤슨은 건축가에게 연락을 취하여 이스트만과 로체스터에서 만나기로 되어 있었다.

애덤슨이 약속한 장소에 이르자, 그 건축가가 그에게 주의를 주는 것이었다.

"당신은 주문을 꼭 맡고 싶겠죠. 그러나 만약 당신이 이스트만의 시간을 5분 이상 빼앗으면 성공할 가망은 거의 없어요. 이스트만은 굉장히 성질이 까다로운 분인데다 아주 바쁜 사람이기 때문에 빨리 이야기를 끝내 버리는 것이 좋을 겁니다."

애덤슨은 들은 대로 할 작정이었다. 방으로 안내되어 들어가자 이스트만은 책상을 향해 앉아 산더미처럼 쌓인 서류를 들여다보고 있었다. 이스트만이 고개를 들고 안경을 벗고 나서는 건축가와 애덤슨 쪽으로 걸어오더니 말을 걸었다.

"어서 오십시오. 그런데 두 분이 찾아오신 용건은?"

건축가의 소개로 인사를 마치고 애덤슨은 이스트만에게 말을 꺼냈다.

"아까부터 저는 이 방의 훌륭한 시설과 장식에 감탄하고 있었습니다. 이처럼 훌륭한 방에서 일을 하면 참 기분도 좋고 능률도 오르시겠습니다. 저는 실내장식이 전문이지만 이렇게 훌륭한 방은 본 적이 없습니다."

이스트만이 말을 받았다.

"글쎄, 그렇게 말씀을 하시니 이 방을 꾸몄을 당시의 일이 생각납니다. 그저 쓸 만한 방이죠. 완성되었을 당시에는 나도 몹시 기뻐했는데, 요즘은 바빠서 몇 주간이나 이 방이 좋은 것도 잊고 지낼 때가 많답니다."

애덤슨은 판자벽을 손으로 매만지면서 말을 이었다.

"이것은 영국산 참나무군요. 이탈리아산 참나무와 결이 좀 다르죠."

그러자 이스트만이 대답했다.

"그렇습니다, 영국으로부터 수입한 것입니다. 목재에 대하여 잘 알고 있는 친구가 특별히 나를 위해서 골라 준 것입니다."

그리고 이스트만은 방의 균형, 색채, 조각된 장식품 및 그 밖에 그 자신이 고안해 낸 것을 이것저것 애덤슨에게 보여 주고 설명해 주었다.

두 사람은 공들여 꾸며진 실내 구조를 두루 살피고 나서 창문 있는 곳으로 가더니 걸음을 멈추었다. 이스트만이 사회사업으로 자기가 건립한 여러 시설에 대하여 부드러운 어조로 천천히 이야

기를 꺼낸 것이다. 애덤슨은 이스트만에게서 로체스터 대학, 종합 병원, 사랑의 집, 아동 구호 병원 등의 이름을 듣고서는 이처럼 그가 인류의 고통을 덜어 주고자 그의 재산을 제공하는 이상주의적인 사업과 공헌에 대하여 마음속으로부터 경의를 표했다.

이윽고 이스트만은 유리로 된 케이스를 열고서 그가 최초로 장만했다는 사진기를 꺼냈다. 어느 영국인으로부터 사들인 발명품이었다.

애덤슨은 이스트만이 사업을 처음 시작했을 무렵의 고생스러웠던 일들에 대하여 질문했다. 그러자 이스트만은 가난했던 소년시절을 회고하며 홀어머니가 싸구려 하숙집을 경영하는 한편 자기가 일급 50센트로 어느 보험회사에 근무했었던 이야기를 실감나게 들려주었다. 가난의 공포에 밤낮 시달려 온 그는 어떻게 해서든지 가난을 이겨내어 어머니를 하숙집 여주인의 중노동으로부터 해방시켜 드리기로 결심했노라고 말했다. 애덤슨은 질문을 계속하며 건판(乾板) 실험을 하고 있을 무렵의 이야기에 귀를 기울였다. 사무실에서 하루 종일 일하며 약품이 작용하는 얼마 안 되는 시간을 이용하여 수면을 취하면서 밤새워 실험을 했었다는 일이며, 때로는 72시간 동안 잠잘 때나 일할 때나 옷 입은 채로 지냈다는 일 등 이스트만의 이야기는 끝이 없었다.

제임스 애덤슨이 처음 이스트만의 방에 들어간 것은 10시 15분이었다. 그리고 5분 이상 시간을 빼앗으면 안 된다는 경고를 미리 들은 바도 있었다. 그러나 이미 한 시간이 지났고 두 시간도 넘었는데 아직도 이야기는 끝날 줄 몰랐다. 끝으로 이스트만이 애덤슨을 보고 이렇게 말했다.

"얼마 전 일본에 갔을 때 의자를 사가지고 와서 집 현관에 놓았죠. 그런데 오래되자 칠이 벗겨져서 요전에 페인트를 사다가 내가 다시 칠을 했습니다. 내가 페인트칠한 솜씨를 한번 보시렵니까? 그러면 내 집으로 갑시다. 점심식사나 같이한 다음에 보여 드리겠습니다."

점심을 같이한 다음 이스트만은 애덤슨에게 의자를 보여 주었다. 한 개에 1달러 50센트도 될까말까한 싸구려 의자여서 억만장자에게는 어울리지 않는 물건이었는데, 자기 손으로 페인트칠했다는 것이 큰 자랑인 모양이었다.

9만 달러어치나 되는 의자 주문은 과연 누구의 손에 맡겨졌을까? 그것은 말할 필요도 없다. 그때 이후로 이스트만과 애덤슨은 평생의 친구가 되었다.

우리는 이 훌륭하고 즉각적인 효과를 가진 칭찬의 법칙을 먼저 자기 가정에서부터 시험해 보자. 가정만큼 이를 필요로 하는 곳도 없으며, 가정만큼 그것이 등한시되는 곳도 없다. 어떠한 아내에게도 반드시 어떤 장점이 있다. 적어도 남편이 그 점을 인정했으므로 결혼이 성립되었을 것이다. 그러나 여러분은 아내의 매력에 대하여 찬사를 보내지 않은 지 벌써 몇 년이나 되었는가를 한번 반문해 보아라.

수년 전 나는 뉴브런스위크 주의 미라미치 강 상류로 낚시를 간 일이 있었다. 캐나다의 깊숙한 숲속, 인가가 없는 곳에 자리를 잡고 캠프를 쳤다. 읽을 것이라고는 지방신문이 한 장 있을 뿐, 그것을 샅샅이 광고도 하나 빼놓지 않고 모두 읽었는데, 그 안에는 도로시 딕스 여사가 쓴 기사가 실려 있었다. 대단히 좋은 기사였기에 나는 그것을 오려서 오늘날까지 간직해 오고 있다. 그 기사에 의하면 여사는 신부에게 주는 교훈은 귀가 아프도록 들어왔지만, 오히려 신랑에게 다음과 같은 교훈을 주어야 한다는 것이다.

칭찬의 말을 능숙하게 할 수 있을 때까지는 결코 결혼해서는 안 된다. 독신으로 있는 동안은 여성을 칭찬하거나 말거나 자유겠지만, 일단 결혼을 하고 나면 상대방 배우자를 칭찬해 주는 것이 필수조건이 되는 것이다. 이것은 자기의 안위를 위해서도 불가결하다.

솔직한 언행은 금물이다. 결혼생활은 외교 전장인 것이다.

만족한 일상생활을 영위하려면 결코 아내의 살림하는 방법을 비난하거나 짓궂게 자기 어머니의 방법과 비교를 한다든지 해서도 안 된다. 반대로 항상 아내가 살림 잘한다는 것을 칭찬하고 재색 겸비한 이상적인 여성과 결혼할 수 있었던 행운을 감사하는 것처럼 행동하라.

가령 비프스테이크가 소가죽처럼 질기게 되고, 토스트가 숯처럼 타 있어도 결코 불평을 해서는 안 된다. "오늘은 평소처럼 잘 되지 않았군" 하는 정도로 가볍게 말해 준다. 그러면 아내는 남편의 기대에 어긋나지 않게 하려고 더욱 노력할 것이다.

이 방법은 갑자기 시작하기는 좀 어색하다. 아내가 이상하게 생각할 것이다. 그러니 오늘 밤이나 내일 밤쯤 아내에게 꽃이나 과자를 선물로 사 가지고 집에 돌아가 보면 어떨까.

"옳지, 그것도 그럴 듯한 이야기군" 하는 정도로 말만 해서는 아무 소용이 없다. 실제로 실천해야 한다. 그러고는 얼굴에 웃음을 담고 다정한 말도 한두 마디 한다. 이를 시행하는 남편이나 아내가 많아지면 많아질수록 이 세상에서 이혼율도 6분의 1쯤 줄어들 것이다.

여성으로부터 사랑을 받는 방법을 알고 싶다면 그 비결을 하나 가르쳐 주겠다. 그것은 대단히 효과가 있는 방법인데, 실은 내가 발견해 낸 것이 아니라 도로시 딕스 여사에게 배운 것이다. 여사는 스물세 명의 여자의 마음과 그 여인들의 저금통장을 차례차례 손아귀에 넣은 유명한 결혼사기꾼과 인터뷰를 한 일이 있었다. 인터뷰의 장소는 교도소였다.

여성의 사랑을 얻는 방법에 대하여 질문하자 그는 이렇게 대답하더라는 것이다.

"별로 힘든 일이라고는 아무것도 없죠. 상대방의 이야기만 하고 있으면 되니까요."

이 방법은 남성에 대해서도 효과가 있다.

"상대방 남성에 대한 일만을 이야기하라. 상대방은 몇 시간이라도 귀를 기울이고 싫증을 내지 않을 것이다."

이것은 유명한 영국의 대정치가 디즈레일리가 한 말이다.

여기까지 읽었으면 한번 책을 덮고 그 칭찬의 철학을 여러분의 주변에 있는 사람에게 응용해 보라. 그 효과는 놀라울 것이다.

사람의 호감을 사는 제6 기술

상대방에게 중요감을 준다.

그것도 성의 있게 진심으로 행동해야 한다.

제3부

HOW TO WIN FRIENDS AND INFLUENCE PEOPLE

사람을 설득하는 열두 가지 기술

1.논쟁을 피하라
2.상대방의 잘못을 캐내지 말라
3.자기 잘못을 먼저 인정하라
4.부드럽게 말하라
5.상대방이 수긍할 대화를 택하라
6.상대방에게 말할 기회를 주어라
7.자신의 의견인 것처럼 느끼게 하라
8.상대방의 입장에서 생각하라
9.상대방의 입장에 동감하라
10.아름다운 심정에 호소하라
11.극적인 연출을 하라
12.도전의식을 자극하라

01 논쟁을 피하라

제1차 세계대전이 끝나고 얼마 안 되어 나는 어느 날 밤 영국에서 참으로 귀중한 교훈을 얻었다. 나는 그 무렵 로스 스미스 경의 매니저로 일하고 있었다. 전쟁 무렵 로스 경은 팔레스타인에서 전공을 크게 세운 바 있는 오스트레일리아의 비행사였고, 전쟁이 끝나자 그는 지구의 반바퀴를 30일 만에 비행하여 온 세계를 놀라게 했다.

이는 그 무렵으로서는 파격적인 시도로 굉장한 선풍을 일으켰다. 오스트레일리아 정부는 그에게 5만 달러를 상금으로 주었고, 영국 여왕은 그에게 나이트 작위를 주는 등 그는 대영제국 내에서 가장 인기 있는 화제의 인물이 되었다. 즉 대영제국의 린드버그였던 것이다.

나는 어느 날 저녁 로스 경을 주빈으로 하는 만찬에 초대되었다. 식사가 한창일 때 바로 내 옆에 앉았던 한 사람이 다음과 같은 말을 인용하면서 재미있는 이야기를 들려주었다.

"인간이 어떤 일을 하더라도 마지막 결정은 신이 한다."

그 사람은 이 말이 성경 속에 있는 말이라고 했다. 그러나 그 말은 틀린 것이다. 나는 그 구절이 어디에서 인용된 것인지를 확실히 알고 있었다. 그래서 나는 나의 중요감과 우월감을 채우기 위해 그의 잘못을 지적하는, 미움 사기 알맞은 역할을 하고 나섰다.

"뭐라고요? 셰익스피어 작품에 있는 것이라고요? 그럴 리가 없어요. 천만의 말씀이죠. 성경에 있는 말입니다. 틀림없습니다!"

그는 그의 주장을 내세웠다.

그는 바로 내 오른편에 앉아 있었고 나의 오랜 친구인 프랭크 가몬드 씨는 내 왼편에 앉아 있었다. 가몬드 씨는 오래전부터 셰익스피어를 연구한 사람이었다.

그래서 그 사람과 나는 이 문제를 가몬드 씨에게 물어보기로 했다. 양쪽 말을 한동안 듣고 있던 가몬드 씨는 식탁 밑으로 나를 슬쩍 치면서 이렇게 말했다.

"카네기, 자네가 틀렸네. 이분 말씀이 옳아. 성경에 있는 말씀이야."

그날 밤 집으로 돌아가는 길에 나는 가몬드 씨에게 물었다.

"프랭크, 그 말이 셰익스피어 작품에 나온다는 걸 자네도 잘 알잖아?"

"물론 알고말고. 햄릿 제5장 제2막에 나오지. 그러나 여보게, 우리는 경사스러운 날 손님으로 간 것일세. 무엇 때문에 남이 옳지 않다는 것을 증명하려고 애쓰나. 증명하면 상대방에게 호감을 사겠나? 상대방의 체면도 생각해 주어야지. 그 사람이 자네의 의견

을 물은 것도 아니지 않나. 그런데 무엇 때문에 그 사람과 언쟁을 해야 한단 말인가? 언제나 모가 나는 일은 피해야 하는 걸세."

"언제나 모가 나는 일은 피해라." 이 말을 나에게 해준 사람은 이미 작고하고 없지만, 그가 나에게 가르쳐 준 교훈은 아직도 내 가슴에 간직하고 있다.

본래 나는 토론하기를 좋아했기 때문에 이것은 나에게 참으로 기묘한 교훈이었다. 나는 어릴 때 세상 여러 가지 일에 대하여 형과 곧잘 토론을 벌였다. 대학에 들어가서는 논리학과 변론을 공부했고, 토론대회에도 꼭 참가했다. 까다롭게 이치만을 따졌고 증거를 눈앞에 내놓기 전에는 절대로 나의 주장을 굽히지 않았다.

그 뒤 나는 뉴욕에서 토론과 변론법에 관하여 강의도 하고, 부끄러운 일이지만 이 과목에 관한 책도 저술하려고 계획을 세웠다. 그때부터 몇천 가지 논쟁에 대하여 귀를 기울이기도 하고 비판도 해보고 스스로 참가하여 그 효과를 관찰하기도 했다.

그 결과로 나는 이 세상에서 가장 훌륭한 논쟁을 할 수 있는 단 한 가지 방법이 있다는 결론에 도달했는데, 그 방법은 논쟁을 피하는 것이다. 방울뱀이 지진을 피해 다니듯이 논쟁을 피하라는 것이다.

십중팔구 논쟁의 결말은 논쟁자로 하여금 그가 절대로 옳았다는 이제까지의 생각을 더 한층 굳히게 마련이다.

논쟁에서 이긴다는 것은 불가능한 일이다. 당신이 졌을 경우에는 물론이고, 이겼다 해도 역시 진 거나 마찬가지인 것이다. 왜냐하면 가령 상대방을 꼼짝 못하게 공격했다 하면 그 결과는 어떻게 될까? 공격한 쪽은 기분이 좋아지겠지만 공격을 받은 쪽은 열등감을 갖게 되고 자존심이 상하여 분개할 것이다.

강제로 설득당한 사람은 절대로 생각을 바꾸지 않는다.

팬 상호생명보험회사는 설계사들을 위하여 다음과 같은 방침을 세워 놓았다.

논쟁하지 말라.

진정한 설계사의 자격은 논쟁을 잘하는 것이 아니라 논쟁을 피하는 것이다. 논쟁의 '논' 자도 필요 없다. 사람의 마음은 논쟁으로 바뀌는 것이 아니다.

몇 년 전 내 강습회에 패트릭 T. 오하일이라는 논쟁을 좋아하는 아일랜드인이 있었다. 그는 교육은 많이 받지 못했으나 논쟁하기를 몹시 좋아했다. 그는 한때 운전수로도 일한 적이 있었는데 트럭 판매원을 해 보다가 잘 안 되자 나를 찾아왔던 것이다.

몇 마디 질문을 해 보니 언제나 손님과 논쟁을 벌이고 대들었다는 것을 알았다. 만일 거래 상대방이 그가 팔려는 트럭 값을 깎으려고 무슨 말을 했을 경우, 그는 화를 있는 대로 내고 덤벼드는 것이다. 그리고 논쟁을 하면 대개 이기곤 했다. 그는 훗날 이렇게 말했다.

"나는 가끔 남의 사무실을 걸어 나오면서 '그만하면 내 말을 알아들었겠지' 하고 혼잣말을 했습니다. 실상 그들이 알아듣도록 해 놓기는 했지만 트럭은 한 대도 팔지 못했습니다."

나의 첫 번째 문제는 패트릭 T. 오하일에게 말하는 법을 가르쳐주는 것이 아니라 그가 논쟁을 벌이지 않도록 훈련시키는 일이었다.

그 오하일 씨는 현재 뉴욕에 있는 화이트 자동차 회사의 으뜸가는 판매원이 되어 있다. 어떻게 하여 그렇게 되었을까?

여기서 직접 이야기한 경험을 들어보자.

"내가 지금 트럭을 팔러 갔다가 어느 고객에게 '뭐라고요? 화이트 트럭이라고요? 그건 좋지 않습니다. 저는 댁에서 거저 주신다 해도 받지 않을 것입니다. 저는 후제이트 트럭을 살 겁니다' 하는 말을 들었다고 합시다. 그러면 나는 '물론입니다. 후제이트는 훌륭한 트럭입니다. 댁에서 후제이트를 사시게 되면 절대로 틀림없습니다. 후제이트는 일류회사에서 제작하고, 또한 정직한 판매원을 통해 파니까요' 하고 대답합니다.

이렇게 되면 그는 아무 말도 못 하고 맙니다. 논쟁의 여지가 없어지게 마련이죠. 그가 후제이트가 최고라고 말하고 내가 또한 그렇다고 맞장구를 치게 되면 할 말은 다한 거죠. 이쪽에서도 동의하고 있는데 공연히 후제이트가 최고라는 말을 하루 종일 되풀이할 필요는 없으니까요. 이렇게 된 뒤에 나는 화제를 바꾸어 화이트 트럭의 장점에 관하여 말하기 시작합니다.

전 같았으면 이런 말을 들은 나는 먼저 후제이트의 흠을 잡고, 또 흠을 잡으면 잡을수록 고객은 더욱 후제이트를 두둔하게 되는 법입니다. 그리고 그가 논쟁에 열을 낼수록 그는 내 경쟁사의 생산품에 더 열중하게 되어 버립니다. 지금 그때를 돌이켜보면 내가 과연 그렇게 해 가지고 무엇을 팔 수 있었겠나 하는 생각이 듭니다. 나는 말다툼과 싸움으로 줄곧 손해를 보아온 것입니다. 그러나 이제는 입을 다물고 있습니다. 덕분에 매출은 점점 늘고 있습니다."

벤저민 프랭클린은 곧잘 이런 말을 했다.

"논쟁을 하거나 반박을 하다보면 상대방을 이길 때도 있을 것이다. 그러나 그건 헛된 승리이다. 상대방의 호의를 절대로 얻을 수 없기 때문이다."

그러니 스스로 잘 생각해 보라. 이론 투쟁의 승리를 택할 것인가. 그렇지 않으면 상대방의 호의를 택할 것인가. 양자를 함께 차지할 수는 없을 것이다. 〈보스턴 트랜스 크립트〉에 언젠가 다음과 같은 평범한 시가 실린 일이 있었는데 참으로 의미심장한 것이었다.

한평생 올바르게 산다고 주장한
윌리엄 제이의 넋이 이곳에 누워 있노라
그는 마지막까지 올바른 길을 걸어왔다
그러나 평범한 사람과 마찬가지로 여기 누웠노라

끝까지 올바른 논쟁을 아무리 벌여 보아도 상대방의 마음은 바꿀 수 없다. 그 점에 있어 부당한 이론을 주장하는 것과 무엇이 다르겠는가.

우드로 윌슨 내각의 재무장관으로 있던 윌리엄 G. 매카두는 그의 다년간의 걸친 정치생활에서 "논쟁을 통하여 무식한 사람을 이겨낸다는 것은 불가능한 일이다"라는 교훈을 배웠다고 말하고 있다.

매카두 씨는 '무식한 사람' 이라고 에둘러 표현했으나, 나의 경

험에 따르면 어떠한 사람일지라도 그의 지능지수 여하를 불구하고 그의 마음을 논쟁으로 바꾸려는 것은 절대로 불가능하다.

실례를 들어 보자. 소득세 고문역으로 있는 프레데릭 S. 파슨스 씨는 세무서의 조사관과 맞붙어 논쟁을 하고 있었다. 9000달러가 좌우되는 어떤 항목에 관한 문제였다. 파슨스 씨는 이 9000달러가 실제적으로 받을 수 없는 돈이라 이에 대한 과세는 잘못된 것이라고 주장했다.

"받을 수 없는 돈이라니오. 말도 안 됩니다. 이것은 과세 대상입니다."

조사관은 끝까지 과세 대상이라고 주장했습니다.

그에게는 이성이란 찾아 볼 수 없었으며, 명백한 근거를 들이대도 전혀 수긍하려 하지 않았습니다. 언쟁을 하면 할수록 그는 더욱 고집을 부리는 것이었습니다. 그래서 나는 그와 논쟁을 피하고 화제를 바꾸어 그를 칭찬하기로 했습니다.

"이 문제는 조사관께서 결정해야 될 다른 중요하고 어려운 문제에 비하면 참으로 하찮은 것입니다. 나 자신도 세무 고문을 하면서 세금 부과에 관한 것을 연구하여 왔으나, 나의 지식은 모두 책에서 나온 것에 지나지 않습니다. 당신의 지식은 현장 경험으로부터 얻은 것입니다. 나는 가끔 조사관의 직업을 가졌으면 하고 생각할 때가 있습니다. 그래야 참된 지식을 터득할 수 있지 않겠습니까."

이렇게 나는 진심으로 말했던 것입니다.

그러자 조사관은 의자에서 허리를 펴고 뒤로 몸을 기대면

서 그의 업무내용에 대하여 오랫동안 이야기하더니 그가 지능적 탈세사건을 적발한 공로담까지 털어 놓았습니다. 그의 말투는 차츰 친근해지더니 나중에는 자녀들에 관한 이야기까지 하게 되었습니다. 그는 떠나면서 내 문제를 좀 더 자세히 재검토해 본 뒤 수일 안으로 그 결과를 알려 주겠다고 말했습니다. 그는 사흘 뒤에 사무실로 찾아와서 세금을 부과하지 않기로 결정했다는 것을 알려 주었습니다.

이 세무 조사관은 인간에게 가장 보편적인 약점을 보여준 것이다. 그는 중요감을 원했던 것이다. 그가 피슨스 씨와 논쟁을 하는 동안 그의 권위를 큰 소리로 주장함으로써 중요감을 충족시켰던 것이다. 그러나 그의 중요성이 인정되고 논쟁이 끝나 그의 자아를 확대시킬 수 있게 되자 그는 동정적이고 친절한 인간으로 되돌아갔던 것이다.

나폴레옹 왕실의 수석 시종으로 있던 콘스탄트는 조세핀 황후와 가끔 당구를 쳤다. 콘스탄트는 《나폴레옹의 사생활 회고록》에서 다음과 같이 고백하고 있다.

"나는 상당한 기술을 가지고 있었지만 늘 그녀로 하여금 나를 이기도록 만들었는데, 이것이 그녀에게 대단한 기쁨을 주었던 모양이다."

이 고백은 귀중한 교훈을 가지고 있다.

우리도 고객이나 애인 또는 남편이나 아내와 말다툼이 생길 경우에는 승리를 상대방에게 양보하기로 하자.

석가모니는 이렇게 말했다.

"증오는 증오로써 막는 것이 아니라 사랑으로써 막는 것이다."

그리고 오해는 논쟁으로 푸는 것이 아니고 재치와 사교와 위로와 다른 사람의 견해를 받아들이는 동정적인 노력으로 풀 수 있는 것이다.

한번은 링컨이 동료들과 과격한 논쟁을 일삼고 있던 한 젊은 사관에게 이렇게 타이른 적이 있다.

"자기 향상을 위해서는 사사로운 논쟁에 시간을 낭비하지 않는 법이네. 논쟁 뒤에는 반드시 기분을 상하거나 자제력을 잃게 마련이라는 생각을 한다면 더욱 논쟁을 할 수 없을 것이네. 이쪽이 반쯤의 타당성밖에 없을 경우에는 아무리 중대한 일이라도 상대방에게 양보하게. 이쪽이 다 옳다고 생각되는 경우에도 작은 일이라면 양보하는 것이 현명하지. 이를테면 개에게 물려서 그 개를 죽인들 물린 상처는 치유될 수 없는 법이네."

그러므로 상대방을 설득하는 제1 기술

논쟁에 이기는 최선의 방법은 논쟁을 피하는 것이다.

상대방의 잘못을 캐내지 말라 02

테오도어 루스벨트가 백악관에 재임하고 있을 때, 자기가 생각하고 있는 것의 75퍼센트만이라도 옳다면 그 이상 바랄 것이 없노라고 고백한 일이 있다.

20세기의 위인이 이렇다면 우리는 어떻겠는가?

자기가 생각하는 것의 55퍼센트조차도 옳다고 확신할 수 없다면 어떻게 타인의 잘못을 지적할 자격이 있다고 할 수 있겠는가.

눈의 표정, 말의 억양, 또는 몸짓을 가지고도 상대방의 잘못을 지적할 수 있지만 이것은 드러내놓고 상대방을 꾸짖는 거나 다름없다. 도대체 무엇 때문에 상대방의 잘못을 지적하는가? 상대방이 동의할까?

천만의 말씀이다. 상대방은 자기의 지능, 판단, 긍지, 자존심에 충격을 받을 뿐이다.

이런 경우 그 사람은 오히려 반격해 오려고 할 뿐이지 결코 그의 마음을 바꾸려 들지는 않을 것이다. 이렇게 되면 당신은 플라톤이나 이마누엘 칸트의 모든 논리를 들고 나와서 그를 공박하게 될 것이지만, 그의 감정은 이미 손상된 뒤이기 때문에 그의 의견을 바꾸는 데는 아무런 효과도 없다.

"내가 그 이유를 설명하지"라는 말로 말문을 열면 절대로 안 된다. 이것은 "나는 당신보다 똑똑하다. 잘 설명해 당신 마음을 바꾸어 보겠다"라는 말과 마찬가지이다. 그야말로 도전이다. 이것은 반발심을 일으켜 상대방으로 하여금 전투태세를 갖추게 하는 것이나 다름없다.

가장 부드러운 말로도 다른 사람의 마음을 바꾸게 하기가 어려운 일이다. 무엇 때문에 일을 어렵게 만드는가? 왜 스스로를 불리하게 만드는가?

만일 당신이 다른 사람을 설득하려거든 상대방이 눈치 채지 않게끔 해야 한다. 당신이 하고자 하는 것을 누구도 알아차리지 못하도록 재치 있게 해야 한다.

영국 시인 알렉산더 포프는 이렇게 말했다.

"가르쳐주지 않는 듯이 남을 가르쳐주고, 상대방이 모르는 것은 그가 이미 알고 있는 것처럼 말해 주어라."

체스터필드 경이 그의 아들에게 말한 처세훈 가운데 다음과 같은 말이 있다.

"현명한 사람이 되도록 노력하라. 그러나 자기의 현명함을 남에게 말하지는 말라."

나는 곱셈의 구구법을 빼놓고는 20년 전에 믿고 있었던 일들을 지금은 믿고 있지 않다. 그런데 그 구구법마저도 아인슈타인의 책을 읽고 난 뒤에는 의심하기 시작했다. 아마 앞으로 20년 뒤에는 내가 지금 이 책에서 말한 것을 나 스스로도 믿지 않게 될지도 모른다. 현재도 모든 일에 있어 과거와 같은 확신을 갖지는 못하는 것이다.

"내가 알고 있는 오직 한 가지는 내가 아무것도 모른다는 것이다."

이 말은 소크라테스가 제자들에게 한 말이다.

나는 결코 소크라테스보다 더 똑똑하기를 바랄 수는 없기 때문에 남을 보고 옳지 않다고 말하지 않기로 작정했고, 그것이 또한 더 득이 된다는 것을 알게 되었다.

상대방이 잘못되었다고 생각될 때는, 생각뿐 아니라 사실 그것이 틀림없는 잘못이었을 때에도 이런 식으로 말을 꺼내야 할 것이다.

"사실 나는 그렇게 생각하지 않았습니다만……, 아마 저의 잘못일 겁니다. 저는 곧잘 그런 잘못을 저지르므로 잘못되었다면 바로 잡아야 할 것이니 한번 이 문제를 검토해 봅시다."

이렇게 당신의 태도를 보이는 것이 좋은 방법일 것이다.

"아마 저의 잘못일 겁니다. 저는 곧잘 그런 잘못을 저지르죠. 한번 이 문제를 검토해 봅시다."

이 말속에는 놀라울 정도의 효력이 있다. 세상천지에 이 말에 반대하는 사람은 없을 것이다.

이것은 과학자들이 하는 방법이다. 나는 언젠가 북극권에서 11년 동안을 보내며 6년 동안 고기와 물만 먹으며 살아본 일이 있다는 유명한 탐험가이며 과학자인 스테판슨 씨와 면담을 가진 일이

있다. 그는 나에게 그가 실시한 어떤 실험에 관하여 이야기해 주었는데, 그때 그 실험을 통하여 무엇을 증명하려 했는가를 그에게 물어 보았다.

"과학자는 절대로 무엇을 증명하려 들지 않습니다. 다만 사실을 찾아내려 할 뿐입니다."

나는 그의 대답을 아직도 잊을 수가 없다. 우리도 사물을 과학적으로 생각해야 할 것이다. 마음만 먹으면 누구나 할 수 있을 것이다.

"아마 저의 잘못일 겁니다" 하고 말해서 말썽이 생길 염려는 절대로 없다. 오히려 이렇게 함으로써 모든 논쟁을 막고 상대방도 이쪽과 다름없이 관대하고 공정한 태도를 취하려 들 것이며, 자기도 잘못되지 않았나 하고 반성하고 싶은 마음이 생기게 될 것이다.

상대방이 옳지 않은 것이 확실할 경우, 그것을 노골적으로 지적하면 어떤 사태가 일어날까?

그 좋은 예를 하나 들어 보기로 하자.

뉴욕에 있는 젊은 변호사 S씨는 얼마 전 미합중국 고등법원에서 한 중요한 사건을 가지고 변론하고 있었다. 이 사건은 거액의 금전과 중요한 법률문제가 걸린 재판이었다.

변론이 진행되고 있을 때 재판관이 S씨에게 이렇게 물었다.

"해양법에 의한 기한 규정은 6년이 아니던가요?"

S씨는 말을 멈추고 잠시 판사를 바라보더니 서슴지 않고 말했다.

"판사님, 해양법에는 기한 규정이 없습니다."

S씨는 그때의 상황을 나의 강습회에서 이렇게 말했다.

"한순간 법정의 분위기는 물을 끼얹은 듯이 조용하고 싸늘해졌습니다. 내 말이 옳았고 판사의 말이 틀린 것이기 때문에 그렇게 말한 것뿐입니다. 그러나 그 결과는 판사를 불쾌하게 만들어 놓고 말았습니다. 법은 확실히 내 편이었고 내 변론도 어느 때보다 훌륭했으나, 결과적으로는 그를 설득시키지 못하고 말았습니다. 높은 식견과 명성을 가진 분에게 당신이 옳지 않다고 말한 것이 나의 커다란 실수였던 것입니다."

논리적으로 행동하는 사람은 흔하지 않다. 우리 대부분은 아집에 사로잡혀 있거나 편협하다. 거의 모든 사람이 선입관, 질투심, 의심, 두려움, 시기, 자만 등으로 인하여 병들고 있다. 그리고 모든 사람들은 자신의 종교, 머리 스타일, 또는 클라크 게이블 같은 연예인에 대한 저마다의 생각을 바꾸려 하지 않는다. 그러므로 만일 당신이 남이 옳지 않다고 지적하고 싶어질 때는 다음 이야기를 읽은 뒤에 해주기 바란다.

이것은 하버 로빈슨 교수의 명저 《정신의 발달 과정》의 한 부분이다.

우리는 그다지 큰 저항을 느끼지 않고 자기 생각을 바꿀 경우가 흔히 있다. 그러나 남이 잘못을 지적하면 화를 내고 고집을 부린다. 사실 우리는 대수롭지 않은 동기로부터 여러 가지 신념을 갖게 된다. 그러나 그 신념을 누군가가 바꾸려 들면 우리는 한사코 반대한다. 이런 경우 우리가 중요시하고 있는 것은 분명히 신념 그 자체가 아니라 위기에 처한 자존심인 것이다.

'나의' 라는 간단한 말이 실은 우리 인간 생활에서는 가장 중요한 말이며, 이 말들을 잘 헤아려 활용할 수 있는 것이 사고의 출발점이다. '나의' 식사, '나의' 개, '나의' 집, '나의' 아버지, '나의' 조국, '나의' 하나님 등 이 모든 '나의'가 같은 의미를 지니고 있다.

우리는 자기 것이면 시계든, 자동차든, 또는 천문, 지리, 역사, 의학, 그 밖의 지식의 잘못을 지적하면 몹시 화를 낸다. 우리는 진리로서 인정해 오던 것을 계속 믿고 싶어 하며, 그 신념을 뒤흔드는 것이 나타나면 분개한다. 그리고 어떻게 해서든지 구실을 붙여 믿어오던 신념에 매달리려고 한다. 결국 우리가 말하는 논쟁은 대부분의 경우 자기의 신념을 고집하기 위한 논거를 찾아내는 노력에 그치게 마련이다.

언젠가 나는 실내장식가에게 커튼을 만들게 한 일이 있는데, 그 뒤 청구서가 송달되었을 때 나는 기겁을 하고 말았다.

며칠 뒤 한 부인이 놀러와서 그 커튼을 보게 되었다. 내가 비용에 관하여 이야기했더니 그녀는 자신에 찬 목소리로 이렇게 말했다.

"뭐라고요? 맙소사! 바가지를 쓰셨군요."

사실이다. 그녀는 옳은 말을 했을 뿐인데도 사람이란 자기의 어리석음을 폭로하는 것을 달갑게 여기지 않는 법이다. 나도 역시 사람인 고로 자신을 변호하려고 애를 썼다. 실상 가장 염가로 하는 것보다 더 좋은 일은 없을 것이지만, 품질 좋고 예술적 감각을 지녔을 것이라는 따위의 말로 변명했다.

다음날 다른 친구가 찾아왔는데 그녀는 오히려 이 커튼을 칭찬했을 뿐만 아니라, 자기도 돈만 있으면 이런 커튼을 했으면 좋겠다고 했다. 이에 대한 나의 반응은 전과는 정반대였다.

"솔직히 말하자면 저는 이런 것을 살 만한 여유는 없습니다. 아무래도 바가지를 쓴 것 같아 주문한 일을 후회하고 있답니다."

우리는 자기의 잘못을 스스로 인정하는 일은 흔히 있다. 또 남으로부터 지적받았을 경우 상대방에게 부드럽게 솔직히 자기 잘못을 시인하고 오히려 자기의 솔직함과 도량 있는 마음에 대하여 긍지를 느끼게까지 되는 수도 있다. 그러나 상대방이 이 내 마음에 맞지 않는 사실을 강제로 밀고 들어오면 우리는 인정하려고 하지 않는다.

남북전쟁 무렵 미국의 유명한 신문사 편집장이던 호레이스 그릴리는 링컨의 정책에 정면으로 반대했다. 그는 조롱과 논박, 비난 등의 기사로 링컨의 생각을 바꾸어 보려고 몇 년 동안이나 안간힘을 써왔다. 링컨이 부스의 총탄에 쓰러지던 날에도 그는 링컨에 대해 불손한 인신공격을 퍼부었다.

그러나 이러한 혹독한 짓들이 링컨을 굴복시킬 수 있었을까? 천만의 말씀이다. 조소와 비난으로는 의견을 바꿀 수가 없는 것이다.

당신이 만일 사람을 다루고 자기 인격을 닦는 방법을 알고 싶으면 벤저민 프랭클린의 자서전을 읽어보라. 누구나 읽기 시작하면 정신을 빼앗기고 말 것이다. 이 책은 미국 문학의 고전이기도 하다. 이 자서전에서 벤저민 프랭클린은 그가 어떻게 논쟁하는 나쁜 습관을 극복하고 미국 역사상 가장 유능하고 온화하며 사교적인 사람으로 자기를 변화시켰는가에 관해서 설명하고 있다.

벤저민 프랭클린이 혈기왕성한 젊은 시절의 어느 날 퀘이커 교도인 한 친구가 그를 아무도 없는 곳으로 끌고 가더니 준엄한 설교를 했다.

"자네에게는 이제 희망이 없어. 의견이 다른 상대방에 대해서는 무섭게 대들며 논쟁을 하거든. 그게 싫어서 자네 의견을 묻는 이가 아무도 없지 뭔가. 자네 친구들은 자네가 옆에 없는 것을 더 좋아하고 있단 말일세. 자네는 자신이 척척박사인 줄 알고 있지. 그러니까 아무도 자네와 말을 하려 들지 않네. 사실 자네와 말을 나누면 언제나 기분이 나빠지니까 다시는 말을 하지 않는 거지. 그러니 자네 지식은 앞으로도 더 이상 늘 가망이 없네. 지금의 그 보잘것없는 지식 말고는 말야."

이 같은 날카로운 비판을 받아들이는 데 프랭클린의 위대함이 있는 것이다. 이 친구의 말대로 자기는 지금 파멸의 구렁텅이로 빠져들고 있다는 것을 깨달았기 때문에 그는 위대하고 현명했던 것이다. 그래서 그는 친구의 충고를 외면하지 않고 즉시 자신의 건방지고 완고한 생활 태도를 바꾸기 시작했다.

프랭클린은 다음과 같이 말하고 있다.

"나는 다른 사람의 의견을 정면으로 반대하거나 자기주장의 고집을 삼가도록 하는 것을 자신의 좌우명으로 삼았다. '확실히', 또는 '틀림없이' 따위와 같은 결정적인 의견을 표시하는 단어나 표현을 사용하지 않도록 하고, 그 대신 '이렇게 나는 생각한다' '……추측한다' 또는 '현재로는 그렇게 보인다' 등의 말을 쓰기로 했다.

상대방이 분명히 잘못된 주장을 해도 그것을 곧 그 자리에서 반대하거나 상대방의 잘못을 지적하지 않기로 했다. 그리고 '그런 경우도 있겠지만, 그러나 이번 경우는 좀 사정이 다른 것 같군요.' 이런 식으로 말을 꺼냈다.

이처럼 종전의 방법을 바꾸어 보니 꽤 이로운 점이 많았다.

즉 내가 하고 있던 대화가 더 유쾌하게 진행될 수 있었던 것이다. 나의 의견을 이런 겸손한 방법으로 내놓게 되자 반응은 기분좋게 나오고 반대는 줄어들었다. 자기의 잘못을 인정하는 일이 그다지 힘든 줄 모르게 되고 또 상대방의 잘못도 쉽게 인정시킬 수 있었다.

이 방법을 쓰기 시작하자 처음에는 자신의 성질을 억제하기에 꽤 고생을 했으나 끝내는 손쉽게 할 수 있게 되고 습관화되었다. 지난 50년 동안 내 입에서 독선적인 표현이 새어나가는 것을 들은 사람은 하나도 없을 것이다. 새로운 제도의 설정이나 낡은 제도의 개혁을 내가 제안하면 시민들이 곧 찬성해 준 것도, 또 시의원이 되어 시의회를 움직이게 된 것도 주로 나의 제2의 천성이 된 그 습관화된 방법 덕분이라고 생각한다. 본래 나는 말솜씨도 없고 언어 선택에도 시간을 끌고 적절한 말을 선택할 줄도 몰랐다. 그러나 대부분의 경우 나는 나의 주장을 관철할 수 있었다."

벤저민 프랭클린의 이러한 방법들은 비즈니스에서 어떤 역할을 했을까? 두 가지 예를 들어 보기로 하자. 뉴욕 시 리버티 거리에서 정유업에 필요한 특수 기재를 판매하는 F. J. 마호니 씨의 이야기이다. 그는 롱아일랜드에 살고 있는 어떤 고객으로부터 주문을 받은 일이 있었다. 구매자가 그 기계장치에 대한 이야기를 그의 친구들에게 말하자 그들은 그 장치에는 중대한 결함이 있다고 말했다. 큰일날 뻔했다는 구매자는 그 장치가 너무 넓다느니 짧다느니 하고 트집을 잡기 시작했다. 그러다가 결국은 마호니 씨를 전화로 불러 제작중인 주문품을 인수할 수 없다고 말했다. 그때의 상황을

마호니 씨는 다음과 같이 말했다.

"나는 그 제품을 신중하게 재점검해 본 결과 우리 쪽에 잘못이 없다는 것을 확신했습니다. 그와 그의 친구들이 무슨 말을 주고받았는지 나는 잘 알고 있었으나, 그렇다고 내 입으로 그 말을 그에게 해주면 일이 더 난처하게 될 것이라고 짐작했습니다. 그래서 직접 그를 만나 보기 위해 롱아일랜드로 떠났습니다. 내가 그의 사무실에 들어서자 그는 벌떡 일어나더니 나에게 달려들면서 성급하게 이야기하기 시작했습니다. 그는 너무 흥분하여 주먹을 쥐고 떨며 말했는데, 내 기재와 나에게 욕을 퍼부으며 이렇게 말을 맺었습니다.

'자, 이제 기재를 어떻게 하겠다는 말이오?'

나는 아주 조용하게 당신이 하라는 대로 하겠다고 대답했습니다. 그러고는 '당신은 이 물건 값을 치를 분입니다. 그러니 원하는 물건을 사들이셔야겠죠. 그러나 누구든 이 일에 대한 책임은 져야 할 것입니다. 당신이 옳다고 생각하신다면 새로운 설계도를 저희한테 주십시오. 그리고 우리는 이 일을 위하여 2000달러를 썼지만 이것은 우리가 손해를 보죠. 그러나 우리가 당신 주장에 따라 제조했을 때는 그에 대한 책임은 당신이 져야 한다는 것입니다. 그러나 저희들이 설계한 바에 따라 제작하도록 맡겨 주신다면, 실상은 아직까지도 이 방법이 옳은 것이라고 믿고 있습니다만, 저희들이 그것에 대한 책임을 지겠습니다' 하고 말했습니다.

내 말이 끝날 무렵에는 그의 흥분도 얼마쯤 가라앉아 있었습니다. 그는 마침내 '좋소, 그렇게 해 보시오. 그러나 잘 안 된다면 그때는 모든 책임을 져야 합니다' 하고 말했습니다. 결국 그때의 내

판단은 적중했습니다. 그래서 한 계절 동안 똑같은 주문을 두 개나 그에게서 받게 되었습니다. 이 친구가 나를 모욕하며 기계를 제대로 만들 줄도 모르는 자라고 떠들어 댔을 때, 나는 논쟁을 피하려고 최대한 자제력을 발휘했습니다.

참으로 대단한 자제가 필요했지만 보람이 있었습니다. 만일 내가 그때 그의 옳지 않은 점을 지적하고 논쟁을 시작했더라면 그 다음에는 소송으로 가거나 감정이 악화되어 경제적 손실과 나아가서는 귀중한 고객을 잃고 마는 결과들이 뒤따랐을 것입니다. 그렇습니다. 상대방의 잘못을 지적하는 일이 결코 이로운 결과를 가져오지 않는다는 것을 확신합니다."

또 하나의 예를 들어 보자. 이런 이야기는 세상에서 흔히 있는 이야기이다.

R. U. 크롤리는 뉴욕에 있는 가드너 W. 테일러 목재회사의 판매원이다. 크롤리는 수년 동안이나 고집쟁이인 목재 검사원과 논쟁을 벌여왔고 논쟁을 할 때마다 상대방을 꼼짝 못하게 만들어 놓곤 했다. 그러나 결과는 그다지 좋지 못했다.

"이들 목재 검사원은 야구심판관과 마찬가지로 한번 판정을 내리면 그것을 절대로 바꾸지 않거든요."

이것은 크롤리의 말이다.

크롤리는 논쟁에서 이기기는 했는데 회사는 몇천 달러의 손해를 보고 있다는 것을 알게 되었다. 그래서 그는 내 강습회에 참가하고 지금까지의 방법을 바꾸어 논쟁을 포기하기로 마음먹었다. 결과는 어떠했을까?

여기에 그가 우리 강습회에서 이야기한 내용을 소개한다.

"어느 날 아침 내 사무실의 전화벨이 울렸습니다. 성난 듯한 목소리로 우리 회사가 그의 공장으로 보낸 차량의 목재가 마땅치 않다는 것을 알려온 것입니다. 그의 회사는 하차를 중단하고 있으니 빨리 반송해 가라고 요청이 왔습니다. 화차의 짐이 4분의 1가량 부려졌을 때 그 목재 검사원이 이 목재는 반수 이상의 불합격품이 섞여 있다고 했기 때문이라고 했습니다.

나는 곧 상대방의 공장으로 향했는데 가는 길에 최선의 수습 방안을 생각해 보았습니다. 여느 때 같으면 이러한 경우에 나는 자신이 목재 검사원으로 있었을 때의 경험과 지식을 활용하여 먼저 규격, 규정을 인용한 뒤에 그 검사원으로 하여금 이 목재가 실제로는 규격 이상이며 검사하는 데 있어서 규정을 잘못 해석하고 있다고 확신케 하도록 노력했을 것입니다. 그러나 나는 이번 교육에서 습득한 원칙을 적용해 보아야겠다고 마음먹었습니다.

내가 공장에 도착하니 구매부 직원과 검사원이 화가 잔뜩 나서 금방이라도 달려들 것 같은 기세였습니다. 나는 그들과 함께 현장으로 가서 어쨌든 목재를 풀어 내리라고 했습니다. 그리고 검사원에게는 지금까지 하고 있던 대로 불합격품을 골라서 옆에 놓도록 부탁했습니다. 얼마 동안 그가 하고 있는 것을 보고 있으려니 그의 검사 방법이 너무 가혹하고, 규정도 잘못 해석하고 있다는 것이 눈에 띄었습니다. 이 문제의 목재는 백송이었는데 그 검사원은 단단한 목재에 대해서는 깊은 지식을 갖고 있었으나 백송에 대해서는 아무것도 모르는 낙제생이었습니다. 백송 목재에 대해서는 내가 전문이었습니다. 그러나 나의 전문지식으로 그의 검사 방법에 이의를 제기할 수는 없었습니다.

절대로 그래서는 안 된다고 생각했습니다. 나는 검사하는 것을 계속 바라보고 있다가 어떤 점에서 만족스럽지 않은가를 슬며시 물어 보았습니다. 나는 단 한마디라도 검사원이 옳지 않다는 뜻을 비치지 않고, 다만 내가 묻는 까닭은 앞으로 이 회사에 목재를 납품할 때를 대비해서 이 회사가 원하는 것이 무엇인가를 확실히 알아 둘 필요가 있어서 그러는 것이라고 강조했습니다.

상대방이 하는 대로 내버려 두고 협조적이고 친근한 태도로 묻다 보니 상대방의 마음도 풀리고 험악했던 분위기도 가시기 시작했습니다. 내가 가끔 던지는 주의 깊은 질문이 상대방에게 반성의 계기를 주었습니다. 자기가 불합격이라고 골라 놓은 목재는 따지고 보면 자기가 주문의 등급 기준을 높이 적용했기 때문인지도 모른다는 생각이 든 모양이었습니다. 나로서는 바로 그 말이 하고 싶었지만 그런 눈치는 조금도 보이지 않았습니다.

차츰 그의 태도는 조금씩 달라져 갔습니다. 마지막에 가서는 그가 백송에 대해서는 경험이 없다는 것을 인정하고 목재 하나하나가 차에서 내려지는 동안 여러 가지 모르는 것을 나에게 묻기까지 했습니다. 나는 이 목재는 모든 규정된 규격 안에 들어간다는 것을 설명하고 싶었지만 그런 말은 하지 않고 그들의 소용에 합당하지 않다면 안 받아도 좋다는 점을 확실히 해 두었습니다.

그는 마침내 그가 매번 불합격품이 아닌 것을 불합격으로 오인한 것이 자기 회사 측의 잘못이라는 것을 인정하기에 이르렀습니다. 애초에 더 상위 등급을 주문할 걸 그랬다고 말했습니다. 그는 내가 떠난 뒤에 우리가 보낸 목재 모두를 다시 검사하고는 전량을 인수하고서 이에 대한 대금 전액을 송금해주었습니다.

이 한 가지 예만으로도 사소한 배려와 상대방의 잘못을 지적하지 않는다는 마음가짐으로 우리 회사의 150달러에 달하는 수익을 올리고, 금전으로도 바꿀 수 없는 신뢰를 받게 되었던 것입니다."

이 장에서 말한 것은 결코 새로운 것은 아니다. 1900여 년 전 예수님께서는 이렇게 말했다.

"그대의 적과 빨리 화해하라."

다시 말하면 상대방이 누구이든 논쟁하지 말라는 것이다. 상대방의 잘못을 지적하여 화를 돋우지 말고 완곡한 방법을 이용하라.

기원전 2200 년 이집트 왕 아크토이는 그의 아들에게 이렇게 말했다.

"다른 사람을 납득시키려면 상대방의 감정을 상하게 하지 말고 완곡한 방법으로 하라."

상대방을 설득하는 제2 기술

다른 사람의 의견에 경의를 표하고
절대로 상대방의 잘못을 지적하지 말라.

03 자기 잘못을 먼저 인정하라

내가 살고 있는 곳은 뉴욕의 중심부이다.

그런데 우리 집 바로 옆에 원시림이 있으니 재미있는 일이다. 이 숲속에는 봄이 되면 산딸기 꽃이 하얗게 피고, 다람쥐가 집을 짓고 새끼를 치며, 잡초는 말 키만큼이나 무성히 자라고 있다. 이 자연의 숲은 퍼레스트 파크라고 불리고 있는데, 이 숲의 모습은 콜럼버스가 미국을 발견했을 때나 지금이나 그다지 다를 것이 없다.

나는 자그마한 보스턴 산 불독인 렉스와 함께 이 공원을 가끔 산책한다. 렉스는 사람을 잘 따르는 개로 결코 남을 해치는 일은 없다. 그리고 공원에서는 사람을 만나는 일이 거의 없으므로 목에 줄도 안 매고 입마개도 하지 않고 데리고 다닌다.

어느 날 우리는 공원에서 말 탄 경찰관과 마주쳤다. 그 경찰관은 꽤나 위엄을 보여주고 싶었던 모양이다.

"입마개도 목줄도 없는 개를 공원에서 제멋대로 뛰어다니게 놓아두면 어떻게 하자는 말씀입니까? 법에 위반된다는 것을 모르십니까?"

경찰관이 이렇게 꾸짖기에 나는 부드럽게 대답했다.

"네, 알고 있어요. 그러나 이 개는 누구를 해치는 일이 없으므로 걱정할 필요가 없다고 생각합니다."

"아니, 생각할 필요가 없다고요? 법은 당신이 생각하는 것과는 다릅니다. 저 개는 다람쥐를 죽일 수도 있고, 아이들을 물 수도 있지 않습니까? 이번만은 용서해 드리겠으나, 또 다음에 저 개가 입마개와 목줄을 하지 않은 것이 발견되면 그때는 벌금을 물릴 것이니 그리 아십시오."

나는 앞으로는 지키겠다고 얌전하게 약속했다.

사실 나는 약속을 지켰다. 그러나 며칠 뒤에는 개가 입마개를 하는 것을 싫어하고 나 자신도 그것을 싫어했기 때문에 우리는 들키면 혼날 각오를 하고 그대로 나갔다. 한동안은 별일 없이 지나갔다. 그런데 어느 날 올 것이 왔다. 나와 랙스가 언덕길을 달려 올라가니 불쑥 엄숙한 법의 수호자가 밤색 말을 타고 나타났다. 나는 당황했으나 랙스는 아무것도 모르고 곧장 경찰관 쪽으로 달려갔다. 마침내 일은 성가시게 되었다. 나는 체념하고 경찰관의 말이 나오기 전에 선수를 쳤다.

"경찰관님, 이번은 정말 드릴 말씀이 없게 되었습니다. 제가 잘못했습니다. 변명할 말도 없습니다. 당신은 지난주에 이 개를 입마개와 목줄을 하지 않고 다시 끌고 나오면 벌금을 물릴 것이라고 경고한 일이 있으니까요."

"그렇기는 한데 이렇게 주위에 아무도 없을 때에는 풀어놓고 싶기는 하겠군요. 이렇게 작은 개이니까요."

경찰관의 목소리는 부드러웠다.

"괜찮겠습니다. 저렇게 순한 강아지가 누구를 해치겠소!"

경찰관은 오히려 이렇게 말했다.

"아닙니다. 혹시 다람쥐를 죽일 수도 있지 않겠습니까?"

내가 말했다.

"보십시오. 당신은 너무 심각하게 생각하고 계십니다. 자, 이렇게 하십시오. 내가 보지 않는 곳에서 그 개를 뛰어놀게 하라는 말씀입니다. 그리고 이 문제는 그냥 넘어갑시다."

그 경찰관도 사람이기 때문에 역시 중요감이 충족되기를 원했던 것이다. 그래서 내가 스스로를 나무라기 시작하자 그의 자부심을 만족케 하는 방법은 나를 용서해 주는 아량 있는 태도를 보여주는 일이었다.

그러나 내가 자신을 변명하려고 애썼다고 가정해 보자. 경찰관과 논쟁을 하면 어떤 결과가 온다는 것쯤은 독자들도 잘 알고 있을 것이다.

자기가 잘못되었다는 것을 알게 되면 상대방을 나무라기 전에 자기 스스로를 꾸짖는 편이 훨씬 유쾌하지 않은가. 타인의 비난보다도 자기비판을 하는 것이 훨씬 마음 편할 것이다. 자기에게 잘못이 있다는 것을 알게 되면 상대방이 말하기 전에 자기가 앞질러 말해버리는 것이다. 그러면 상대방도 할 말이 없어진다. 십중팔구 상대방은 관대해지고 이쪽 잘못을 용서하는 태도로 나올 것이다. 나와 렉스를 용서해 준 기마경찰관처럼 말이다.

상업미술가 퍼디난드 E. 와렌은 이 방법으로 까다롭고 신경질적인 어떤 미술품 구매자의 호감을 사게 된 일이 있다.

"광고나 출판을 목적으로 한 그림은 섬세하고 정확한 것이 무엇보다도 중요합니다."

와렌 씨는 이렇게 전제해 놓고 이야기하기 시작했다.

"어떤 미술편집자는 의뢰 즉시 제작을 요청해 오는데, 이러한 경우에는 사소한 실수가 생길 수 있는 법입니다. 내가 알고 있는 한 미술편집자는 늘 사소한 실수를 찾아내는 것을 즐기는 성미였습니다. 나는 그의 비평 내용이 아니고, 그의 비평 방식에 화를 내곤 했습니다. 이 편집자가 나에게 급한 일을 맡겨 그림을 그려 준 적이 있었습니다. 얼마 안 되어 그는 전화로 나를 그의 사무실로 와 달라고 했습니다. 잘못된 것이 있다는 것입니다. 그의 사무실에 가보니 과연 내가 예측하고 또한 걱정했던 일이 나를 기다리고 있었습니다. 그는 나를 보자 혹평을 가했습니다. 나는 내가 연구하고 있던 자기비판을 응용할 호기가 왔던 것입니다. '저는 오랫동안 당신의 도움을 받고 있는데 이만한 일쯤은 충분히 알고 있어야 할 텐데 이 모양이니 참 부끄럽습니다' 하고 나는 말했습니다. 이 말이 끝나자마자 그는 나를 감싸주기 시작했습니다. '당신 말이 옳소. 그러나 아무튼 이 실수는 대수로운 것이 아니니까……' 나는 그의 말을 가로막고는 '어떤 실수라도 실수는 실수입니다. 정말 기분을 상하게 하는 것입니다' 라고 말하자 그는 내 말을 가로채려 했으나 나는 말할 기회를 주지 않았습니다. 그때 나는 정말 유쾌했습니다. 자기비판을 하기는 난생처음이었지만 해보니 꽤 재미있는 것이었습니다. '더 신중히 일을 했어야 했는데 그만…… 당신은 저에게 많은 일거리를 주셨으니, 일도 최고로 해 드려야 하지 않겠습니까? 모두 다시 그려 보도록 하겠습니다' 하고 말했습니다. 그러자 그는 '아닙니다. 그렇게까지 일을 복잡하게 할 생각을 없었습니다' 하고 부드럽게 나오는 것이었습니다. 그러고는 내 작품을 칭찬하고 그냥 조금 수정해 주면 된다고 하며, 내가 저지른 잘못으로 손해를 본 것도 아니고 따지고 보면 하찮은 문제니까 그렇게 걱정할 필요는 없다는 것입니다. 내가 정색을 하고 자기비판을 하자 상대방의 기세가 꺾인 것입니다. 그는 나를 점심식사에 끌고 가서 헤어질 때 그림값과 다른 일거리 하나를 또 주는 것으로 이 사건은 끝났습니다."

아무리 바보라도 자기 잘못을 변명할 줄은 안다. 실상 모든 바보가 그렇게 변명한다. 자신의 실수를 인정한다는 것은 그 인간의 값어치를 끌어올리고 스스로도 뭔가 고결한 느낌으로 기쁨을 맛보게 되는 것이다.

여기 한 예로 남북전쟁의 남군 총사령관 로버트 E. 리 장군의 전기에 기록된 미담 하나를 소개한다. 게티스버그 전투에서 부하인 피켓 장군이 행한 돌격의 실패를 리 장군이 혼자서 책임진 이야기이다.

피켓 장군의 돌격작전은 서양 역사상 드물게 빛나는 것이다. 피켓 장군은 용감한 군인으로 적갈색 머리를 길게 길러 어깨까지 닿을 정도였다. 이탈리아 전투 때의 나폴레옹처럼 싸움터에서 날마다 열렬한 연애편지를 쓴 사람이었다. 그가 기세당당한 모습으로 모자를 오른쪽 귀 위로 비스듬히 쓰고 6월의 어느 오후, 연방군 전방을 향해 말을 몰고 나타났을 때, 충성스런 그의 군대는 그에게

열광적인 환호를 올렸다. 그들은 군기를 바람에 휘날리고 총검을 번쩍이며 장군의 뒤를 따랐다. 참으로 용감한 광경이었다. 이 당당한 진군을 보고 있던 적진에서도 감탄의 소리가 퍼졌다. 피켓의 돌격대는 적탄도 두려워하지 않고 들을 지나 산을 넘어 진격했다.

세미터리 리즈에 이르렀을 때, 갑자기 돌담 뒤에서 북군이 튀어나와 무방비 상태에 있던 피켓 부대에 맹렬하게 일제 사격을 가해왔다. 세미터리 리즈의 언덕 위는 화염으로 뒤덮이고 아수라장으로 변했다. 순식간에 피켓 부대 지휘관들은 한 사람만을 빼놓고 모두 죽었으며, 5000 병력 중 5분의 4가 쓰러졌다.

아미스테드 장군이 살아남은 병사들을 이끌고 최후의 돌격을 감행했다. 돌담을 타고 앉아 칼끝에 모자를 얹어 큰 소리로, "돌격! 돌격!" 하고 소리쳤다.

돌담을 뛰어넘어 적진으로 쳐들어간 남군은 치열한 육박전 끝에 남군 군기를 세미터리 리즈 위에 꽂아 놓았다. 그러나 그것도 잠깐이었다. 그 잠깐이 남군의 마지막 승리였던 것이다.

피켓의 전투는 비록 찬란하고 영웅적인 것이었으나, 실은 그것이 남군 패배의 시작이었던 것이다. 리 장군은 실패한 것이다. 북군을 무찔러 이긴다는 희망은 마침내 사라져 버린 것이다.

남부연방의 운명은 결정되었다.

실망한 리 장군은 사표를 내고 남부연방 대통령 제퍼슨 데이비스에게 더욱 젊고 유능한 사람을 대신 임명해 줄 것을 요청했다. 그가 만일 피켓 싸움의 처참한 패배의 책임을 다른 사람에게 돌리려고 마음만 먹었더라면 얼마든지 충분한 이유를 찾아 낼 수 있었을 것이다.

그의 사단 사령관들 중 몇은 그의 명령을 어긴 이도 있었다. 기병대도 보병 공격을 지원하기 위하여 적시에 도착하지 않았다. 그 밖의 여러 가지 이유를 들 수도 있었던 것이다.

그러나 리 장군은 남을 책망하기에는 너무나 고결한 위인이었다. 피켓의 전투에서 패배한 피투성이 군대가 남부연방군 전선으로 후퇴해 왔을 때, 로버트 E. 리 장군은 몸소 말을 타고 단신 그들을 맞이하여 엄숙한 말씨로 이렇게 자책의 마음을 털어 놓았다.

"모든 것이 나의 잘못 때문이었소. 이번 전투의 패배 원인은 다름 아닌 나 자신이오."

자신의 잘못을 이렇게 인정할 수 있는 용기와 인격을 가진 장성들이 지구 역사상에 과연 몇이나 있을까.

앨버트 허버드는 참으로 독창적인 작가이지만, 그 사람만큼 국민의 감정을 자극한 작가도 없을 것이다. 그의 신랄한 문장은 가끔 혹독한 반발을 일으키곤 했다. 그런데 그의 사람 다루는 능숙한 솜씨는 또한 적을 내 편으로 끌어들이기도 했다.

이를테면 독자들로부터 혹독한 항의가 들어왔을 경우 그는 곧잘 다음과 같은 편지를 썼다.

직접 오셔서 연구해 봅시다. 본인 자신도 그 문제에 대해서는 많은 의문을 느끼고 있습니다. 어제의 내 의견이 반드시 오늘의 내 의견은 아닙니다. 그 문제에 대하여 귀하가 생각하고 계시는 것을 알고 싶습니다. 이곳에 오시는 기회가 있으면 본인을 찾아 주십시오. 그때 이 문제를 한번 허심탄회하게 이야기해 봅시다.

당신을 이처럼 대해주는 사람에게 무어라고 말하겠는가. 우리가 옳은 경우에는 점잖게 기술적으로 사람들이 우리의 사고방식에 따르도록 노력할 것이며, 우리가 옳지 않을 경우에는(이런 경우는 실상 놀랄 만큼 많이 있다) 당장, 그리고 진심으로 이 과오를 인정하자. 이러한 방법은 예측한 것보다 더 큰 효과가 있다. 괴로운 변명보다 이렇게 하는 편이 훨씬 유쾌한 기분을 가질 수 있는 것이다. 격언에도 "지는 것이 이기는 것이다"라는 말이 있다.

그러므로 상대방을 설득하는 제3 기술

자기의 잘못을 먼저 솔직하게 인정하라.

부드럽게 말하라 04

화가 났을 때 상대방을 마음껏 욕해 주면 기분이 후련할지도 모른다. 그러나 욕을 들은 사람의 기분은 어떨까? 싸움이라도 하는 듯한 험한 말투로 욕을 듣고 나서 기꺼이 이쪽이 원하는 대로 움직여 줄까?

우드로 윌슨 대통령은 또 이렇게 말했다.

"만일 상대방이 우격다짐으로 나온다면 이쪽에서도 우격다짐으로 대해 준다. 그렇지 않고 저쪽에서 '서로 잘 의논해 가면서 의견 차이가 있으면 그 이유나 문제점을 규명해 봅시다' 하고 부드럽게 나오면 곧 그러한 견해의 차이는 그리 대단치 않은 경우 상호간의 인내와 솔직성과 선의를 가지면 해결할 수 있음을 알게 된다."

이 윌슨의 말을 누구보다도 잘 이해한 사람은 다름 아닌 존 D. 록펠러 2세였다. 1915년의 록펠러는 콜로라도 주의 주민들로부터 많은 미움을 받고 있었다. 미합중국 산업사상 보기 드문 대규모

파업이 2년 동안이나 콜로라도를 뒤흔들었고, 록펠러가 경영하는 회사에 대해 임금인상을 요구하는 종업원들은 살기가 등등했다. 회사의 건물이 파괴되고 군대까지 출동했으며, 나중에는 총을 쏘는 유혈소동을 빚을 정도에 이르렀다.

이와 같은 대립 격화의 와중에서 록펠러는 어떻게 해서든지 상대방을 설득시키려고 생각했다. 그리고 마침내는 그 생각을 실천해 내고 말았다. 그러면 그가 어떻게 그 일을 감당해냈을까를 소개한다.

그는 몇 주간에 걸쳐 화해를 시도한 끝에 파업 측 대표자들을 모아놓고 이야기했다. 그때에 한 연설은 더할 나위 없이 훌륭했고, 기대 이상으로 좋은 성과를 거두었을 뿐만 아니라 록펠러를 둘러싸고 소용돌이치던 증오의 물결도 가라앉히고 많은 친구를 만들 수 있었다. 록펠러는 이 연설에서 우정이 넘치는 태도로 사실을 순리적으로 설명했다. 그러자 노동자들은 그처럼 강경히 주장했던 임금인상에 대하여 아무 말도 하지 않고 각자의 일자리로 돌아갔던 것이다.

그때의 연설 첫 대목만 인용해 보기로 하자. 그것이 얼마나 성실과 호의에 넘쳐흐르고 있었나를 한번 음미해 보자.

록펠러는 바로 몇 분 전까지만 해도 그의 목을 졸라 죽여도 시원치 않을 것처럼 난폭하게 적의를 가지고 날뛰던 사람들을 상대로 매우 우호적인 어조로 조용히 말을 시작했다. 사실 어느 자선단체를 상대로 말을 했더라도 이보다 더 부드럽고 정중할 수는 없었을 것이다.

"저는 이 자리에 나와 이야기하게 된 것을 매우 자랑스럽게 생각합니다. 여러분의 가정을 찾아보고 가족들도 만나 보았으므로, 우리는 낯모르는 남이 아니라 서로 잘 아는 친구로서 만나고 있는 것입니다. 우리들 상호간의 우정, 우리들의 공통된 이해관계, 제가 오늘 이 자리에 나올 수 있었던 것도 오로지 여러분의 신뢰의 선물이라고 생각하고 있습니다."

이렇게 친근함과 신뢰하는 말들이 그 연설의 서두를 장식했다.

"오늘은 저의 생애에 있어서 각별히 기념할 날입니다. 이 대회사의 근로자 대표 및 간부사원 여러분과 자리를 같이하여 이야기할 수 있는 기회를 가지게 되었음은 저에게 다시없는 행운입니다. 저는 이 자리에 나온 것을 대단히 영광스럽게 생각하는 바입니다. 오늘의 이 모임은 오래오래 저의 기억에 남을 것입니다. 만일 이 회합이 2주일 전에 열렸다면 아마 저는 극소수의 몇 분을 제외한 대부분의 사람들과 얼굴도 익지 않은 낯선 존재에 불과했을 것입니다. 저는 지난주에 남광구의 직장을 일일이 방문하여 마침 부재중이었던 사람들을 빼놓고는 거의 모두, 그곳 대표자들과 간곡하고 격의 없이 의견을 교환했으며, 또 여러분의 가정을 방문하여 가족 분들과도 이야기할 수 있었습니다.

따라서 지금 우리들은 서로 낯선 사람끼리가 아니라 친구로서 만나고 있는 것입니다. 이와 같은 우리들 상호간의 우정에 입각하여 저는 우리들의 공통된 이해관계를 여러분과 더불어서 의논하고자 합니다. 이 회합은 회사의 간부사원과 근로자 대표 여러분이 주최하신 것으로 알고 있습니다. 간부사원도 아니고 근로자 대표도 아닌 제가 오늘 이 자리에 나올 수 있었던 것은 오직 여러분의 신뢰의 선물인 줄 알고 있습니다. 저는 간부 사원도 근로자도 아

니지만, 주주와 임원의 대표자라는 의미에서 여러분과 밀접한 관계가 있다고 생각합니다."

이것이야말로 적을 우군으로 만드는 방법의 한 본보기라고 할 수 있을 것이다.

만일 록펠러가 다른 방법으로 토론을 하고 잘잘못을 가려 잘못은 근로자 측에 있다고 몰아가거나 했다면 일이 어떻게 되었을까? 그야말로 불난 집에 부채질하는 결과였으리라는 것은 너무도 뻔한 일이다.

이와 비슷한 말을 링컨은 이미 100년 전에 한 바 있다.

"1갤런의 쓴 물보다는 한 방울의 꿀을 쓰는 편이 더 많은 파리를 잡을 수 있다"라는 옛 격언은 어느 시대에나 들어맞는 말이다. 인간에게도 이 같은 말을 할 수가 있다. 만일 상대방으로 하여금 내 의견에 찬성케 하려면 먼저 여러분이 그의 편이라는 점을 알려 주어야 한다. 이것이 곧 사람의 마음을 잡는 한 방울의 꿀이며, 상대방의 이성에 호소하는 최선의 방법인 것이다.

경영자들 중에는 파업자 측과 우호적인 입장에 서는 것이 자신의 이익이 된다는 점을 깨닫기 시작한 사람들이 있다. 그 한 예를 들어보자.

화이트 모터 회사의 2500명의 종업원이 임금인상과 유니언 샵(근로자 전원 노조가입 제도) 채용을 요구하는 파업에 돌입했다. 사장인 로버트 F. 블랙은 종업원에 대해서 조금도 감정을 보이지 않고 오히려 그들이 평화적인 태도로 파업에 들어갔음을 클리블랜드 신문지상에 칭찬해 주었다. 피켓을 들고 있는 사람이 무료해 보이는 것을 보고는 야구 장비를 사 주면서까지 공터를 이용해서

야구를 권장했고 볼링 애호가에게는 볼링장을 빌려 주었다.

경영자 측이 취한 이러한 우호적인 태도는 엄청난 효력을 발휘했다. 즉 우정이 우정을 낳았던 것이다. 종업원들은 청소도구를 어디선가 빌려다가 공장 주위를 청소하기 시작했다. 한쪽으로는 임금인상과 유니언 샵 실시를 위하여 투쟁하면서도 또 한쪽에선 공장 주위를 청소하는 것이다. 이 얼마나 흐뭇한 광경인가. 날카로운 쟁의로 특징지어지는 미국 노동사상 일찍이 볼 수 없었던 정경이었다. 이 파업은 1주일이 못 되어 타결되었다. 쌍방에 아무 적의도 없이 끝나 버렸다.

대니얼 웹스터는 뛰어난 웅변과 당당한 풍채의 소유자로서 자기의 주장을 관철하는 데 있어서는 그를 능가할 변호사가 없었다. 그러나 아무리 격렬한 토론을 할 경우에도 그는 매우 조용한 태도로 말을 시작했다. 결코 고압적인 말투는 쓰지 않았다. 자기의 의견을 상대방에게 강요하려고도 하지 않으며 조용히 허심탄회한 태도로 임한다. 이것이 그를 성공케 한 핵심이었던 것이다.

당신이 노동쟁의의 해결을 의뢰받거나 피고의 변호를 의뢰받는 일은 없을지라도 집세나 지대를 싸게 해달라고 하는 경우는 흔히 있을 것이다. 그러한 사람에게 이 정중한 화법이 얼마나 큰 도움이 되는가를 한번 살펴보기로 하자.

O. L. 스트로브라는 기사가 방세를 깎아 보려고 했다. 그런데 그 집주인은 아주 소문난 구두쇠였다. 다음은 그가 나의 강습회에서 공개한 이야기이다.

"나는 계약기간이 만료하는 즉시 아파트를 나가겠노라고 주인에게 통보했습니다. 그러나 실제로는 나가고 싶지 않았습니다. 집

세를 싸게만 해 준다면 그대로 그 집에서 살고 싶었던 것입니다. 그러나 집세를 깎는다는 것은 아주 비관적이었습니다. 다른 임차인들 가운데 하나도 집세 인하 시도에 성공한 사람이 없었고 그 집주인처럼 다루기 힘든 사람은 없노라고 모두들 말했습니다. 그러나 나는 강습회에서 인간 처세론을 배운 바 있으니 그것을 한번 이 집주인에게 응용하여 효과를 시험해 보고야 말겠다고 마음속으로 생각했습니다. 내 통고를 받은 집주인은 곧 비서를 데리고 나타났습니다. 나는 웃는 얼굴로 집주인을 맞아들이고 마음으로부터의 호의를 표시했습니다. 집세가 비싸다는 이야기는 전혀 하지 않았습니다. 먼저 나는 이 아파트가 대단히 마음에 든다는 이야기를 했습니다. 사실 나는 아낌없는 찬사를 보냈고 아파트의 관리에 대해서도 크게 경탄을 금할 수가 없다고 말하면서 적어도 1년쯤은 더 있고 싶은데 사정이 허락지 않으니 유감천만이라는 점을 집주인에게 이야기했습니다. 주인은 지금까지 세입자로부터 이런 환영과 찬사를 한 번도 받아 보지 못했는지 안색이 사뭇 달라졌습니다.

이윽고 집주인은 자기의 고충을 하나씩 털어놓기 시작했습니다. 늘 불평만 늘어놓는 세입자들…… 그중에는 열네 통이나 불평하는 편지를 낸 사람도 있었으며, 그런 편지 중에는 분명히 모욕적인 편지도 몇 장 있었답니다, 집주인이 책임지고 위층에 사는 사람의 코 고는 소리를 막아주지 않으면 계약을 파기하겠다며 위협적으로 나오는 사람도 있었다는 것입니다.

"당신처럼 집주인 사정을 알아주는 사람만 있었다면 얼마나 좋겠소" 하고 말하면서 내가 아무 말도 내놓기 전에 집주인 편에서 먼저 방세를 좀 내려 주겠다고 제의하는 것 아니겠습니까? 나는 더 깎고 싶었기 때문에 내가 낼 수 있는 방세의 최고액을 분명히 이야기하자 주인은 서슴지 않고 내 조건을 승낙해 주었습니다. 더구나 그는 방의 장식을 좀 바꾸어 주고 싶은데, 내가 원하는 것이 없느냐고 친절히 물어보고 나서 돌아가는 것이었습니다.

만일 내가 다른 방 사람들처럼 집세를 깎으려 했더라면 나도 그들처럼 실패하고 말았을 것입니다. 우호적이고 동정적인, 그리고 감사에 찬 태도가 이런 성공을 가져다준 것입니다."

또 다른 예를 들어 보자. 이번에는 사교계에서 유명한 부인인 롱아일랜드의 가든시티에 사는 도로시 데이 부인의 이야기이다.

"며칠 전에 몇 사람을 초대하여 조촐한 오찬회를 가졌습니다. 나에게는 모두가 귀한 손님뿐이었으므로, 접대에 소홀함이 없도록 세심한 주의를 했습니다. 나는 평소 이러한 파티를 열 때에는 에밀이라는 솜씨 좋은 요리사에게 모든 일을 맡기곤 했는데, 마침 에밀이 실수를 해서 오찬회는 실패로 돌아가고 말았습니다. 에밀은 끝내 모습을 나타내지 않고 다른 요리사를 하나 보내왔는데, 그 요리사는 아주 엉터리여서 전혀 쓸모가 없었습니다.

주빈에게 음식을 나중에 갖다드리는가 하면, 큰 접시에 조그마한 샐러리를 달랑 내놓기도 했습니다. 고기는 질기고 감자는 기름 범벅, 음식이 아주 엉망이었습니다. 나는 화가 치밀어 견딜 수가 없었습니다. 그것을 꾹 참고 웃는 얼굴을 보여주는 괴로움은 고문이나 마찬가지였습니다. 다음에 에밀을 만나면 단단히 추궁을 해야지 하고 속으로 별렀습니다.

그 오찬회가 있었던 것은 수요일이었는데 그 다음날 밤, 나는 대인관계에 관한 강연회를 들으러 가게 되었습니다. 듣고 있는 동안 에밀을 일방적으로 책망해도 소용이 없다는 생각이 들었습니다. 그의 화를 돋우면 앞으로는 절대로 내 일을 맡아서 돌봐주지 않을 것이 뻔합니다. 그래서 나는 에밀의 입장에서 한번 생각해 보기로 했습니다.

'요리의 재료를 사 온 것도, 그것을 조리한 것도 에밀이 아니다. 그의 수하 중에는 조금 시원치 않은 사람도 있게 마련이다. 생각해 보면 내가 너무 참을성이 없었나 보다' 하고 생각하다 보니 그를 혼내 주려던 마음이 듣기 좋게 타일러야겠다는 생각으로 바뀌었습니다. 그러기 위해서는 먼저 감사의 뜻을 표해야겠다고 작정했습니다. 이 방법은 놀라운 성과를 보여주었습니다. 그 다음날 에밀을 만났을 때 그는 나를 경계하며 얼굴은 곧 싸움이라도 걸어올 표정이었습니다.

'여보게, 에밀. 자네는 우리 집 파티에 없어서는 안 될 사람인가 봐. 자넨 역시 뉴욕에서 제일가는 요리사임이 틀림없어. 물론 지난번 파티에서 재료의 구입이나 조리는 자네가 책임질 일이 아니지. 어쨌든 지난 수요일과 같은 실수가 있기는 했지만 할 수 없는 노릇이지' 하고 말을 걸었습니다. 그러자 그의 험악하던 얼굴빛이 곧 웃음으로 바뀌었습니다.

'그렇죠, 마님. 그 요리사가 잘못해서 그런 것이지 제 책임은 아닙니다' 하고 그가 말하는 것이었습니다. 그래서 나는 '에밀, 이번에 또 파티를 열려고 하는데 아무래도 자네가 도와줄 수 있으면 좋겠는데. 아니면 그 요리사를 또 시켜도 괜찮을까?' 하고 물어 보았습니다. 그러자 '제가 해 드리겠습니다, 마님. 이번에는 그런 실수 없도록 하겠습니다' 하고 그가 대답했습니다.

그 다음 주에 나는 또 오찬회를 열었는데 식단은 에밀과 상의해서 짰습니다. 지난번 일은 잊어버리고 그의 의견을 충실히 들어주었습니다. 이윽고 우리들이 파티장에 들어가 보니, 테이블은 아름다운 장미꽃송이로 장식되어 있었고 에밀이 내내 손님을 따라다니며 시중을 들어주었습니다. 내가 여왕님을 초대했더라도 그렇게 훌륭한 서비스는 바라기 힘들었을 것이라고 생각될 정도였습니다. 요리도 맛이 있고 서비스도 만점, 보조 요리사도 전번과는 달리 네 사람이나 와서 일을 도왔습니다. 에밀이 나중에는 직접 요리를 나르기까지도 했습니다. 파티가 끝나자 그날의 주빈이 '당신이 저 요리사에게 무슨 요술이라도 부리신 모양이죠? 이렇게 훌륭한 서비스를 받아 보기는 처음입니다' 하고 나에게 귓속말을 해주는 것이 아니겠습니까? 그렇습니다. 나의 부드러운 태도와 마음으로부터 울어난 칭찬이 그러한 요술을 부렸던 것입니다."

나는 어렸을 때 미주리 주의 어느 시골학교에 다니고 있었다. 그 무렵 나는 해와 북풍이 서로 힘을 겨루는 우화를 읽은 적이 있었다. 북풍은, "내가 힘이 더 세다는 것을 보여 주지. 저기 오버코트를 입은 노인이 있지? 나는 너보다 더 빨리 저 노인의 오버코트를 벗겨 놓을 수 있거든" 하고 뽐냈다.

해는 한참 동안 구름 뒤에 숨어 있었다. 북풍은 힘차게 불어왔다. 그러나 북풍이 불면 불수록 노인은 더욱더 단단히 오버코트

깃을 잡아 몸을 감싸는 것이었다. 북풍은 그만 지쳐 불기를 멈추고야 말았다. 그래서 태양이 구름 사이에서 얼굴을 내놓고 그 노인에게 다정하게 웃음을 지었다. 그러자 잠시 후에 노인은 이마에 땀을 닦더니 오버코트를 벗었다. 태양은 부드럽고 친절함이 어떠한 경우에도 우격다짐이나 과격한 방법보다 더 효과적임을 북풍에게 알려주었다.

이 우화를 시골에서 읽고 있을 무렵 나에게 아직 낯설고 먼 고장이었던 보스턴에서 이미 이 우화의 진리가 B씨라는 의사로 하여금 실증되고 있었다. 그로부터 30년 뒤 이 B씨가 나의 강습회에 참가하여 당시의 이야기를 들려준 것이다. 당시 보스턴의 신문에는 불량한 엉터리 광고가 많이 실리고 있었다. 낙태를 전문으로 하는 의사, 환자의 돈만 긁어 먹는 의사 족속들이 광고를 이용하여 환자의 공포심을 환기시켜 과잉 진료를 해 주었던 것이다. 수많은 희생자가 나왔지만 그 때문에 처벌받은 의사는 하나도 없었다. 대부분의 사람들은 약간의 벌금으로 끝나거나, 혹은 정치적 압력으로 무마시켜 버리고 말았다.

너무나 이들 사이비 의사의 지나친 행패에 보스턴 시민들은 분개했다. 목사는 성단을 치면서 신문을 비난했고, 불량한 광고를 싣지 않도록 하나님께 기도했다. 각 민간단체, 실업가, 부인회, 교회, 청년회 등이 일제히 반기를 들고 일어섰으나 아무런 효과도 없었다. 이런 종류의 신문광고 금지를 둘러싸고 주 의회에서도 치열한 논쟁이 벌어졌으나, 결국 로비와 정치적 압력으로 다 어물어물 묵살되고 말았다.

당시 B씨는 보스턴 기독교연합회 회장이었다. 그의 위원회도

전력을 다해 싸웠으나, 역시 헛일로 이 의료범죄에 대한 싸움은 이제 절망적인 것처럼 보였다.

어느 날 밤, B씨는 그때까지 아무도 보스턴에서 생각해 내지 못한 묘안을 생각해 냈다. 즉 친절, 동정, 감사로서 하는 방법으로 신문 발행인이 자발적으로 광고를 중지하고 싶어지게끔 하는 방법이다. 그는 〈보스턴 헤럴드〉의 사장에게 편지를 보내 그 신문을 진심으로 칭찬했다. 자기는 평소부터 그 신문의 오랜 애독자라고 하면서 뉴스는 간결하고 선동적인 데가 없으며 사설도 대단히 우수하고 뉴잉글랜드는 말할 것도 없거니와 전 미국에서도 일류에 속하는 신문이라고 입에 침이 마르도록 추켜세웠다. 그리고 다시 다음과 같이 썼다.

저의 친구 중에 어린 딸을 가지고 있는 사람이 있습니다. 그 친구의 이야기는 어느 날 밤, 그 딸이 귀지의 낙태전문 의사의 광고를 읽고 그 속에 나오는 단어의 의미를 그에게 질문을 했다고 합니다. 궁지에 빠진 그는 어찌할 바를 모르고 어물어물 대답의 말꼬리를 흐려 버렸다고 합니다. 귀지는 보스턴에서 상류가정이 애독하고 있습니다. 그렇다면 이와 같은 사태가 이곳저곳의 다른 가정에서도 일어나지 않는다고 단정할 수는 없습니다. 만일 귀하에게 그러한 따님이 있으시다면 그러한 광고를 따님에게 읽혀 주고 싶다고 생각하시겠습니까? 또 따님이 그런 이상한 질문을 하면, 귀하는 어떻게 하시겠습니까?

귀하와 같은 일류 신문에 어버이로서 딸에게 읽혀 주고 싶

지 않은 대목이 설사 한 군데라도 있다면, 대단히 유감스러운 노릇입니다. 귀지를 애독하는 독자들도 아마 저와 비슷한 느낌을 지니고 있을 것입니다.

이틀 뒤 〈보스턴 헤럴드〉의 사장으로부터 B씨에게 답장이 왔다. B씨는 그 답신을 3분의 1세기 동안이나 보존해 오다가 나의 강습에 참석했을 때 내게 주었다. 1904년 10월 13일자 편지이다.

전날 보내주신 친절한 편지 대단히 반갑게 받아 보았습니다. 취임 이래 이 문제에 대하여 본인도 몹시 고민해 왔는데 겨우 이제야 결단이 섰습니다. 그것도 귀하의 서신을 받아보고 나서 얻은 결단입니다.

다음 일요일부터 〈보스턴 헤럴드〉 지상에는 불량한 광고를 절대 싣지 않도록 최대한 노력하겠습니다. 낙태용 세척기 따위의 광고을일절 싣지 않겠습니다. 또한 부득이 실어야 할 의료광고에 대해서도 절대로 불미스러운 점이 없도록 최선을 다해 편집해 싣도록 하겠습니다.

이솝은 크로에수스 왕궁에서 일하는 노예였는데, 예수가 탄생하기 600년 전 그가 쓴 불후의 명작인 《이솝 이야기》가 주는 교훈은 2500년 전의 아테네에서나, 또 현대의 보스턴에서나 똑같이 진리인 것이다. 북풍이 벗기지 못했던 노인의 오버코트를 해가 벗길 수가 있었던 것이다.

친절, 사랑, 칭찬은 이 세상의 어떤 성난 목소리보다도 쉽게 사람의 마음을 움직여 주는 것이다.

링컨의 명언, "한 갤런의 쓴 물보다 한 방울의 꿀을 쓰는 편이 더 많은 파리를 잡을 수 있다"는 것을 머리에 잘 새겨둘 일이다.

상대방을 설득하는 제4 기술
부드럽게 말하라.

05 상대방이 수긍할 대화를 택하라

사람과 이야기할 때 서로 의견을 달리하는 문제를 처음부터 화제로 삼아서는 안 된다. 쌍방이 의견이 일치하는 문제부터 시작하여 그것을 진행시켜 나가야 한다. 서로 동일한 목적을 향하여 노력하고 있다는 점을 상대방에게 이해시켜 주도록 하며, 의견의 차이는 다만 방법뿐이라는 점을 강조해야 하는 것이다.

처음에는 상대방의 입에서 '예스' 라는 말이 나올 문제만을 이야기하여 될 수 있는 대로 '노' 라는 말이 안 나오도록 하라. 오버스트리트 교수는 그의 저서 《감화를 주는 인간 처세술》에서 다음과 같이 말하고 있다.

"상대방이 일단 '노' 라는 말로 응답하게 되면 그것을 다시 후퇴시키기란 그리 쉬운 일이 아니다. '노' 라고 말한 이상 그것을 번복한다는 것은 자존심이 허락지 않는다. '노' 라고 말해 놓고 나서 후회할 경우가 있을지 모르겠으나, 가령 그렇더라도 자존심을 손상시킬 수는 없다. 한번 말한 이상 끝까지 그것을 고집하게 된다. 그러므로 처음부터 '예스' 라는 말이 나오도록 대화를 이끌어 나가야 한다."

화술이 능한 사람은 먼저 상대방에게 몇 번이나 '예스' 라고 해 놓는다. 그러면 상대방의 심리는 긍정적인 방향으로 움직이기 시작한다. 이는 마치 당구공이 어느 한 방향으로 굴러가기 시작한 것이나 마찬가지로 그 방향을 바꾸어 주려면 상당히 힘이 든다. 반대 방향으로 돌리기 위해서는 그보다 더 큰 힘이 필요하다.

이러한 심리의 움직임은 매우 분명한 태도로 나타난다. 인간이 진심으로 '노' 라고 말할 때도 다만 그 말을 입 밖에 낸 데서 그치는 것이 아니라 동시에 여러 가지 부수 현상이 일어나는 것이다. 각종 인체 내의 분비기관, 신경 등의 전 조직이 일제히 거부반응을 나타낸다. 그리고 대개의 경우 약간 후퇴를 하거나 후퇴할 준비를 갖춘다. 때로는 이것을 분명히 감지할 수 있을 만큼 큰 동작으로 나타나는 수도 있다. 즉 신경과 근육의 전 조직이 거부반응을 취하는 것이다. 따라서 처음에 '예스' 라는 말을 많이 하도록 하면 할수록 상대방을 이쪽이 원하는 방향으로 이끌어 가기가 용이해지는 것이다.

사람으로 하여금 '예스' 라고 말하게 하는 기술은 지극히 간단하다. 그런데도 이 간단한 기술이 그다지 활용되는 것 같지 않다. 처음부터 무조건 반대함으로써 자기의 중요감을 충족시키는 듯한 인상을 주는 사람들이 있다. 진보적인 사람이 보수적인 사람과 이야기를 하게 되면 당장 화부터 낸다. 대체 그렇게 해서 무슨 도움이 된단 말인가? 다만 어떤 쾌감을 느껴 보려고 그런다면 그것으로 좋을지 모른다. 그러나 어떠한 좋은 성과를 기대하고 있다면 그러

한 사람은 인간의 심리에서 무식한 사람이라고 할 수밖에 없다.

제자이든 손님이든, 그 밖의 자기 아내나 남편 또는 자식이라도 처음에 '노' 라고 말하도록 하면, 그것을 '예스' 로 바꾸게 하는 데 상당한 지혜와 인내가 필요하게 된다. 뉴욕에 있는 그리니치 저축은행의 출납계 제임스 에버슨은 이 '예스' 라는 말을 끌어내게 하는 테크닉을 써서, 자칫 잘못하면 놓칠 뻔한 고객들을 잡을 수 있었다.

에버슨 씨의 이야기를 들어 보기로 하자.

"그 사람은 예금계좌를 개설하기 위해 왔던 것입니다. 나는 용지에 필요한 사항을 기입하려고 했습니다. 대부분의 질문에는 자진해서 대답해 주었으나, 어떤 질문에는 처음부터 대답을 피했습니다. 내가 인간관계에 대한 공부를 시작하기 전이라면 질문에 대답해주지 않을 경우 계좌를 개설해 줄 수 없다고 딱 잘라 말했을 것입니다. 부끄러운 이야기입니다만 나도 그때까지 그런 식으로 이야기해 왔던 것입니다. 그렇게 해서 상대방에게 거절하면 확실히 통쾌한 일이기도 했습니다. 은행의 규칙을 방패 삼아 자기의 우위를 상대방에게 뽐내는 것이죠. 그러나 이런 태도는 일부러 은행을 찾아온 손님에게 절대로 호감을 갖도록 해 줄 수는 없는 것입니다.

나는 상식을 벗어나지 않는 태도를 취하기로 결심했습니다. 은행 측의 희망에 대해서가 아니라 고객의 입장에서 이야기하고, 처음부터 손님의 입에서 '예스' 라는 대답이 나오도록 해 보겠다고 마음먹었습니다. 그래서 나는 손님의 뜻에 어긋나거나 마음에 들지 않는 질문에는 구태여 대답할 필요가 없다고 말했습니다. 그리고 이렇게 덧붙였습니다.

'그럼 만일 예금을 하신 뒤 선생께서 불의의 사고라도 일어나면 어떻게 하겠습니까? 법적으로 선생의 가장 가까운 친척에게 예금을 상속시켜야 되지 않겠습니까?'

그는 '예스' 라고 대답했습니다. 나는 또, '이러한 경우 저희들이 착오 없이, 그리고 신속히 수속을 할 수 있도록 선생의 가장 가까운 친족의 성함을 저희들이 알아 두어야 하지 않겠어요?' 하고 물어 보았습니다. 그는 또 '예스' 라고 대답하는 것이었습니다.

은행을 위해서가 아니라 그 자신을 위한 질문이라는 것을 알게 되자 손님의 태도는 변했습니다. 그 자신에 관한 모든 것을 이야기해 줄 뿐만 아니라, 나의 권고에 따라 그의 모친을 수취인으로 하는 신탁계좌를 개설하고 모친에 대한 질문에도 기꺼이 응해 주었습니다. 그가 동의하고 싶지 않았던 문제를 잊어버리고 결국 내가 말하는 대로 따르게 된 것은 처음부터 그에게 '예스' 라는 대답만 나오게 하는 방법 덕택이라고 생각합니다."

웨스팅하우스사의 판매원 조지프 앨리슨의 이야기는 또 이렇다.

"나의 담당 구역 안에 우리 회사 제품을 꼭 팔아보고 싶은 사람이 있었습니다. 나의 전임자는 10년 동안이나 그 사람을 쫓아다녔으면서도 실패했다는 것입니다. 나는 그 구역을 맡고 나서 3년 동안 해 보았지만 역시 허사였습니다. 그리고 다시 10년이 지난 다음에야 겨우 몇 대의 모터를 팔 수 있었습니다. 만약 그 모터의 성능이 좋으면 나중에 반드시 수백 대의 주문이 들어오리라는 것을 기대하고 있었지요.

성능은 물론 좋은 것입니다. 3주일 뒤, 나는 의기양양하게 그를

찾아갔습니다. 그러나 막상 가서 보니 공장장이 '앨리슨, 자네 회사 모터는 이제 사절일세!' 라고 말하지 않겠어요? 나는 깜짝 놀라며 '도대체 무슨 말씀입니까' 하고 반문했습니다.

그는 '당신 회사 모터는 너무 빨리 열을 받아 손을 댈 수가 없어요' 하고 말하는 것이었습니다.

그 말에 반박해 보았자 아무소용이 없으리라는 것은 오랜 경험으로 알고 있으므로 나는 상대방이 '예스' 라는 말을 하도록 해 보리라고 생각했습니다. 그래서 나는 '스미스 씨, 그렇게 말하는 것도 무리는 아니라고 봅니다. 사실 그렇게 열을 잘 받는 모터라면 더 구매해 달라고 말씀드릴 수가 없을지도 모릅니다. 협회가 정한 기준보다 열을 덜 받는 제품을 택하는 것이 당연합니다. 안 그렇습니까?' 라고 하자 그는 그렇다고 대답했습니다. 처음으로 '예스' 를 얻은 셈이죠.

그러고 나서 나는 '협회의 규격으로는 모터의 온도가 실내의 온도보다 40도까지 높아지는 것은 인정하고 있지 않은가요?' 하고 물어보았습니다. 그는 다시 '예스' 라고 대답했습니다. 그리고 '그런데 저 모터는 그보다 더 뜨거워진단 말입니다' 하고 말했습니다. 나는 그 말에는 대답하지 않고 '그런데 이 공장 안의 온도는 얼마쯤 됩니까' 하고 물어 보았죠. 그의 대답은 24도 정도일 것이라고 했습니다. 그래서 나는 '그러면 공장 안의 온도를 24도라고 하고 거기에 40도를 더하면 64도가 됩니다. 64도의 뜨거운 물에 손을 넣으면 데겠죠?' 라고 물었습니다. 그는 또 '예스' 라고 말할 수밖에 없었습니다.

나는 '그렇게 되면 모터에 손을 대지 않도록 조심해야지 잘못하면 화상을 입게 됩니다' 라고 말했습니다. 그는 과연 그렇다고 내 말에 고개를 끄덕이는 것이었습니다. 그런 다음 우리는 여러 가지 이야기를 주고받다가 드디어 그는 다음 달 분으로 약 3만 5000달러 상당의 물품을 나에게 주문했습니다.

논쟁을 하면 결국 손해죠. 상대방의 입장에서 사물을 생각하는 것이 논쟁을 하는 것보다 더 재미있으며, 또 비교할 수도 없을 만큼 이익이 옵니다. 생각해 보면 나는 오랜 세월 동안 논쟁으로 막대한 손해를 본 셈입니다."

인류 역사에 큰 변화를 가져왔던 아테네의 철인 소크라테스는 사람을 설득하는 데 있어서는 고금을 통하여 제1인자라고 할 만한 사람이다.

소크라테스는 상대방의 잘못을 지적하는 일을 절대로 하지 않았다. 이른바 소크라테스식 문답법으로 상대방으로부터 '예스' 를 거듭하도록 한다. 상대방이 감을 잡았을 때는 이미 처음에 부정했던 문제에 대하여 어느 새 '예스' 로 대답하고 난 다음이다.

상대방의 과오를 지적하고 싶을 때에는 소크라테스를 생각하여 상대방으로 하여금 '예스' 라고 대답하도록 노력하라.

중국의 옛 격언에 "때로는 부드러움이 강함을 이긴다"는 말이 있거니와 이는 5000년의 역사를 가진 민족에게 걸맞은 명언이 아니겠는가.

상대방을 설득하는 제5 기술

'예스' 라는 대답이 나올 문제를 골라서 대화를 하라.

06 상대방에게 말할 기회를 주어라

상대방을 설득하려고 자기 말만 늘어놓는 사람이 있다. 세일즈맨 중에 이런 잘못을 저지르는 사람이 많다. 상대방으로 하여금 하고 싶은 말을 다 하도록 내버려둬야 한다. 상대방의 일은 상대방이 더 잘 알고 있다.

상대방이 하는 말에 이의가 있어 말을 가로막고 싶어지겠지만 꾹 참고 있어야 한다. 상대방이 꼭 말해야겠다고 마음먹고 있는 의견이 남아 있는 동안은 이쪽에서 무슨 말을 해도 헛수고일 것이다. 마음을 열어 인내와 성의를 갖고 귀를 기울여라. 그리고 그 사람이 자기 의견을 마음껏 발표할 수 있도록 기분을 돋우어 주어라.

이 방법을 비즈니스에 이용하면 어떻게 될까? 여기에 이 방법을 부득이 사용치 않을 수 없었던 어떤 사람의 체험담을 들어 설명하자.

몇 년 전 미국 굴지의 자동차 회사가 그들이 1년간 수요로 하는 차내 장식용 천을 물색하고 있었다. 이름난 세 직물업자가 견본용으로 천을 만들어 제시했다. 자동차 회사 임원들은 그 견본을 검사한 뒤, 계약 여부를 결정하는 최종 설명회 날짜를 각 업자 대표에게 통보했다. 그중 한 직물업자 대표 R씨는 공교롭게도 심한 후두염에 걸린 채 지정된 장소에 출두했다.

다음 이야기는 R씨의 그때 경험담이다.

"내가 설명할 차례가 되었지만 나는 목소리를 낼 수가 없었습니다. 쉰 목소리조차도 나오지 않았습니다. 어느 방으로 안내되어 들어가 보니, 그곳에는 사장을 비롯해 각 부문의 책임자들이 앉아 있었습니다. 나는 일어서서 말을 하려고 했으나 쉰 목소리밖에 나오지 않았습니다. 그래서 나는 종이에 '목이 아파서 목소리가 나오지 않습니다' 하고 써서 내밀었습니다. 그것을 본 사장이 '그럼 내가 말해 주겠소' 하지 않겠습니까?

그는 내 견본을 펴 보이며 장점에 대한 자랑을 늘어놓았습니다. 그러고는 우리 제품의 장단점에 대한 토의가 진행되었습니다. 사장은 자신이 나를 대신해서 설명을 담당했기 때문에 토론에 있어서도 내 편을 들게 되었습니다. 나는 다만 미소를 띠며 고개를 끄덕이며, 가끔 몸짓으로 의사를 표하기만 하면 되었습니다. 이와 같은 진기한 회의 덕택으로 나는 50만 야드의 차내 장식용 직물을 주문받게 되었습니다. 금액으로 160만 달러 상당의 계약을 획득하는 데 성공했던 것입니다. 나로선 난생처음 하는 큰 거래였습니다. 그때 내가 목소리를 낼 수 있었다면 이 주문을 받을 수 없었을지도 모릅니다. 나는 그때까지 세일즈 방법에 대해 당치도 않은

생각을 가지고 있었습니다. 내가 말하기보다 다른 사람으로 하여금 말하게끔 하는 것이 어느 경우에는 굉장한 이득을 가져다준다는 사실을 나는 그때까지 몰랐던 것입니다."

필라델피아 전기회사의 조지프 S. 웹 씨도 이와 똑같은 사실을 발견했다. 웹 씨는 펜실베이니아 주의 부유한 네덜란드인이 모여 사는 농장지대를 방문하고 있었다.

"이곳 사람들은 왜 전기를 사용하지 않지?"

그는 잘 닦인 농가 앞길을 지나면서 그를 수행하는 그 지역 담당자에게 물었다.

"지독한 구두쇠들이랍니다. 아무리 권해도 소용없어요. 게다가 회사에 대한 반감까지 가지고 있답니다. 지금까지 여러 차례 말해 보았지만 헛일이었습니다."

지역 담당자의 대답이다. 그럴 수도 있겠구나 했다. 그러나 웹 씨는 한번 부딪쳐 보리라 생각하고 그 농가의 문을 노크했다.

"우리가 전기회사 직원임을 알자 그 노인은 문을 탁 닫아 버리더군요."

웹 씨는 나의 강습회에서 이렇게 그때의 경험담을 이야기했다.

"나는 또 한 번 노크를 했습니다. 그러자 할머니가 다시 문을 열더니, 이번에는 험한 얼굴을 하고 우리에게 욕설을 퍼부었습니다. '드러켄브로드 부인, 귀찮게 해드려서 대단히 죄송합니다. 오늘은 전기를 팔려는 것이 아니라 달걀을 좀 사러 왔습니다.' 이렇게 말하자 문을 조금 더 열고는 못 믿겠다는 듯한 얼굴로 우리를 바라보았습니다.

'훌륭한 도미니크종을 기르고 계시는 것을 보았는데 신선한 달걀로 한 꾸러미만 샀으면 합니다.' 내가 이렇게 말하자 문이 조금 더 열리더니 '우리 집 암탉들이 도미니크종이라는 것을 어떻게 아셨죠?' 할머니의 이 물음에는 호기심이 고개를 쳐들고 있는 것이 역력히 보였습니다.

나는 '실은 저도 닭을 키우고 있지만 이 댁의 닭보다 훌륭한 도미니크종은 지금까지 본 적이 없습니다' 하고 말했습니다. '그럼 왜 집에서 낳는 달걀을 쓰시지 않아요?' 할머니는 아직도 의심이 풀리지 않는 표정이었습니다. '우리 집 레그혼은 흰 달걀만 낳는데, 부인께서도 손수 요리를 하시겠지만 과자를 만드는 데는 노란 달걀을 따라갈 수가 없거든요. 더군다나 우리 집 안사람은 과자 만드는 솜씨가 가장 큰 자랑인데 말입니다.' 어느새 드러켄브로드 부인은 어느 정도 마음이 풀렸는지 현관 밖으로 나와 있었습니다.

그러는 동안 나는 사방을 훑어보고 이 농장에 낙농 설비가 갖추어져 있다는 사실을 알게 되었습니다. '혹시 제가 보기엔 바깥주인께서 하고 계시는 젖소에서 나오는 수입보다 부인의 양계에서 나오는 수입이 더 클 것 같은데 어떻습니까?' 하고 내가 물었습니다. 이 말이 적중했습니다. 이 말이야말로 그 할머니가 남에게 말하고 싶었던 것이었습니다. 그 할머니의 말로는 고집쟁이 남편은 자기가 지적한 사실을 좀처럼 인정하려 들지 않는다는 것입니다.

할머니는 우리를 양계장으로 안내하여 구경을 시켜주었는데, 그동안 나는 할머니가 자력으로 고안하여 만들어 놓은 여러 가지 작은 시설물들을 발견하고는 진심으로 찬사를 보냈습니다. 그러고는 사료와 양계장 온도에 대해 충고도 해 주었습니다.

이렇게 우리는 서로의 경험을 교환하는 유익한 시간을 갖게 되

었던 것입니다. 이웃고 할머니는 이웃 양계장에 전등을 가설한 집이 몇 집 있어 그 성과가 대단히 좋다고 하는데, 과연 그런 성과를 낼 수 있는지 솔직한 내 의견을 말해 달라고 했습니다.

두 주일 뒤, 드러켄브로드 부인의 도미니크종 암탉들은 휘황찬란한 전등 빛 밑에서 만족스럽게 모이를 쪼아 먹고 있었습니다. 나는 주문을 받게 되고, 할머니는 더 많은 달걀을 얻게 되어 만사가 뜻대로 이루어진 것입니다.

이야기의 요점은 내가 그 할머니로 하여금 먼저 자기 이야기를 털어 놓도록 만들지 않았더라면 나의 세일즈는 보기 좋게 실패로 끝났을 것이라는 점입니다. 그런 사람들에게는 무엇을 팔아 보자고 해서는 안 되고 그들이 스스로 사도록 만들어야 하는 것입니다."

아주 최근에 뉴욕 〈헤럴드 트리뷴〉의 경제란에 뛰어난 능력과 오랜 경험을 가진 사람을 구한다는 광고가 난 것을 보고 T. 큐벨리스라는 사람이 응모했다. 며칠 뒤 그는 면접통지서를 받았다. 그는 면접을 보기 전에 월가를 돌아다니며, 광고를 낸 회사의 창업자에 대하여 자세히 알아보았다. 면접 때 그는 "이렇게 훌륭한 업적이 있는 회사에서 일할 수 있다면 더 이상 바랄 것이 없겠습니다. 제가 알기로는 28년 전에 무일푼으로 이 회사를 시작하셨다고 하는데 그게 사실입니까?" 하고 사장에게 물었다.

대개 성공한 사람들이란 젊었을 때 걸어온 길을 회상해 보고 싶어 한다. 이 사람도 예외일 수는 없다. 그는 불과 450달러의 현금과 독자적인 아이디어만 가지고 발족했던 그 무렵의 고충을 장황

하게 이야기했다. 일요일과 공휴일도 없이 모든 난관을 극복하여 현재의 회사를 이룩하게 되었으며, 오늘날은 월가의 인사들이 그의 의견을 구하러 오게끔 되었다고 한다. 그는 분명히 자랑할 만한 성공을 거둔 사람이었으며 그 이야기를 들려주는 일이 몹시 즐거워 보였다.

자신의 과거 고충담이 끝나자 그는 큐벨리스 씨의 경력을 간단히 물어 보고는 부사장을 불러들이더니 이렇게 말했습니다.

"이 사람이 바로 우리가 구하고 있던 사람이라고 생각하네."

큐벨리스 씨는 상대방의 업적을 조사하는 데 수고를 아끼지 않았다. 즉 상대방에게 관심을 표한 것이다. 그리고 상대방에게 말할 기회를 주어 좋은 인상을 주었던 것이다.

친구 사이라도 상대방의 자랑거리에 귀를 기울이기보다는 자기의 공적에 대해 이야기하는 것을 좋아하는 것이다.

라 로쉬푸코라는 프랑스 철학자는 이렇게 말한 적이 있다.

"적을 만들려거든 친구를 이겨라. 그러나 친구를 얻고자 한다면 친구로 하여금 이기도록 하여라."

왜 이 말이 진리일까? 사람은 누구나 친구보다 뛰어날 때는 중요감을 가지며 그 반대일 경우에는 열등감을 갖고 실망과 질투심을 일으키기 때문이다.

독일 속담에 이런 말이 있다.

"타인의 실패에 대한 기쁨보다 더 큰 기쁨은 없다."

이것을 다른 말로 표현하면 진정한 즐거움이란 다른 사람의 고난을 바라보며 맛보는 즐거움이라는 것이다.

분명 우리 친구들 중에는 우리의 성공보다 실패를 기뻐하는 자가 있을 것이다. 그러기 때문에 자기의 성공은 되도록 말하지 않는 편이 좋다. 이 방법은 반드시 적중한다.

어빈 콥은 이 점을 잘 알고 있다.

한번은 증언대에 선 콥에게 물었다.

"당신은 일류 작가라는 말을 들었는데 그것이 사실입니까?"

이 질문에 대하여 콥은 대답했다.

"제가 운이 좋았던 것이겠죠."

인간은 그렇게 뽐낼 만큼 대단한 것은 아니니까 우리는 겸손해야 한다. 우리는 어느 땐가는 죽어 없어질 것이고, 100년 뒤에는 사람의 뇌리에서 사라져 버릴 것이다. 인생은 짧다.

하찮은 자랑거리를 내세우지 말자. 내가 말하기보다 그들이 말하게끔 하는 것이다. 잘 생각해 보면 우리는 자랑할 만한 것이 아무것도 없는 것이다. 우리가 백치를 면한 것은 갑상선에 있는 약간의 요오드 덕분이다.

그 정도의 요오드는 불과 5센트면 살 수 있다. 갑상선에서 그 요오드를 제거하면 인간은 백치가 된다. 불과 5센트의 요오드가 우리와 정신병원을 격리시킬 수 있는 것이다. 아무리 뽐내더라도 뻔한 것이다.

상대방을 설득하는 제6 기술

상대방으로 하여금 이야기하게 하라.

자신의 의견인 것처럼 느끼게 하라 07

우리는 남에게 강요된 의견보다 스스로 생각해낸 의견을 더 소중이 여기는 법이다. 그렇다면 자기 의견을 다른 사람에게 강요하려는 것은 처음부터 잘못된 생각이라 할 수 있다. 암시를 주고 의견은 상대방이 내도록 하는 편이 보다 현명한 방법이다.

그 한 예로 나의 강습회에 참석했던 필라델피아 출신인 셀츠 씨의 이야기인데, 자동차 판매 부진으로 부하 판매원들이 의욕을 잃고 있기에 그들을 격려해 주어야 할 처지에서 판매회의를 열고 그들의 요구를 기탄없이 발표하라고 권했다. 그들의 요구사항을 칠판에 쓴 다음 그는 부하들을 향해 이렇게 말했다.

"여러분이 요구하는 일은 빠짐없이 모두 해 드리겠소. 그 대신 나에게도 여러분에 대한 요구가 있소. 이 나의 요구를 여러분은 어떻게 해 줄 것인지 그 결심을 들려주었으면 좋겠소."

이 말의 대답은 즉석에서 나왔다.

충실성, 정직, 적극성, 긍정주의, 협동, 하루 여덟 시간의 열성적으로 근무를 하겠다는 판매원도 있고, 그중에는 하루 14 시간의 근무도 할 용기가 있다는 판매원도 나타났다. 이 회의는 용기와 의욕을 새롭게 다짐하는 것으로 끝났으며 그 뒤로 판매성적은 놀랄 만큼 좋아졌다고 한다.

셸츠 씨는 이렇게 말한다.

"판매원들은 나와 일종의 도덕적인 계약을 맺었습니다. 내가 계약에 따라 행동하는 한 그들 또한 그대로 행동하려고 결심한 것입니다. 그들의 희망과 의견을 들어 준 일이 활력소의 묘약이 된 것입니다."

남에게 강요된다든가 명령을 받고 있다든가 하는 느낌은 누구나 싫어하는 법이다. 그보다는 자주적으로 행동하고 있다고 느끼기를 원하는 것이다. 자기의 희망과 욕망과 의견을 다른 사람이 들어 준다는 것은 기쁜 일이다.

그 한 예로서 유진 웨슨 씨의 경우를 들어 보자.

그는 이 진리를 터득하지 못한 탓으로 수천 달러의 수수료를 손해 본 일이 있다. 웨슨 씨는 직물 제조업자에게 디자인을 공급하는 스튜디오에 스케치를 판매하는 직업이다. 웨슨 씨는 뉴욕의 어느 일류 디자이너를 매주 한 번씩 찾아가기를 3년 동안이나 해 왔다. 웨슨 씨는 이렇게 말했다.

"그 사람은 내가 찾아가는 것을 한 번도 거절한 적이 없었으나, 그렇다고 내 물건을 산 일도 없습니다. 매번 내가 가지고 간 스케치를 들여다보고는 '이번 것도 안 되겠습니다' 라고 하는 것입니다."

이렇게 150번의 실패를 거듭한 뒤에야 비로소 웨슨 씨는 머리를 달리 써야 할 필요성을 느꼈다. 그래서 그는 사람을 움직이는 법을 다루는 강습회에 매주 1회씩 나가기로 마음먹었다. 그리고 새로운 방법을 배우고 새로운 열의를 갖게 되었다. 그는 새로운 방법을 시험해 보기 위해 미완성인 그림 몇 장을 가지고 그 사람의 사무실로 달려갔다.

"실은 여기 미완성의 스케치 몇 장을 갖고 왔는데, 이것을 어떻게 완성해야 당신에게 소용이 되겠습니까? 바쁘시겠지만 좀 가르쳐 주십시오."

이렇게 부탁하자 디자이너는 스케치를 아무 말 없이 얼마 동안 쳐다보더니 이렇게 말했다.

"여기 두고 며칠 뒤에 오시오. 그때 오시면 말씀해 드리리다."

웨슨 씨는 사흘 뒤에 다시 그를 찾아가 여러 가지 의견을 들은 다음 스케치를 가지고 돌아와 주문대로 완성했다. 물론 모두 사들이게 되었다.

이것은 지금으로부터 9개월 전의 일이지만, 그 뒤 그 디자이너는 대량의 스케치를 웨슨 씨에게 주문해 왔다. 그림은 물론 디자이너의 아이디어에 따라 그려졌다. 결국 웨슨 씨에게 돌아온 수수료는 1600달러 이상이나 되었던 것이다.

"내가 그토록 오랫동안 이 수요자에게 하나도 팔아 보지 못한 까닭이 무엇인가를 알게 되었습니다. 그때까지 나의 의견을 강요해 온 것입니다. 그런데 지금은 상대방에게 의견을 말하게끔 하고 있습니다. 상대방은 자기가 디자인을 창작하는 것으로 의식하고

있으며 사실이 또한 그렇습니다. 그러므로 내 쪽에서 강매할 필요는 없습니다. 상대방이 필요해서 사는 것입니다."

그는 이렇게 말하고 있다.

테오도어 루스벨트는 뉴욕 지사로 있는 동안 대단한 업적을 이룩했다. 그는 정치 지도자들과의 친선을 유지해 가면서 한편으로는 그들이 몹시 싫어하는 여러 가지 개혁을 성공적으로 성취시킬 수 있었던 것이다.

그때의 방법을 소개해 보자.

어떤 중요한 직책에 누구를 임명해야 할 때는 으레 그들 정치 지도자에게 적당한 인물을 추천해 주도록 요청했다. 루스벨트는 이렇게 말했다.

"그들이 먼저 추천해 오는 인물은 대개 당에서 챙겨주어야 할 입장에 있는 변변치 못한 사람입니다. 나는 그런 사람은 시민이 용납하지 않으니까 안 된다고 말합니다. 그런데 그들이 두 번째로 추천하는 인물도 역시 당에서 그다지 쓸 만한 인물이 못 되는 퇴물 관리들이죠. 나는 그들에게 좀더 시민들이 납득할 만한 적임자를 골라 달라고 다시 부탁합니다.

세 번째로 추천해 온 인물은 쓸 만한 정도이기는 하나 그렇다고 완전히 만족스럽지는 못합니다.

나는 그들의 협력에 감사의 뜻을 표한 다음 한 번 더 수고해 주기를 부탁합니다. 그러면 네 번째는 내가 바라던 인물과 적중하는 인물이 옵니다. 나는 그때서야 그들에게 감사의 뜻을 표하고 그 사람을 임명하게 됩니다. 즉 이런 식으로 그들에게 부담을 주며 이끌어 가는 것입니다. 그러고는 끝으로 나는 그들에게 '당신을 기쁘게 해 주기 위해 이 사람을 임명하니 이번에는 나를 기쁘게 해줄 차례요' 라고 말해 둡니다."

사실 그들은 루스벨트를 기쁘게 해 주었다. 그들은 공무원법안, 프랜차이스 세법안과 같은 대대적인 개혁안에 지지표를 던져준 것이다. 요컨대 루스벨트가 취한 방법은 가능한 한 상대방과 상의하고 그 의견을 받아들여 그것이 자신의 발안이라는 것을 인식시켜 협력하도록 하는 것이다.

롱아일랜드의 자동차 상인은 중고차를 어느 스코틀랜드 부부에게 판매하는 데 이와 똑같은 방법을 사용했다. 이 상인은 스코틀랜드 부부에게 수 없이 차를 보여 주었으나 매번 무언가 트집을 잡았다. 이것은 마음에 안 든다, 저것은 엔진이 신통치 않다, 값이 비싸다 등인데 값은 언제나 문제였다. 이 상인은 나의 강습회의 수강자였기 때문에 이 문제를 강습회에 들고 나와 나의 의견을 물었다.

우리는 그에게 충고하기를 그 스코틀랜드 친구에게 팔려고 애쓸 것이 아니라, 사고 싶어지도록 만드는 일이 중요하다고 말해 주었다. 즉 그들 부부를 이쪽 뜻대로 움직이게 하는 것이 아니라, 반대로 이쪽이 그들 뜻대로 움직여 주어 그들의 의견에 따라 이쪽이 움직이는 것을 느끼게끔 해 주는 것이다.

맞는 이야기라고 생각한 그 상인은 며칠 뒤 어느 단골손님이 자기의 중고차를 새 차와 바꾸어 줄 것을 의뢰하여 왔을 때 이 방법을 시험해 보았다. 이 중고차가 틀림없이 스코틀랜드 부부 마음에 들 것임을 알고 있는 그 상인은 곧 그에게 전화를 걸어 '미안한 부탁이 있는데, 다름이 아니라 좀 오셔서 몇 마디 충고의 말을 해 주

셨으면 감사하겠습니다' 라고 했다. 그가 도착하자 그 상인은 이렇게 말했다.

"당신은 물건을 사시는 데 철저할 뿐만 아니라 차 값을 매기는 데도 틀림없으리라고 봅니다. 이 차를 한번 검사해 보시고 내가 이 차를 얼마에 사면 될까 적당한 가격을 가르쳐 주십시오."

스코틀랜드인의 입가에는 만족스러운 미소가 번져 갔다. 마침내 그의 의견을 묻게 된 것이고 그의 능력이 인정된 셈이다. 그는 그 차를 몰고 퀸즈 불버드를 돌아 자마이카 홀리스까지 갔다 오더니, "300달러면 적당하겠습니다"라고 말했다.

"내가 그 값으로 이 차를 사게 되면 당신이 이것을 사 주시겠습니까?"

그 상인은 물었다.

"물론 300달러면 사죠."

300달러라는 것은 그의 의견이며 그의 평가에서 나온 말이다. 따라서 거래는 금방 성립되었다.

어느 X광선 제작자가 블루클린에 있는 큰 병원에 이와 같은 심리를 이용하여 자사 제품을 팔았다.

X광선과를 주관하고 있는 L박사에게는 내로라하는 X광선 판매원들이 떼 지어 몰려와서는 저마다 자기 기재의 자랑을 늘어놓았다. 그중에는 교묘한 업자가 하나 있었다. 그는 다른 업자와 비교할 수 없을 정도로 교묘하게 인간 심리를 사로잡았다. 그는 다음과 같은 내용의 편지를 L박사에게 보냈다.

저희 회사에서는 최근에 새로운 X광선 장비를 완성했습니니

다. 이 기계의 첫 제품이 지금 막 저희 사무실에 도착했습니다. 물론 이번 제품이 완전하다고는 생각하지 않습니다. 이 사실을 우리는 알고 있기 때문에 좀 더 개선하려고 노력하고 있습니다. 그래서 대단히 죄송스러운 말씀입니다만, 한번 귀하께서 와 주셔서 직접 보신 다음 개량 방법에 대한 의견을 말씀해 주시면 더 없는 영광으로 생각하겠습니다. 귀하의 바쁘신 직무를 잘 알고 있으므로 편리하신 시간을 내 주시면 차로 모시러 가겠습니다.

L박사는 그때의 경험담을 우리 강습회에서 다음과 같이 들려주었다.

"이 편지는 뜻밖이었습니다. 뜻밖이기도 했지만 기쁘기도 했습니다. 이와 같이 내 의견을 물어오는 X광선 제작자는 일찍이 본 일이 없었기 때문입니다. 이 편지는 나에게 중요감을 준 것입니다. 그 주간은 매일 저녁 약속이 있었지만 기계를 보러 가기 위하여 그날의 저녁 약속을 취소하고 말았습니다. 그 기계는 볼수록 마음에 들었습니다. 나는 그 기계를 사라고 강요받은 것은 아닙니다. 병원을 위해서 그 기계를 사기로 결정한 것은 나의 마음이 자발적으로 움직였기 때문입니다. 나는 기계의 우수함이 마음에 들어 곧 계약을 했습니다."

에드워드 M. 하우스 대령은 우드로 윌슨이 대통령으로 있을 무렵, 대내적으로나 대외적으로 대단한 영향력을 발휘한 사람이다. 윌슨 대통령은 중대한 문제의 의견 상대로 하우스 대령을 그의 각료들보다 더 신뢰하고 있었다.

대령은 어떤 방법으로 대통령의 신뢰를 얻게 되었나? 다행히 하우스 자신이 그 내용을 아더 D. 하우전 스미스에게 이야기해 주었고, 스미스는 〈새터디 이브닝 포스트〉의 한 투고란에 하우스의 말을 아래와 같이 인용해 주었다.

"내가 대통령과 알게 된 뒤 비로소 안 일이지만, 그의 생각을 바꾸게 하려면 그 의견을 아주 자연스럽게 그의 마음속에 심어 주어서 그가 관심을 갖게끔 하는 것이 가장 좋은 방법이었다. 즉 그가 스스로 생각해 낸 것처럼 느끼게 하는 것이다.

나는 우연한 기회에 이러한 효과를 발견하게 되었다. 어느 날 나는 백악관을 방문하고 어떤 정책을 건의했는데 그는 이것을 반대하는 눈치였다. 그런데 며칠 뒤 어느 만찬회 자리에서 내가 건의한 정책을 마치 자기가 생각해낸 것처럼 자랑하는 것을 보고 깜짝 놀랐다."

여기서 하우스가 말을 가로채어, "그것은 대통령의 의견이 아니지 않습니까? 저의 의견입니다"라고 반박했을까? 천만의 말씀이다. 그는 그렇게 눈치 없는 행동은 하지 않았다. 그는 그런 것이 문제가 아니라 좋은 결과를 바랐을 뿐이다. 그 의견은 어디까지나 대통령의 것이고 대통령 자신이나 다른 사람에게도 믿게끔 했다. 대통령에게 영광을 안겨 준 것이다.

우리가 접촉하게 되는 모든 사람은 모두 이 우드로 윌슨과 똑같은 인간이라는 것을 잊어서는 안 된다. 그러므로 하우스 대령의 방법을 우리도 적극적으로 이용해야 할 것이다.

뉴브런스위크에 사는 어떤 사람이 몇 해 전에 이 방법을 나에게 사용하여 나를 손님으로 만드는 데 성공한 적이 있다. 나는 그때

뉴브런스위크에 가서 낚시질과 뱃놀이를 해 보려고 계획하고 있던 참이었다. 그래서 여행사에 편지를 보내 필요한 정보를 알려주기를 부탁했다. 내 이름과 주소가 어떻게 알려졌는지 당장에 방갈로와 안내소에서 몇십 통의 편지와 안내장이 쏟아져 들어왔다.

나는 얼떨떨하여 어디가 좋을지 알 수가 없었다. 그런데 한 방갈로에서 온 안내장이 아주 마음에 들었다.

그 안내장에는 그 방갈로에서 묵은 일이 있는 몇몇 뉴욕 사람의 이름과 전화번호를 알려주며 그 사람들에게 직접 알아보라고 쓰여 있었다. 신기하게도 그 이름 가운데에는 내가 아는 사람도 있었다. 나는 곧 그에게 전화를 걸어 알아본 다음 그 방갈로에 예약을 했다.

다른 사람들은 그들의 서비스를 나에게 팔려고 애썼으나 그 사람만은 내 스스로가 사게끔 만들었다. 즉 그가 이긴 것이다.

그러므로 상대방을 설득하는 제7 기술
자신이 스스로 생각해 낸 것으로 느끼게 하라.

08 상대방의 입장에서 생각하라

확실히 옳지 않은 사람이 있다 해도 본인 자신은 잘못되었다는 생각을 절대 하지 않는 법이다. 그런 사람은 비난을 해도 소용없다. 비난은 아무리 바보라도 할 수 있다. 이해하려고 노력해야 한다. 현명한 사람은 상대방을 이해하려고 노력한다.

상대방의 생각과 행동에는 각기 상당한 이유가 있는 것이다. 그 숨은 이유를 찾아내야 한다. 그러면 그의 행동과 나아가서는 그의 성격에 대한 열쇠까지도 파악 할 수 있다. 정말 입장을 바꾸어 놓고 생각해 보는 것이다.

"만일 내가 그의 입장에서라면 과연 어떻게 느끼고 어떻게 반응할 것인가?" 하고 자문자답해 보아야 한다. 이렇게 하면 화를 내고 시간을 낭비하는 일이 어리석게 느껴진다. 원인에 흥미를 가지면 결과도 이해할 수 있게 된다. 뿐만 아니라 인간관계도 보다 원활해진다.

네케드 M. 구드는 그의 저서에서 다음과 같이 말했다.

“자신의 문제에 대한 강한 관심과 자기 이외의 것에 대한 적당한 관심을 비교해 보았을 때, 인간은 누구나 동일하다는 것을 생각해 보면 모든 비즈니스에 필요한 원칙을 파악할 수 있다. 즉 사람을 다루는 비결은 상대방의 입장을 동정하고 그것을 잘 이해하는 일이다.”

나는 요 몇 해 동안 집 근처에 있는 공원에서 산책과 승마를 즐기면서 요양을 하고 있다. 떡갈나무에 대하여 경건에 가까운 애정을 품고 있는데, 그 어린 나무들이 부주의에서 오는 화재로 타 버리는 것을 보면 슬픈 생각이 든다. 화재의 원인은 담뱃불이 아니다. 대부분은 자연을 즐기려고 공원을 찾아오는 소년들이 숲속에서 소시지나 달걀 요리를 한 다음 뒤처리를 잘못하는 데에서 일어나는 것이다. 때로는 큰 화재로 변해 소방서에서 출동하는 일도 있다.

공원 주위에 ‘방화자는 벌금 또는 실형에 처함’ 이라는 경고문이 붙어 있기는 하나, 그 표지판은 공원에서도 통행이 뜸한 장소에 붙어 있기 때문에 이것을 읽어볼 수 있는 아이들은 드물다. 기마경찰관 한 사람이 이 공원을 순찰하고 있기는 하지만, 그 또한 철저한 단속을 못하는 탓으로 화재는 잇달아 일어났다. 언젠가 나는 순찰 경관에게 달려가서 화재가 지금 공원 일대에 급속도로 번지고 있으니 소방서에 이 사실을 알려 달라고 부탁하자, 그는 태연스럽게 그곳은 관할 구역이 아니기 때문에 자기가 관여할 일이 못된다고 대답한 적이 있다. 이 말에 어이가 없어진 나는, 그 뒤로부

터 말을 타고 공원을 산책할 때는 공원 보안관이 된 셈으로 행동했다. 그런데 처음에 나는 소년들의 입장을 생각해 보지 않았다. 숲속에 모닥불을 피우면 정의감에 불탄 나머지 잘못된 방법을 취하고 말았다. 소년들에게 달려가 모닥불을 피우면 벌을 받는다고 호통을 쳤다. 그래도 말을 듣지 않으면 경찰들에게 체포해 가라고 말하겠노라고 엄포를 놓았다. 나는 소년들의 입장은 조금도 생각하지 않고 내 감정대로만 행동했던 것이다.

그 결과 소년들은 내 말을 들었다. 속으로는 못마땅해서 투덜대면서도 내가 하라는 대로 했다. 내가 언덕을 넘어가 버리면 그들은 아마 다시 불은 피우기 시작했을 것이며, 속으로는 공원을 모두 불질러 버리고 싶었을지도 모른다.

그 무렵을 생각해 보면 지금은 나도 조금이나마 인간관계를 이해하게 되었고, 상대방의 입장에서 사물을 생각하게끔 되었다. 지금 같으면 틀림없이 다음과 같이 말했을 것이다.

"얘들아, 참 재미있어 보이는구나. 무슨 요리를 하는 중이야? 나도 어렸을 때는 너희들처럼 야외에서 요리를 만드는 것을 좋아했단다. 지금도 좋아하지. 그러나 너희들도 알겠지만 여기서 불을 피우는 것은 위험하다. 너희들이야 불을 내지는 않겠지만 개중에는 조심하지 않는 아이도 있거든. 너희들이 모닥불을 피웠던 자리를 보고 또 불을 피우게 되기 쉽지. 그리고 잘 끄지도 않고 집으로 가 버리면 그 불이 낙엽에 붙어 큰 불이 되기가 일쑤란다. 정신 차리지 않으면 이 공원은 몽땅 타 버린단 말이다. 여기서 불을 피우면 벌을 받게 되어 있지만 너희들의 즐거운 모습을 보니 심하게 나무랄 수도 없구나. 너희들이 즐겁게 노는 것을 보면 나도 흐뭇해지니까. 그 대신 불 가까이에 있는 낙엽은 먼 곳으로 밀어내라. 그리고 돌아갈 때는 흙을 많이 덮어 불을 잘 꺼야 한다. 요 다음에 불장난을 할 때는 저 언덕 넘어 모래밭에 가서 해라. 거기에는 불 날 염려가 없을 테니까. 자, 그럼 재미있게들 놀아라."

같은 말이라도 이렇게 하면 효과는 전혀 다르다. 소년들도 협조하고 싶은 마음이 생긴다. 강제성을 띠지 않으므로 불평불만이 있을 수가 없으며, 그들의 체면도 세워준 셈이 된다. 상대방의 입장을 생각해 줌으로써 양쪽 다 기분 좋은 결과를 얻을 수 있는 것이다. 하버드대학의 돈햄 교수는 이렇게 말하고 있다.

"나는 다른 사람과 만날 경우에는 미리 이쪽에서 할 말을 충분이 생각하고, 거기에 대해 상대방이 어떻게 대답할 것인가를 확실히 짐작되기 전에는 그 집 앞을 2시간이고 3시간이고 서성일 뿐 들어가지 않는다."

이 책을 읽고 상대방의 입장에 서서 사물을 분간할 줄만 안다면, 이 책은 당신의 생애에 있어 획기적인 역할을 할 것이다.

> 상대방을 설득하는 제8 기술
> **상대방의 입장에서 생각하라.**

09 상대방의 입장에 동감하라

논쟁과 좋지 못한 감정을 없애고 상대방이 관심을 갖고 당신의 말을 열심히 듣도록 해 주는 마법의 말을 공개한다.

"당신이 그렇게 생각하는 것은 당연합니다. 만일 제가 당신이라도 틀림없이 그렇게 생각했을 것이니까요." 이렇게 말을 시작하는 것이다.

아무리 성질이 못된 사람이라도 이렇게 나오면 수그러들게 마련이다. 더구나 상대방의 입장이 되면 당연히 상대방과 같은 생각을 갖게 될 테니까 이 말에는 100퍼센트의 성의가 담긴 것이다. 가령 우리가 알 카포네와 똑같은 정신과 육체를 갖고 태어나 똑같은 환경에서 자라고 똑같은 경험을 쌓았다면, 카포네와 똑같은 사람이 되고 카포네와 같은 일을 할 것이다.

우리가 뱀이 아닌 유일한 이유는 부모가 뱀이 아니기 때문이고, 우리가 소와 키스를 하지 않고 뱀을 성스럽게 생각하지 않는 유일한 이유는 우리가 인도의 힌두교 집안에서 태어나지 않았기 때문이다.

마음에 들지 않는 상대방이라도 그가 그렇게 된 데에는 그럴 만한 이유가 있을 것이다. 그러므로 가엾게 생각해 주어야 한다. 상대방을 동정해 주는 것이다. 존 B. 코프는 주정꾼을 보면 언제나, "하나님의 은총이 없으면 나도 저렇게 될 것이다"라고 말했는데, 이런 마음으로 다른 사람을 대해야 한다.

우리가 대하는 사람 가운데 4분의 3은 모두 동정에 굶주리고 있다. 그 사람들에게 그 동정을 주는 것이다. 그러면 그들은 틀림없이 우리에게 호감을 가질 것이다.

나는 언젠가 《작은 아씨들》의 작가 루이자 메이 울코트에 관해 방송한 일이 있다. 물론 나는 그녀가 매사추세츠 주의 콩코드에서 불후의 소설을 저술했다는 사실을 알고 있었는데, 무의식중에 그만 뉴햄프셔 주의 콩코드에 살았다고 말해 버렸다. 그것도 한 번이 아니라 두 번씩 말했으니 문제가 된 것이다. 순식간에 비난의 편지와 전보가 빗발치듯이 날아들었다. 대다수가 성난 내용이었고 개중에는 모욕적인 것도 있었다. 매사추세츠 주의 콩코드에서 자랐고 필라델피아에서 살고 있던 한 고지식한 부인은 펄펄 뛰었다. 내가 울코트 여사를 뉴기니에서 온 식인종이라고 불렀다 해도 이토록 화를 낼 수는 없었을 것이다. 나는 그 부인의 편지를 읽으면서, "주여, 이런 여자와 결혼 안 한 것을 감사하게 생각합니다"라고 자신에게 말할 정도였다. 나는 지리상의 과오를 범하기는 했지만, 당신은 예의상으로 더 크나큰 과오를 범하고 있다는 말을 편지로 써 보내고 싶었다. 그러나 그것은 아무리 바보라도 할 수

있는 일이다. 바보는 대개 그렇게 한다는 것을 알고 있다. 나는 바보가 되고 싶지 않았다. 그래서 나는 그녀의 적개심을 우정으로 바꾸어 보기로 마음먹었다. 말하자면 일종의 게임이다. 나는 스스로에게 타일렀다

"만일 내가 그녀였더라면 나도 그녀와 마찬가지로 느꼈을 것이다."

그래서 나는 상대방의 입장을 이해하려고 애썼다. 그 뒤 필라델피아에 들르는 기회에 그녀에게 전화를 걸어 다음과 같은 대화를 나누었다.

나 지난번에는 일부러 편지까지 주셔서 정말 감사합니다. 전화로 실례인 줄 압니다만 인사말씀 올립니다.

그녀 (야무지고 세련된 목소리로) 실례입니다만 누구신가요?

나 아직 뵌 적은 없습니다만 제 이름은 데일 카네기라고 합니다. 부인은 제가 몇 주일 전에 루이자 메이 올코트에 대해 방송했던 것을 들으셨을 것으로 알고 있습니다. 그때 매사추세츠와 뉴햄프셔를 혼동하여 대단한 실언을 했던 일을 기억하시죠. 정말 제가 변변치 못해서 그랬습니다. 그 잘못을 사과드리려고 합니다. 친절하게 편지까지 주셔서 뭐라고 사례의 말씀을 드려야 할지 모르겠습니다.

그녀 정말 죄송합니다. 그런 편지를 드려서…… 그때 제가 왜 그랬는지 모르겠어요. 사과는 제가 드려야 합니다.

나 천만의 말씀입니다. 사과드려야 할 쪽은 부인이 아니라 저입니다. 초등학교 학생이라도 알고 있는 일을 제가 실언해

버렸으니까요. 그래서 그 다음 일요일 방송에서 사과의 말씀을 전했지만 부인께는 직접 사과를 드립니다.

그녀 아닙니다. 저는 매사추세츠 주의 콩코드 출신이고, 저의 집안은 매사추세츠 주에서 2세기 동안 잘 알려져 왔기 때문에 이 고장을 퍽 자랑스럽게 생각하고 있었습니다. 그래서 당신이 하신 방송을 듣고 그만 그런 편지를 썼답니다. 정말 부끄럽게 생각합니다.

나 아닙니다. 부끄러운 것은 저입니다. 제 잘못이 매사추세츠 주의 이미지를 손상시키지는 않았겠지만 저로서는 마음의 타격이 컸습니다. 정말 잘 지적해 주셨습니다. 앞으로도 계속 지켜봐 주시기를 부탁합니다.

그녀 그렇게 실례되는 편지를 그런 식으로 받아 주시는 것을 보니 참으로 훌륭하신 분 같군요. 저야말로 잘 부탁드립니다.

이렇게 내가 그녀에게 사과를 하고 그녀의 입장에 동감을 하자 그녀도 나에게 사과하고 나의 입장에 동감해 주었다.

나는 울분을 참은 보람이 있어 유쾌한 기분을 가질 수 있었다. 상대방을 공격하기보다 상대방이 호감을 가져 주게 하는 편이 몇 배나 더 유쾌한 일이다.

역대 대통령들은 날마다 골치 아픈 인간관계에 직면하게 된다.

태프트 대통령도 그 예외일 수는 없었다. 그는 경험적으로 나쁜 감정을 삭이는 데는 동감이 가장 큰 힘을 지니고 있다는 것을 알고 있었다. 《봉사의 윤리학》이란 저서에서 태프트 대통령은 한 야심만만한 부인의 노여움과 그 아들의 실망을 어떻게 풀어 주었는가를 실례를 들어 재미있게 해설하고 있다.

'워싱턴에 사는 한 부인이 자기 아들을 어느 자리에 앉히려고 6주일 동안이나 날마다 나를 찾아왔다. 그 여자의 남편은 정계에서도 어느 정도 알려져 있는 사람이다. 그녀는 많은 상하의원을 통해 치열하게 로비를 했다. 그러나 그 직책은 기술적인 자격을 필요로 하는 것이기 때문에 나는 담당 국장이 추천하는 다른 사람을 그 자리에 임명해 버렸다. 그랬더니 그 부인은 나에게 편지를 보내어 내가 조금만 관심을 두었더라면 자기를 행복하게 만들 수 있었는데, 그렇게 하지 않았으니 은혜를 몰라보는 사람이라고 말했다. 뿐만 아니라 자기 주의 출신 의원과 함께 노력해 내가 특히 관심을 가지고 있던 행정의안에 찬표를 얻도록 해 주었는데도 불구하고 내가 이렇게 보답했다고 불만이 여간 아니었다.

누구나 이런 편지를 받았다면 그 무례함에 화가 머리끝까지 날 것이며, 좇아가서 쥐어박고 싶은 생각이 들 것이다. 그래서 곧 반박의 편지를 쓴다. 그러나 현명한 사람은 그 편지를 곧 보내지 않는다. 책상 서랍에 넣어버린 다음 2, 3일 뒤 꺼낸다. (이런 편지는 2~3일 늦어도 상관없으니까.) 냉각기간을 두고 다시 읽어 보면 보낼 마음이 없어진다. 나는 이 현명한 사람의 방법을 취했다. 나는 다시 공손한 마음으로 편지를 썼다. 당신의 실망은 충분이 이해합니다만 그 인사 문제는 사실상 내 마음대로 할 수 있는 일이 아니고, 전문적인 기술을 가지고 있는 사람이라야 했으므로 담당 국장의 추천을 따르게 되었으니 이해하주시기를 바란다고 말했다. 또한 당신의 아드님은 현재의 직책에서도 어머니의 기대에 충분히 보답할 수 있으리라 믿으니 격려해 주시기 바란다고 했다.

이 편지를 받아본 그녀는 화가 풀려 그런 편지를 보내 미안하다고 사과의 뜻을 전해왔다.

그런데 내가 지시한 발령이 아직도 나지 않고 있을 때이다. 같은 필체이기는 하나 그녀의 남편 이름으로 된 편지를 한 장 받았다. 그 편지에 의하면 그녀는 이 사건이 원인이 되어 실의로 병상에 눕게 되었고, 마침내 심각한 위암에 걸리고 말았다는 것이다. 이런 경우, 이미 지시한 임명을 취소하고 그의 아들을 임명하면 그녀의 병도 낫겠지만 그렇게 할 수는 없었다. 이번에는 그녀의 남편 앞으로 편지를 보냈다. 즉 진단이 오진이기를 바라며, 부인의 중병에 대해 무한한 위로를 드리는 바이지만 이 인사 문제는 변경할 수 없다고 말했다. 그 뒤 임명한 사람의 발령이 나고 발령 발표가 있은 지 이틀 뒤에 백악관에서 음악회가 열렸다. 그때 맨 먼저 우리 부부에게 인사를 하려고 나타난 사람은 다름 아닌 그 부부였다. ……부인은 며칠 전까지만 해도 병석에 있었을 텐데…….'

S. 휴럭은 미국에서 첫째로 꼽히는 음악 흥행사이다. 그는 20년 동안 샬리아핀, 아사도라 덩컨, 파블로바와 같은 세계적인 연예인을 발굴해 냈다. 휴럭 씨는 말하기를 까다로운 연예인들을 관리한 결과로 터득한 첫 번째 교훈은 그들의 튀는 성격에 대한 동감이 절대로 필요하다는 것이다.

그는 샬리아핀의 흥행사로 3년 동안 일한 적이 있었다. 그런데도 샬리아핀에 대하여는 항상 골치를 앓고 있었다.

한 예를 들면 샬리아핀은 출연하게 된 날 낮에 휴럭 씨에 전화를 해서는, "휴럭 씨, 오늘은 영 컨디션이 좋지 않아요. 목의 상태가 좋지 않아 저녁에 노래를 부를 수가 없겠습니다" 하고 말하는 것이다. 휴럭 씨는 이럴 때 그와 논쟁을 했을까? 천만에. 흥행사는 연예인과 논쟁을 해보아야 아무 소용이 없다는 것을 잘 알고 있다. 그는 우선 샬리아핀이 묵고 있는 호텔에 달려가서 적극적으로 동감을 표하는 것이다.

"정말 안 됐소. 물론 오늘밤에는 노래를 부르면 안 되죠. 당장에 출연을 취소하겠소. 무리하게 노래를 불러 인기가 떨어지는 것보다야 그냥 몇천 달러 손해 보는 것이 낫지."

이렇게 울상이 되어 위로를 한다. 그렇게 되면 샬리아핀은 한숨을 내쉬고는, "오후 늦게 한 번 더 들러주지 않겠어요? 5시쯤에 오셔서 그때 상태가 어떨지 한번 보시죠" 하고 말하는 것이다.

5시에 휴럭 씨가 그의 호텔로 달려가서 또 동감을 표시하며 출연을 취소시키겠다고 고집을 부리게 되면 샬리아핀은 한숨을 내쉬며, "이따가 한 번 또 와 보시죠. 그때는 조금 더 나아질지 모르니까요"라고 한다.

7시 30분 출연 임박해서야 샬리아핀은 마침내 출연할 것을 승낙한다. 그 대신 휴럭 씨가 청중들에게 샬리아핀이 심한 감기에 걸려서 목소리가 매우 좋지 않은 상태라는 것을 미리 말하도록 당부한다. 휴럭 씨는 빈말이라도 그렇게 하겠노라고 약속하는데, 그 베이스 가수를 무대로 끌어내는 길은 그 도리밖에 없다는 것을 알고 있기 때문이다.

아더 I 게이츠 박사의 유명한 저서 《교육 심리학》에 이런 말이 쓰여 있다.

인간은 일반적으로 동정심을 바란다. 어린아이들은 상처를 보여주고 싶어 한다. 때로는 동정을 받고 심은 욕심에서 스스로 상처를 내는 수도 있다. 어른도 마찬 가지이다. 상처를 보여주고 재난이나 병에 대한 이야기를 한다. 특히 수술을 받았을 때의 이야기는 상세히 이야기하고 싶어 한다. 불행한 자신에 대하여 자기 연민을 느끼고 싶어 하는 마음은 정도의 차이는 있지만 누구에게나 있는 법이다.

상대방을 설득하는 제9 기술

상대방의 입장에 동감을 가져라.

10 아름다운 심정에 호소하라

나는 미주리 주에 있는 제시 제임스의 고향에서 자랐다. 그래서 제시 제임스의 아들이 아직도 살고 있는 미주리 주 케니의 제임스 농장을 방문한 일이 있다.

그의 부인은 제시가 어떻게 기차를 습격하고 은행을 털었으며, 그 돈을 이웃 농민에게 주어 빚을 갚게 했는가를 이야기해 주었다. 제시 제임스도 쌍권총 크롤리, 알 카포네 등과 마찬가지로 자신을 이상주의자로 생각했던 모양이다. 모든 인간은 자기 자신을 훌륭한 이타적인 인물이라고 생각하고 싶어 하는 법이다.

미국의 대은행가이며 수집가로도 유명한 J. P. 모건은 인간의 심리를 해부하여, "보통 인간의 행위에는 두 가지 이유가 있다. 하나는 아주 아름답게 윤색된 이유, 또 하나는 참된 이유이다"라고 말했다.

참된 이유는 다른 사람이 뭐라고 하지 않아도 본인이 잘 알고 있을 것이다. 인간은 누구나 이상주의적인 경향이 있어 자신의 행위에 대해서 아름답고 윤색된 이유를 붙이려고 한다. 그러므로 상대방의 생각을 바꾸려면 이 아름다운 이유를 붙이고 싶어 하는 마음에 호소하는 것이 유효하다.

이런 사실을 비즈니스에 응용하면 어떻게 되는가. 펜실베이니아 주의 글리놀덴에서 아파트 임대업을 하고 있는 해밀튼 J. 파렐의 경우를 들어 생각해 보기로 하자.

파렐 씨의 아파트 계약 기간이 4개월이나 남아 있는데도 이사를 가겠다는 사람이 있었다. 월세는 55달러였다. 파렐 씨는 나의 강습회에서 다음과 같이 말했다.

"이 사람은 1년 중 관리비가 가장 많이 나오는 겨울 동안을 우리 집에서 살아온 것입니다. 가을까지는 새로운 입주자를 구하기가 퍽 힘든 일이라는 것을 나는 잘 알고 있어도, 생돈 220달러를 내놓아야 했으니 나는 화가 날 수밖에 없었습니다. 다른 때 같으면 그 사람에게 계약서를 들이대며 기어코 이사를 가겠다면 계약기간까지의 집세를 내고 가라고 호통을 쳤을 겁니다. 그렇게 못할 것도 없어 그렇게 해 버릴까도 생각했습니다.

그러나 그런 소동을 벌이지 않고 해결할 방법은 없을까 생각하고 다음과 같이 말해 보았습니다. '듀우 씨, 당신이 하는 말씀은 잘 알았습니다만, 저는 아무래도 당신이 이사를 하신다는 생각이 들지 않습니다. 저는 오랫동안 임대업을 하다 보니 사람을 볼 줄 아는 눈이 생기게 되었는데 제가 당신을 처음 보았을 때 믿음이 갈 만한 분이라는 것을 알았습니다. 이것만은 절대로 빈말이 아닙니다.' 나는 계속 이렇게 말을 했습니다. '이 문제는 2, 3일 뒤에

다시 한 번 생각해 주시겠습니까? 그때 가서도 마음이 바뀌지 않으시면 당신의 의견에 따르겠습니다. 저의 판단이 잘못되었다고 체념할 수밖에 없겠죠. 어쨌든 당신은 계약을 어기실 분이 아니라고 믿고 있습니다만, 사람이 하는 일이니 서로 잘못 보고 잘못 생각하는 수도 있겠죠.' 그러고 나서 며칠 뒤 그 사람은 자기 손으로 집세를 치르러 왔습니다. 그는 아내와 다시 의논한 끝에 이사를 가지 않기로 한 겁니다. 역시 계약을 이행하는 일이 인간으로서 가장 중요하다는 결론을 내린 모양이었습니다."

고 노드 클립 경이 한번은 어떤 신문사가 허락도 없이 자기 사진을 실은 것을 발견하고 그 편집자에게 편지를 보냈다. 그러나 '마음에 안 드니 그 사진을 신문에 싣지 마시오' 이렇게 쓰지는 않았다. 그는 오히려 아름다운 마음에 호소했다. 누구나가 품고 있는 어머니에 대한 존경과 애정에 호소하여 다음과 같이 써 보냈다.

"그 사진은 신문에 싣지 마십시오. 저의 어머니가 몹시 싫어 하시니까요."

존 D. 록펠러 2세도 아이들의 사진이 신문에 실리는 것을 막기 위해 인간의 아름다운 심정에 호소했다.

"아이들의 사진이 신문에 실리는 것은 내가 찬성을 할 수 없습니다" 하고 말하지 않고, 아이들을 해치고 싶지 않다는 모든 사람의 공통된 심정에 호소했다.

"당신들도 아이들을 키우고 있는 분이 있어 아시고 있으리라 생각합니다만, 세상에 너무 노출되면 아이들에게 가혹한 일입니다."

사이러스 H. K. 커티스는 유명한 〈새터데이 이브닝 포스트〉와

〈레이디스 홈 저널〉의 창시자인데, 메인 주의 가난한 집에서 태어나 백만장자가 된 입지적인 인물이다. 처음에 그는 다른 잡지사처럼 원고료를 지불할 능력이 없었다. 하물며 일류 작가에게 원고를 부탁한다는 일은 생각할 수도 없었으므로 부득이 그들의 아름다운 심정에 호소해 보리라 생각했다. 그는 그 무렵의 유명 작가 올코트 여사에게 원고를 써 달라고 부탁하고 100달러의 수표를 썼는데, 그 수표는 그녀에게 준 것이 아니라 그녀가 적극적으로 지지하고 있는 자선단체 앞으로 보내어 성공을 거두었다.

독자 중에는 '그런 방법은 노드 클립 경이나 록펠러나 감상적인 소설가에게는 적용될지 모르나, 심한 빚 독촉을 받았을 때도 과연 통용될 수 있을까' 라고 의문을 갖는 사람도 있을 것이다.

옳은 말이다. 적용되지 않는 경우도 있을 것이고 사람에 따라서는 통용될지도 모른다. 당신이 이보다 더 좋은 방법을 알고 있고 그 결과에 만족하고 있다면 구태여 이 방법을 쓸 필요가 없다. 그렇지 않다면 한번 실험해 볼 만한 일이다.

어쨌든 다음 이야기는 제임스 L. 토머스라는 사람이 우리 강습회에서 발표한 체험담인데 꽤 흥미롭다.

한 자동차 회사의 고객 여섯 명이 수리비의 지불을 거부한 적이 있다. 청구서 전액에 대하여 거부하는 것이 아니라, 저마다 청구서 일부가 부당하다고 주장하는 것이다. 회사 입장에서는 수리를 할 때마다 서명을 받았기 때문에 절대로 잘못된 일이 없다고 믿고 그대로 손님에게 주장했다. 이것이 첫 번째 실수였다. 즉 수금원이 다음과 같은 방법으로 미불금을 받으려 했는데, 과연 이 방법으로 소기의 목적을 달성할 수 있었을까?

① 각 고객을 방문하여 청구서를 내놓고 여러 달이 되었으니 이 달에는 지불해 달라고 직접 말했다.
② 청구서는 절대로 잘못되지 않았다. 그러니 잘못된 것은 고객이라고 분명히 밝혔다.
③ 자동차 수리에 대한 일은 회사 측이 고객보다 훨씬 잘 알고 있다. 그러니 무슨 잘못이 있을 수 있겠느냐고 설명했다.
④ 그 결과 심한 다툼이 일어났다.

이런 방법으로 고객이 미불금을 치를 것인지는 누구나 생각해 보아도 알 수 있을 것이다. 수금원은 끝내 법적인 수단에 호소하려고 했는데 마침 지배인이 눈치를 채게 되었다. 지배인이 조사해 보니 문제의 고객은 평소 돈 계산이 분명한 사람이라는 것을 알았다. 어딘가에 잘못된 점이 있는 것이 틀림없다. 그래서 그는 토머스를 불러 이 문제를 해결하라고 명령했다.

토머스 씨는 다음과 같은 방법을 썼다고 설명했다.

① 밀린 수리비에 대해서는 한마디도 하지 않고 다만 지금까지 해온 회사의 서비스 상태를 조사하고자 찾아왔다고 말했다.
② 고객 측의 경위를 들어보기 전에는 아무 의견도 말할 수 없다는 입장을 밝히고, 회사 측도 틀림없는 주장만을 한다고는 볼 수 없다고 말했다.
③ 내가 알고 싶은 것은 고객의 차에 대한 일이고, 고객의 차에 대해서는 고객보다 더 잘 알고 있는 사람은 있을 수 없으며, 따라서 전문가는 고객이라는 것을 말해 주었다.

④ 고객으로 하여금 말하게 하고, 나는 그냥 관심과 그가 바라고 기대하고 있던 동정만을 표시하며 경청해 주었을 뿐이다.

⑤ 마지막에 고객이 어느 정도 마음이 가라앉은 다음 문제의 전말을 털어놓고 그의 공정한 판단에 호소했다. 즉 그의 아름다운 심정에 호소한 것이다.

"우리가 미숙하여 번거롭게 해 드린 데 대해 정말로 죄송하게 생각합니다. 수금원의 태도에 화가 많이 나셨으리라고 생각합니다. 정말 잘못된 일입니다. 제가 회사를 대표하여 사죄합니다. 말씀을 듣고 보니 당신의 공정하고 관대한 인품에 감탄했습니다. 실은 부탁이 있는데 이건 당신이 아니면 할 수 없는 일이며, 당신이 가장 잘 알고 계시는 일입니다. 다름이 아니라 이 청구서입니다. 이것을 당신이 정정해 주시면 그대로 인정하겠습니다. 당신이 저의 회사 사장이 되신 입장에서 바로잡아 주십시오. 모든 일을 당신에게 맡기고 정정한 대로 하겠습니다."

이것이 보기 좋게 효력을 발생했다. 여섯 사람 중에 한 사람만 끝까지 청구서가 잘못되었다고 고집을 부리고 일부 대금을 치르지 않았지만, 나머지 다섯 사람은 기분 좋게 전액을 지불했다. 더욱 놀랄 일은 그 뒤 2년간에 걸쳐 이 여섯 고객으로부터 각기 새 차의 주문을 받은 일이다.

토머스 씨는 이에 이렇게 말하고 있다.

"상대방의 신용 상태를 잘 모를 때에는 그를 훌륭한 신사로 보고 거래를 하면 틀림없다는 것을 나는 경험으로 알고 있다. 요컨대 인간은 누구나 정직하고 의무를 다하려고 하는 것이다. 이에

대한 예외는 비교적 적다. 남을 속이는 사람이라도 상대방이 진심으로 믿고, 정직하고 공정한 인물로 취급해 주면 여간해서 부정한 일은 할 수 없는 법이다."

상대방을 설득하는 제10 기술

상대방의 아름다운 심정에 호소하라.

극적인 연출을 하라 11

몇 년 전의 이야기이지만 〈필라델피아 이브닝 블리틴〉이 이상한 소문으로 곤경에 처한 적이 있다. 악의에 찬 소문이 퍼졌던 것이다.

대부분 광고뿐이고 기사 내용은 적어 독자는 흥미를 잃었으며 광고를 내도 효과가 적다는 소문이다. 급히 대책을 세워 소문의 뿌리를 끊어버려야 했다. 그래서 다음과 같은 방법이 취해졌다.

〈블리틴〉은 어느 하루에 실린 모든 기사를 분류, 한 권의 책으로 꾸며 출판했다. 이 책은 《하루》라는 제목이 붙여져 307쪽이나 되었고, 값은 적어도 2달러짜리는 되어 보였다. 그것을 단돈 2센트에 판 것이다.

이 책은 〈블리틴〉에 재미있는 기사가 많이 실려 있다는 사실을 효과 100퍼센트로 알린 것이다. 참으로 멋진 연출 솜씨라 하겠다. 단순히 숫자를 들거나 말로 떠들거나 했으면 하루 종일 걸려도 안 될 일을 한꺼번에 해치운 것이다.

뉴욕대학의 리처드 보든과 알빈 부세는 1만 5000건의 상담을 분석하여 《논쟁에서 이기는 방법》이라는 책을 냈고, 같은 내용을 《판매의 여섯 가지 원칙》이라는 제목을 붙여 강의를 했으며, 또 그 뒤에 영화화하여 수백 개의 대기업체 판매원들에게 보여 주었다.

그들은 연구의 결과를 단순히 사실만이 아니라 실례로 보인 것이다. 청중 앞에서 논쟁을 벌이고 판매의 올바른 방법과 잘못된 방법을 실연으로 가르친 것이다.

현대는 연출의 시대이다. 단순히 사실만을 설명해서는 부족하다. 사실에 움직임과 흥미를 더하여 연출하지 않으면 안 된다. 흥행적인 수법을 써야 할 필요가 있다. 영화, 라디오, 텔레비전 등도 다 이 수법을 쓰고 있다. 사람의 주의를 끌려면 이렇게 하는 것이 무엇보다 효과적이다.

쇼윈도 전시의 전문가들은 연출의 효과라는 것을 충분히 알고 있을 것이다. 이를테면 새 쥐약을 내놓은 생산업자가 거래처의 쇼윈도에 살아 있는 두 마리의 쥐를 전시하게 했더니, 그 쥐를 전시한 동안의 한 주일은 다른 때의 5배의 매상이 올랐다고 한다.

〈아메리칸 위클리〉의 제임스 B. 보인튼은 상세한 시장조사 보고서를 제출할 일이 있었다. 어떤 일류 콜드크림 제조회사가 제품값을 내리느냐 마느냐에 대해 긴급히 자료가 필요하다고 한 것이다. 그는 조사 결과를 의뢰자에게 가지고 갔다.

이 의뢰자는 업계의 거물로 꽤 까다로움 사람이었다. 보인튼이 첫 번째 보고서를 가지고 갔을 때는 실패하고 말았다. 보인튼 씨의 이야기를 소개해 보자.

"내가 첫 번째 들어갔을 때에는 조사 방법에 관해 쓸데없는 토론을 하느라고 빗나가고 말았습니다. 그도 따지고 나도 따지고 했습니다. 결국 논쟁 끝에 내가 이겨 울분을 풀기는 했으나 생산적인 결과는 아무것도 얻지 못했습니다.

두 번째 갔을 때에는 숫자나 표에 구애받지 않기로 하고 조사한 사람들을 극적으로 연출해 보였습니다. 내가 그의 사무실에 들어갔을 때 그는 전화를 하느라 바빴습니다.

전화를 거는 동안 나는 들고 간 가방을 열고는 그의 책상 위에 32통의 콜드크림을 쌓아 놓았습니다. 이들 모두는 그가 잘 알고 있는 그의 경쟁사 제품이었던 것은 물론입니다.

통마다 시장조사의 결과를 기입한 쪽지를 붙여 놓았고, 그 쪽지에는 그 크림의 매출 상태를 간단명료하게 적어 넣었습니다.

그 효과는 대단했습니다. 지난번처럼 논쟁을 벌일 필요가 없었습니다. 그는 크림 통 하나하나를 들고 쪽지에 적힌 내용을 읽었습니다. 우리 두 사람은 친근한 대화가 오가고 간단한 질문을 몇 마디 했습니다.

그는 상당한 흥미를 가졌던 모양입니다. 약속된 10분은 이미 지나가 버리고 20분, 40분, 1시간이 지나도록 우리들의 이야기는 계속되었습니다.

이번에도 지난번과 똑같은 조사결과를 제공했습니다. 하지만 연출 효과를 낸 점이 다를 뿐이었습니다. 연출 수법에 이렇게 큰 효력이 있는 줄은 몰랐습니다."

상대방을 설득하는 제11 기술

극적인 연출을 하라.

12 도전의식을 자극하라

찰스 슈워브가 담당하고 있는 공장 가운데 실적이 오르지 않는 공장이 있었다.

슈워브는 공장장을 불러서 물어 보았다.

"자네와 같이 유능한 사람이 공장을 제대로 운영하지 못해서야 어떻게 하겠나?"

"글쎄요, 저도 까닭을 모르겠어요. 잘 달래 보기도 하고 강압적으로 해 보기도 하며 온갖 수단은 다 써 보았지만 직원들이 움직여 주지를 않습니다."

마침 그때 저녁 교대가 시작될 시간이 되었다. 슈워브는 분필을 집더니 낮에 근무한 직원에게 물었다.

"자네 조는 오늘 몇 번이나 주물을 부었나?"

"여섯 번입니다."

이 말에 슈워브는 아무 대답도 없이 판에다 큼지막하게 '6'을 그려 놓고서는 나가 버렸다. 야근 직원들이 들어와 이 '6'을 보고 그 뜻을 주간 직원들에게 물어보았습니다.

"슈워브 씨가 오늘 왔는데, 나보고 오늘 몇 번이나 주물을 부었느냐고 물어보지 않겠나. 그래서 여섯 번이라고 했더니 판에다 이렇게 써 놓더군."

다음날 아침에도 슈워브는 공장을 돌아보았다. 야간 당번들은 '6'을 지워버리고 대신 '7'을 큼지막하게 써 놓았다. 야간 근무반이 성적을 더 올린 셈이다. 주간 근무자들이 이를 보자 대항 의식이 생겨 그들은 일을 열심히 했고, 퇴근 때에는 '10'을 써놓을 수 있었다. 이렇게 되어 이 공장의 실적이 나날이 달라진 것이다. 실적이 부진했던 이 공장은 마침내 다른 공장을 누르고 생산율에서 제1위를 차지하게 되었다.

이에 대한 슈워브 씨의 말을 들어 보기로 하자.

"일을 하는 데는 경쟁심이 중요합니다. 악랄한 돈 벌이의 경쟁력이 아니라 남보다 뛰어나고 싶어 하는 경쟁심을 이용해야 합니다."

뛰어나고 싶어 하는 의욕, 대항 의식, 지기 싫어하는 마음, 남자의 기백에 호소하는 법이다. 이 지기 싫어하는 마음이 자극되지 않았더라면 테오도어 루스벨트도 결코 미국 대통령이 될 수 없었을 것이다. 그는 스페인과의 전쟁에서 돌아오자마자 뉴욕 주지사 후보로 지명되었다. 그러나 반대파에서는 그가 뉴욕의 합법적 거주자가 아닌 것을 발견하고 이를 문제삼기 시작했다. 루스벨트는 당황하여 주지사 후보를 사퇴하겠다고 했다. 그러자 토머스 콜리아 플래트가 그를 보고 소리쳤다.

"자네는 그러고도 산 주안 힐 전선의 용사라 할 수 있나? 비겁하게!"

루스벨트는 마음을 돌려 끝까지 싸울 결심을 했다. 그 뒤의 일은 역사가 말해준 대로이다. 그가 루스벨트의 지기 싫어하는 마음을 자극한 이 한마디는 그의 생애를 바꾸어 놓았을 뿐 아니라 미국 역사에도 지대한 영향을 끼치게 했던 것이다.

찰스 슈워브 자신도 이 같은 자극이 지니는 위력을 잘 알고 있었다. 알 스미스도 역시 그것을 알고 있었다.

알 스미스가 뉴욕 주지사로 있을 때 어려운 문제에 당면한 일이 있었다. 싱싱 교도소 소장 자리가 비어 있었고, 교도소의 관리들이 부패하여 아주 나쁜 소문이 떠돌았다. 스미스 지사는 이 싱싱 교도소를 관리할 수 있는 강력한 사람이 필요했다. 고심 끝에 그는 뉴햄프턴에 있는 루이스 E. 로즈를 불러오게 했다.

"싱싱을 한번 맡아보는 게 어떤가? 상당한 경험이 있는 사람이 필요한 곳이네."

스미스 지사가 분명하게 말했다.

로즈는 당황했다. 싱싱 교도소 소장이 되는 일은 좀 생각해 볼 문제였다. 정치 세력의 바람을 잘 타는 자리인 것이다. 소장은 쉴 새 없이 바뀌고 있었다. 부임한 지 3개월 밖에 안 가는 경우도 있었다. 덮어놓고 떠맡는 것은 위험하다고 로즈는 생각했다. 그가 망설이고 있는 것을 보자 스미스는 몸을 뒤로 젖히고 웃으면서 이렇게 말했다.

"보통일이 아니니까 자네도 선뜻 대답할 수 없겠지. 젊은 친구, 자네가 겁을 먹는 것을 나무랄 수야 없지. 참으로 힘든 자리니 웬

만한 사람이 아니고는 해낼 수 없을 거야."

상대방의 지기 싫어하는 마음을 자극한 것이다. 어느 사람은 해낼 수 없다는 그 힘든 일을 한번 해보아야겠다는 마음이 생긴 것이다.

로즈는 곧 부임하여 분발했다. 그런 보람이 있어 지금은 모르는 사람이 없을 만큼 유명한 소장이 되었다. 그가 저술한 《싱싱의 2만년》이란 책은 몇십만 부가 팔렸다. 라디오 방송으로도 나갔다. 그의 저서를 소재로 한 영화가 여러 편 제작되었다. 또 그의 죄수대우 개선론은 교도소에 기적적인 개혁을 가져오게 했다.

유명한 파이어스튼 고무 회사의 창립자인 하베 S. 파이어스튼은 이렇게 말했다.

"급료만 주면 사람이 모여들고 인재가 확보된다고 할 수 없다. 승부욕을 내세워야 한다."

성공한 사람은 승부를 좋아한다. 자기표현의 기회가 주어지기 때문이다. 자기 능력을 충분히 발휘하여 상대방을 이겨내는 기회, 이것이 여러 가지 경주나 경기를 성립시킨다. 우위를 차지하고 싶은 욕구, 중요감을 얻고 싶은 소망, 이것을 자극하는 것이다.

상대방을 설득하는 제12 기술

도전의식을 자극하라.

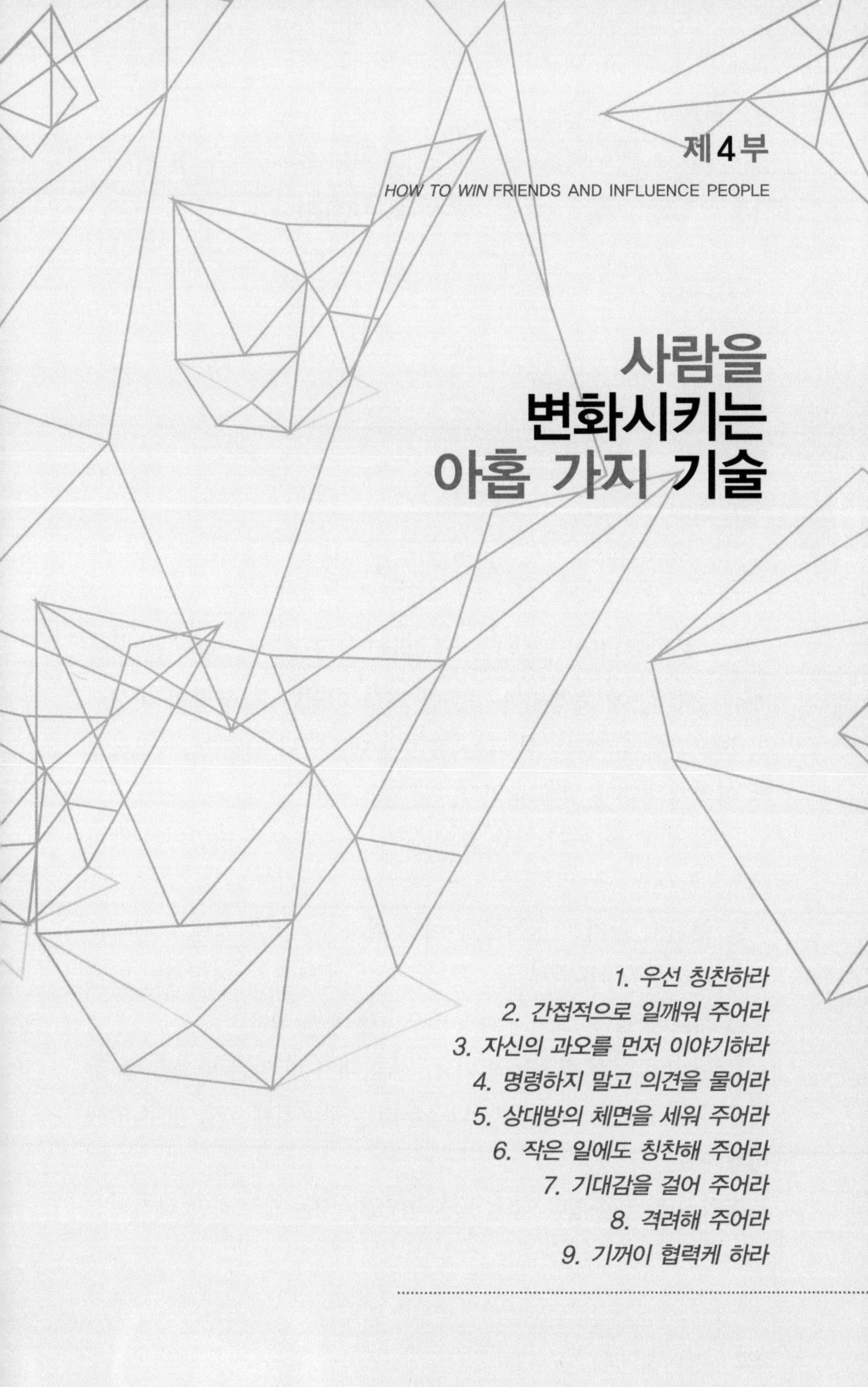

제4부

HOW TO WIN FRIENDS AND INFLUENCE PEOPLE

사람을 변화시키는 아홉 가지 기술

1. 우선 칭찬하라
2. 간접적으로 일깨워 주어라
3. 자신의 과오를 먼저 이야기하라
4. 명령하지 말고 의견을 물어라
5. 상대방의 체면을 세워 주어라
6. 작은 일에도 칭찬해 주어라
7. 기대감을 걸어 주어라
8. 격려해 주어라
9. 기꺼이 협력케 하라

01 우선 칭찬하라

캘빈 쿨리지 대통령 집정 당시, 내 친구 하나가 어느 주말 백악관에 초청되어 방문한 적이 있었다. 대통령의 내실로 안내를 받아 들어가면서 그는 쿨리지 대통령이 그의 한 여비서에게 이렇게 말하는 것을 들었다.

"오늘 입고 온 옷이 아주 잘 어울리는군. 볼수록 미인이란 말이야."

말 없기로 알려진 쿨리지가 이런 찬사를 여비서에게 보냈다는 것은 놀라운 일이다. 너무나 뜻밖이었기 때문에 그 여비서는 얼굴을 붉히고 말았다. 그러자 대통령은 이렇게 말했다.

"그렇게 굳어질 필요는 없어요. 지금 내가 한 말은 마음을 좀 풀어주기 위해서 한 말이니까. 다음부터는 구두점에 조금 더 주의해야겠어요."

그의 이러한 수법은 다소 노골적이었는지는 모르지만 심리적인 효과는 만점이다. 우리는 칭찬을 받은 뒤에는 조금 유쾌하지 않은 말을 들었다 하더라도 그다지 마음에 걸리지 않는 법이다.

이발사는 면도를 하기에 앞서 비누칠을 한다. 매킨리가 1896년 대통령에 입후보했을 때 이 이발사의 방법을 그대로 사용했다. 어느 유명한 공화당원이 선거연설의 초고를 써서 일대 명연설이라고 자부하며 매킨리에게 읽어 주었다. 들어보니 잘된 곳도 있으나 전체적으로 쓸 만한 것이 못 되었다.

비난을 살 우려가 여러 곳 있었다. 매킨리로서는 이 사람의 자존심을 상하게 하지 않는 동시에 그 열의는 존중해 주어야 했다. 그런데 아무리 생각해도 이 연설문은 받아들일 수 없었다. 그는 이 난처한 처지를 재치 있게 해결했다.

"참으로 훌륭한 연설문일세. 정말로 잘 쓴 연설문인데. 이런 연설문은 자네 아니고서는 만들 수 없을 걸세. 적당한 경우에 사용하면 100퍼센트의 효과가 있겠네. 그러나 이번 경우에는 좀 어색하지 않을까 하는 생각이 드네. 물론 자네 입장에서 본다면 이보다 훌륭한 것은 없겠지만, 나는 당의 입장도 생각해야 되기 때문이네. 그러니 집에 돌아가서 이번에는 내가 일러주는 방향으로 한 번 다시 써 보고 초안을 내게 보내주게."

상대방은 그의 말뜻을 잘 알아듣고 매킨리가 원하는 대로 다시 썼으며, 유능한 응원 연사로 큰 활약을 했다.

에이브러햄 링컨의 편지 가운데서 두 번째로 유명한 것을 한번 보자. (가장 유명한 것은 싸움터에서 다섯 명의 아이들을 잃은 빅스비 여사에게 보낸 애도의 서한이다.) 링컨은 이 서한을 아마 5분도 안 들여 썼을 것이라고 짐작은 되지만, 1926년에 있었던 경매

에서 이 서한은 1만 2000달러란 비싼 값에 팔렸다. 이 액수는 링컨이 반세기 동안에 갖은 고충을 다 겪으며 저축할 수 있었던 액수보다 더 큰 것이다.

이 편지는 남북전쟁이 절정에 다다랐던 1863년 4월 26일에 쓰인 것인데, 그 무렵 링컨 휘하의 장군들은 18개월 동안이나 연방군을 이끌고 참패의 고비를 거듭하고 있던 때이다. 그야말로 무의미하고 어리석은 인간 도살의 계속이었고, 온 국민들은 전쟁의 공포에 전전긍긍하는 가운데 나날을 보냈다. 몇천 명의 군사들이 이탈하고 상원의 공화당 의원들까지도 링컨을 백악관에서 몰아내기를 위해 반기를 들 때였다.

"우리는 지금 파멸에 직면해 있습니다. 하나님조차도 우리를 저버린 것 같은 생각이 듭니다. 나는 한 가닥 희망의 빛줄기도 찾아보지 못하고 있습니다."

링컨의 이 편지는 그 유명한 편지를 만들게 한 암담한 슬픔과 혼란한 시기를 말했던 것이다. 국가의 운명이 한 장군의 역할에 달려 있는 위급한 시기에 링컨이 어떻게 하여 그 완고한 장군의 생각을 고칠 수 있었던가의 사정이 적혀 있었다.

이 편지는 그가 대통령 취임 뒤에 쓴 편지 가운데 가장 통렬한 것이다. 특히 후커 장군의 중대한 과실을 책망하기 전에 그를 칭찬해 주었다는 점을 잊어서는 안 된다. 이 과실이야말로 참으로 중대한 것이었으나 링컨은 이것을 과실이라고 부르지 않았다. 가능한 한 신중하고 외교적인 태도를 취했다.

"나는 귀관에 대하여 충분히 만족스럽지 못하다고 생각한 몇 가지 일이 있습니다."

얼마나 재치 있고 외교적인 말이냐.

후커 장군에게 보낸 편지는 다음과 같다.

나는 귀관을 포토맥 군단의 책임자로 임명한 바 있습니다. 물론 이렇게 임명한 데는 충분한 까닭이 있습니다. 내가 귀관에 대하여 충분히 만족스럽게 생각할 수 없는 몇 가지 일이 있다는 사실을 귀관이 인정해 주면 다행으로 생각하겠습니다.

나는 귀관을 용감하고 전략에 능한 군인으로 믿고 있으며, 또한 이 사실을 기쁘게 여기고 있습니다. 그리고 귀관이 정치와 혼동치 않는 인물이라고 확신합니다. 그것은 올바른 일입니다. 귀관은 야심에 찬 자신감을 지니고 있습니다. 이 자신감은 꼭 필요하다고 할 수는 없지만 크게 존중되어야 할 일이라 생각합니다.

귀관에게는 야심적인 의욕이 있습니다. 이 역시 도가 지나치지 않으면 대단히 좋은 일입니다. 그러나 귀관이 번사이드 장군 휘하에 있을 때, 귀관은 공명심에 급급한 나머지 명령을 어기고 마음대로 행동하여 국가와 명예로운 장군에 대해 중대한 잘못을 저질렀습니다. 들리는 말에 따르면 귀관은 정치 및 군사상에 있어 독재자의 필요성을 역설하고 있다고 합니다. 물론 나는 그런 사실을 알고도 귀관을 지휘관으로 임명했습니다. 그러나 그것은 결코 귀관의 견해에 동의했기 때문이 아닙니다.

독재자를 인정하려면 그로 인해 성공이 보장되어 있지 않으면 안 됩니다. 내가 귀관에게 희망하는 것은 우선 군사적으

로 성공하는 일입니다. 그러기 위해서는 독재자의 길을 걸어도 좋다고 본인은 생각하고 있습니다.

앞으로 정부는 온 힘을 다해 다른 지휘관이나 다름없이 귀관을 원조할 것입니다. 귀관의 언행에 영향을 받아 군대 내에서 상관을 비난하는 풍조가 일어나 마침내는 귀관 자신에게 화살이 돌아갈까 두려워하는 바입니다. 그러나 가능한 한 귀관을 도와 그 같은 사태의 발생을 막아내려고 생각합니다.

그런 경향이 나타나면 귀관이나 나폴레옹이라 할지라도 우수한 군대를 만들 수는 없을 것입니다. 경솔한 언동을 엄중히 삼가 주시기 바랍니다. 경솔한 언동을 삼가 최후의 승리를 얻도록 전력을 다해 주시기 바랍니다.

우리는 쿨리지도 아니고 매킨리도 아니고 링컨도 아니다. 우리가 알고 싶은 것은 이 방법이 평상시의 비즈니스에 어떤 효과가 있느냐 하는 문제일 것이다. 그럼 필라델피아의 와크 건설회사에 근무하는 W. P. 고우 씨의 경우를 살펴보자. 고우 씨는 우리와 마찬가지로 평범한 시민의 한 사람이다. 그는 필라델피아에서 열린 나의 강습회의 일원이다.

와크 회사는 필라델피아에서 한 건축공사를 청부 맡아 지정된 기간에 완공하려고 공사를 서두르고 있었다. 모든 일이 순조롭게 진행되었으나 준공 일보 직전에 갑자기 건물 외부 장식에 쓰이는 청동장식의 하청업자로부터 기일 안에 납품을 할 수 없다는 통지를 받았다. 일은 터지고야 말았다. 이 한 업자로 말미암아 작업은 중단되고 막심한 손해를 보지 않을 수 없게 된 것이다. 장거리 전화로 언쟁과 열띤 대화가 오고갔으나 해결되지 않았다. 이때 고우 씨는 호랑이 굴에 뛰어들 각오로 직접 담판을 하려고 뉴욕으로 향했다.

"브루클린에는 사장님과 성씨가 같은 사람이 한 사람도 없더군요."

하청업체 사장실에 들어가면서 고우 씨가 물은 말이다.

"그래요. 그건 나도 모르고 있던 사실인데요."

사장이 놀라면서 대답하자 다시 이렇게 말했다.

"글쎄 아침에 기차에서 내려서 전화번호부를 들추어 보았더니, 브루클린의 전화번호부에는 사장님의 성씨가 꼭 하나밖에 없더군요."

"그래요. 전혀 모르고 있던 사실인데요."

사장은 이렇게 말하고는 재미있다는 듯이 직접 전화번호부를 들추어 보았다.

"그렇군 그래. 흔한 성씨가 아니니까."

그는 자랑스러운 듯이 말하고는 계속해서, "본래 우리 조상은 200여 년 전에 네덜란드에서 뉴욕으로 옮겨왔지요" 하며 그의 집안과 선조들에 관한 이야기를 몇 분 동안이나 늘어놓았다. 사장의 이야기가 끝나자 고우 씨는 그의 공장의 규모와 설비를 칭찬했다.

"제가 본 중에서 가장 깨끗하고 정돈된 공장입니다."

"사실 말이지 이 사업을 일으키느라고 내 평생을 바쳤습니다. 나는 참으로 자랑스럽게 여기고 있습니다. 공장을 한번 구경해 보시겠어요?"

공장을 돌아보는 동안 고우 씨는 공장 조직에 대하여 칭찬을 아

끼지 않으며. 다른 업자들을 압도하기에 충분하다고 부추겨 주었다. 그가 이상한 기계를 보고 감탄을 하자 사장은 그것이 자신이 발명한 것이라고 자랑하며 기계의 작동 장면을 보여 주고, 그 우수한 성능을 설명하느라고 꽤 많은 시간을 소비했다.

그는 또한 고우 씨와 점심식사를 같이하자고 간청했다. 이러는 동안에도 고우 씨는 찾아온 진짜 목적에 대해서는 한 마디도 말하지 않았다.

점심식사가 끝나자 사장이 입을 열었다.

"자, 이제 용건으로 들어갑시다. 물론 당신이 찾아온 목적은 잘 알고 있습니다. 우리의 이야기가 이렇게 즐거운 시간이 될 줄 정말 뜻밖이군요. 다른 주문을 미루는 한이 있더라도 당신 회사에서 주문한 자재는 틀림없이 제작해서 수송해 드릴 것을 약속하겠으니 그리 알고 돌아가십시오."

구우 씨는 한 마디의 부탁도 하지 않고 그 목적을 완전히 달성한 셈이다. 약속한 자재는 예정대로 도착되고 건물은 계약이 끝나는 당일 완공되었다.

만일 고우 씨가 이런 경우에 흔히들 사용하는 과격한 방법을 택했더라면 이렇게 순조롭게 해결될 수는 없었을 것이다.

사람을 변화시키는 제1 기술

우선 칭찬하라.

간접적으로 일깨워 주어라 02

찰스 슈워브가 어느 날 오후 그가 경영하는 제철공장의 작업을 돌아보고 있을 때, 담배를 피우고 있는 종업원들과 마주쳤다. 그들의 바로 머리 위에는 금연이라는 표지가 붙어 있었는데, 이때 슈워브가 그 표지를 가리키며, "저것이 보이지 않소?"라고 야단을 쳤느냐 하면 그렇지 않다. 그는 그 종업원들 앞으로 다가가서 담배를 하나씩 권하며 "자, 모두 밖에 나가서 한 대 피웁시다"라고 말했다.

물론 그들이 금연 규칙을 어긴 행위를 목격했음에도 불구하고, 여기에 대해서는 한마디 말도 없이 오히려 조그마한 선심까지 써가며 그들의 자존심을 살려주었으니 그들은 자연히 존경심을 갖게 마련이다.

존 워너메이커도 이와 똑같은 방법을 쓴 사람이다. 워너메이커는 필라델피아에 있는 그의 점포들을 날마다 한 차례씩 돌아보곤 했다. 어느 날 한 고객이 카운터 앞에 서서 기다리고 있는 모습을 발견했다.

이 여인에 대하여 눈길을 돌리는 직원은 아무도 없었다. 직원들은 저쪽 구석에 몰려서 서로 웃어가며 잡담들만 하고 있었다. 그는 아무 말도 않고 카운터 앞으로 슬며시 다가가 부인의 주문을 받고 마침 지나가는 직원에게 포장을 부탁한 뒤 그대로 나왔다.

라이먼 아보트가 교회의 설교 목사로 초빙을 받았다.

훌륭한 설교를 해야겠다는 욕심으로 설교 내용을 몇 번이나 정성들여 다듬었다. 그러고는 아내에게 먼저 읽어 주었다. 모든 설교가 그렇듯이 이것 역시 재미가 없었다. 그러나 그의 아내는 현명했다.

"여보, 재미없어요. 아무래도 안 되겠군요. 그토록 오랫동안 설교를 해 보셨으면 이만한 것쯤은 아실 텐데 그래요. 왜 좀 더 자연스럽고 인간미가 풍기도록 쓰지 못 하세요. 이대로 읽는 것은 정말 명예에 관한 문제예요."

이런 말은 하지 않았다. 이런 말을 했다가는 어떤 결과가 온다는 것을 잘 알고 있었기 때문에, 다만 이 글을 〈북미 평론〉에 투고하면 훌륭한 글이 될 것이라고 말했다.

즉 그녀는 칭찬함과 동시에 그 글이 설교로서는 합당치 않다는 의사를 은근히 내비쳤던 것이다. 아보트는 아내의 의사를 알아차리고는 정성 들여 작성한 원고를 찢어버리고 쪽지 하나 없이 설교를 성공적으로 끝마쳤다.

사람을 변화시키는 제2 기술

잘못을 일깨워 줄 때는 간접적으로 하라.

자신의 과오를 먼저 이야기하라 03

몇 해 전 나의 조카딸 조세핀 카네기가 내 비서 노릇을 하기 위하여 고향인 켄사스시티를 떠나 뉴욕으로 온 일이 있다. 그때 조세핀 카네기의 나이는 열아홉 살이며 3년 전에 고등학교를 졸업했기 때문에 직업상의 경험이라고는 전혀 없는 거나 마찬가지였다. 오늘날 그녀는 서구사회에서는 가장 완벽한 비서의 한 사람이 되었으나 그때는 실수의 연속이었다.

어느 날 나는 그 아이에게 잔소리를 하려다가 자신에게 이렇게 타일렀다.

'잠깐만 참아라, 데일 카네기, 잠간만. 너는 조세핀에 비하여 두 배나 나이를 더 먹었고, 몇천 배나 사회 경험을 갖고 있지 않는가. 이 아이에게서 너와 똑같은 능력을 기대한다는 것부터가 잘못이다. 그렇다고 너의 능력도 대수로운 것은 아니지만. 너는 열아홉 살 때 어떤 일을 했나 생각해 보아라. 실수만 했지 않았더냐.'

이렇게 솔직하고 공정한 입장에서 생각해 보니 조세핀의 실수하지 않는 비율이 나의 열아홉 살 때보다 확실히 뛰어나다는 것을 알게 되었다. 그렇다고 나보다 실수하지 않는 비율이 높다는 것을 크게 칭찬해 준 적도 없었다. 그 다음부터 나는 조세핀에게 주의시킬 일이 있을 때는 언제나 이렇게 말하기로 했다.

"조세핀, 그러면 안 된다. 하긴 내가 옛날에 저지른 과오에 비하면 이 정도는 아무것도 아니지. 판단력은 사람이 태어날 때부터 가진 것이 아니라 경험과 더불어 생겨나는 것인데, 네 나이의 나와 비교하면 너의 판단력은 훨씬 훌륭하다. 나는 실수를 많이 한 기억이 있으므로 너에게 잔소리를 할 생각은 없다. 그러나 이렇게 했더라면 어떻겠니?"

남에게 잔소리를 할 때에는 겸손한 태도로 결코 완전한 사람이 못 되며, 실패를 잘한다는 것을 자인하면서 상대방의 잘못을 타일러 주면 듣기에 그다지 거북스럽지 않을 것이다.

독일제국의 마지막 황제인 거만하고 도도한 빌헬름 2세 때 수상을 지낸 본 블로우 공은 이 방법의 필요성을 절실히 느꼈다. 그 당시의 빌헬름 황제는 그의 위세를 세계에 떨칠 수 있다고 자랑하는 육、해군을 증강하며 큰소리를 치고 있었다.

그때 마침 놀라운 사건이 벌어졌다. 영국을 방문 중인 황제가 엄청난 발언을 하고, 그것을 〈데일리 텔레그래프〉에 공표하게 한 것이다. 순식간에 영국 조야의 격분을 사게 되었으며 독일 본국의 정치가들도 황제의 독선적인 태도에 아연실색했다.

이를테면 자신은 영국에 호의를 갖는 유일한 독일인이라느니, 일본의 위협에 대항해 해군을 건설했다느니, 영국이 러시아와 프랑스로부터 공격을 받지 않고 안심할 수 있는 것은 그의 덕분이라느니라고 말한 것이다.

문제가 너무 커지는 바람에 황제도 몹시 당황했다. 그러자 본 블로우에게 책임을 지우려 했다. 즉 황제는 본 블로우가 하라는 대로 말했으니까 책임은 본 블로우에게 있다고 떠넘긴 것이다.

"하지만 폐하, 독일이나 영국의 어느 누구도 제가 폐하께서 이런 말을 하도록 건의할 수 있으리라고 생각하는 사람은 하나도 없을 것입니다."

본 블로우는 이렇게 반대의사를 표명했다. 이 말을 하는 도중 그는 아차 내가 중대한 실수를 하고 말았구나 하고 뉘우쳤다. 황제는 과연 몹시 화를 내며 소리쳤다.

"내가 그런 과오를 범하지도 않은 자네를 망쳐버릴 만큼 어리석은 줄 아나!"

본 블로우는 거절하기에 앞서 그를 칭찬해 주었어야 할 것을 후회했으나, 때는 이미 늦었기 때문에 다음과 같은 방법을 써 보기로 했다. 즉 나무란 다음 칭찬하는 방법인데, 과연 이 방법은 보통 칭찬의 결과가 그렇듯이 기적적인 효과를 나타냈다. 그는 존경심에 넘치는 태도로 이렇게 대답한 것이다.

"저는 그런 뜻으로 말한 것이 아닙니다. 폐하께서는 육、해군에 관한 지식뿐만 아니라 특히 자연과학에 있어서도 여러 면으로 청우계나 무선전신이나 뢴트겐 광선 등에 관하여 설명하시는 것을 몇 번이나 존경의 마음으로 경청한 일이 있습니다. 저는 과학 분야에 대해서는 부끄러울 만큼 아무것도 모릅니다. 단순한 자연 현상조차도 설명할 수 없습니다. 다만 역사에 대한 지식과 정치, 특히 외교에 도움이 될 만한 지식을 조금 가지고 있을 뿐입니다."

황제의 얼굴에는 미소가 번졌다. 본 블로우가 칭찬했기 때문이다. 본 블로우는 황제를 추켜올리고 자기를 낮추었던 것이다. 이렇게 되면 황제는 무슨 일이라도 용서해 준다.

"늘 내가 하는 말이지만 서로 도와가며 잘 해 나가자구. 손을 굳게 잡고 밀고 나가 보자."

황제의 노여움은 모두 풀렸다. 황제는 본 블로우의 손을 몇 번이나 잡았다. 마지막에는 열을 내며, "어느 누구든 본 블로우를 욕하는 자는 혼을 내 주겠다"라는 말까지 했다.

본 블로우는 이렇게 하여 위험한 고비를 넘겼다. 그처럼 빈틈없는 외교가도 역시 실수할 때가 있는 것이다. 우선 먼저 자기의 단점을 말하고 황제의 단점을 말해야 하는데 반대로 황제를 바보 취급했던 것이다. 이 예를 보더라도 알 수 있듯이 겸손과 칭찬은 우리 일상시의 교제에도 큰 효과를 나타낼 수 있을 것이고, 올바르게 응용하면 인간관계에 기적을 낳을 수 있을 것이다.

사람을 변화시키는 제3 기술

우선 자신의 과오를 밝힌 다음에 상대방에 주의를 주어라.

명령하지 말고 의견을 물어라 04

얼마 전에 나는 미국에서 손꼽히는 전기 작가인 아이다 타벨 여사와 식사를 같이한 적이 있다. 내가 《사람을 움직이는 기술》에 대한 책을 집필중이라고 하자, 우리들의 화제는 자연 인간관계의 여러 문제로 옮겨져 갖가지 의견이 활발히 오고갔다. 그녀는 오웬 D. 영의 전기를 쓰고 있을 때, 영과 같은 사무실에서 3년 동안이나 일한 적이 있다는 사내를 만나 영에 관해서 여러 가지 일을 물어 보았다고 한다. 그의 말에 따르면 영은 결코 남에게 명령조로 말하지 않았다고 한다. 명령하는 대신 암시를 준다는 것이다. 이것을 하라거나 저것을 하지 말라고 하는 말을 절대로 하지 않았다는 것이다.

'이렇게 생각하면 어떨까?'

'저렇게 하면 잘 될까?'

이런 식으로 상대방의 의견을 묻는 것이 그의 버릇이었다고 한다. 편지를 구술해 비서로 하여금 받아쓰게 한 다음에는 "이 내용을 어떻게 생각하지"라고 그는 물었다. 그는 직원이 쓴 편지도 읽어보고 난 다음에는 "이곳은 이런 식으로 고쳐 쓰면 더 좋아질 것 같은데 자네 생각은 어떤가" 하고 물어보는 일도 있었다.

그는 언제든지 직원들이 스스로 할 수 있는 기회를 주었다. 결코 명령은 하지 않고 자율적으로 일할 수 있도록 하며 그가 자유와 실패 속에서 스스로 배우기를 꾀했던 것이다.

이런 방법으로 하면 상대방의 잘못을 고쳐주기가 아주 쉬워진다. 또한 상대방의 자존심도 손상시키지 않고 중요감도 줄 수 있으며, 반감 대신에 협력하는 기분을 불러일으킬 수 있다는 것이다.

사람을 변화시키는 제4 기술

명령하지 말고 의견을 물어라.

상대방의 체면을 세워 주어라 05

제너럴 일렉트릭 회사가 한번은 찰스 스타인메츠 부장의 부서 이동이라는 미묘한 문제에 부닥친 일이 있었다. 스타인메츠는 전기에 관한 한 최고의 인물이었으나 기획부장으로는 적임이 아니었다. 그러나 회사로서는 그의 감정에 상처를 주고 싶지 않았다. 사실 그는 절대적으로 필요한 인물이었으나, 한편 지극히 신경질적인 사람이었다. 그래서 회사는 새로운 직함을 하나 신설하여 그를 전임 발령했다. '제너럴 일렉트릭 고문 기사' 라는 것이 그의 직함이었다. 그렇다고 지위상으로는 큰 변동은 없다. 그리고 기획부장에는 다른 사람을 임명했다.

스타인메츠도 좋아하고 임원들도 좋아했다. 그처럼 까다로운 사내를 체면을 살려 주면서 무사히 이동시킬 수 있었던 것이다.

상대방의 체면을 세워준다는 것은 아주 중요한 일이다. 그런데도 이 중요성을 이해하고 있는 사람이 얼마나 될까? 자기의 기분을 살리기에 골몰한 나머지 남의 감정을 짓밟으며, 상대방의 자존심 따위는 무시해 버린다. 다른 사람이 보는 앞이든 아니든 부하 직원이나 아이들에게 꾸중을 한다. 상대방의 자존심 따위는 생각지도 않고 말이다. 좀더 깊이 생각하여 한두 마디 다정한 말을 써 가면서 상대방의 심정을 이해해 주면 그쪽이 훨씬 더 효과적일 텐데 말이다.

하인이나 종업원을 어쩔 수 없이 해고해야만 될 편치 않은 경우에도 잘 생각해 둘 필요가 있다.

마셜 A. 그레인저라는 공인회계사가 내게 보내온 편지 한 구절을 소개한다.

종업원 해고라는 것은 어떻게 생각하든지 간에 유쾌한 일이 아닙니다. 해고당하는 측은 더욱 불쾌할 것이 틀림없지요. 이곳의 일은 계절에 따라 좌우되는 때가 많아서 해마다 3월이 되면 많은 해고자를 내게 됩니다.

해고하는 일은 결코 유쾌할 수 없습니다. 따라서 종업원과 우리 사이에는 일을 되도록 간단하게 처리하는 습관이 이루어져 있습니다. 대개 다음과 같은 방법을 쓰지요.

"스미스 씨, 좀 앉으세요. 아시는 바와 같이 시즌도 끝나고 했으니 당신이 할 일도 없어지지 않았어요? 처음부터 바쁜 기간만 일을 도와주기로 약속이 되어 있었고요."

상대방은 이 말 한마디에 벌써 큰 타격을 받습니다. 발길로 한 대 채인 기분이겠죠. 그들의 대부분은 회계업무로 일생을 보내오다시피 한 사람들이지만, 이렇게 간단히 해고하는 회사

에 대해서는 조금도 애착을 느끼지 않을 겁니다.

그래서 나는 임시 고용인을 해고시킬 때에는 좀더 신중한 태도와 방법을 취하려고 생각했습니다. 각자의 성적을 잘 조사 검토한 다음 나는 이렇게 이야기했습니다.

"스미스 씨, 당신의 근무 성적은 훌륭했어요(사실 그는 일을 잘했다). 뉴욕에 출장 갔을 때 정말 고생하셨습니다. 아무튼 임무를 잘 수행해 주셨기 때문에 회사도 체면이 섰습니다. 당신은 그만한 실력이 있으니 어디에 가시든지 큰일을 하실 겁니다."

이렇게 되면 상대방은 해고당한 것을 크게 가슴 아파하지 않고 밝은 기분으로 나가는 것입니다. 발길에 채인 기분이 아니겠죠. 회사에 일만 있었다면 계속해서 고용해 주었을 것이 틀림없다고 그들은 믿고 있습니다. 그리고 회사가 또다시 그들을 필요로 할 때에는 기꺼이 달려와 주는 것입니다.

(사람을 변화시키는 제5 기술
상대방의 체면을 세워 주어라.)

06 작은 일에도 칭찬해 주어라

피트 바로우라는 서커스 단장과 나는 예전부터 친한 사이였다. 그는 개와 망아지를 데리고 곳곳을 순회공연하고 있었는데, 나는 피트가 개에게 재주를 가르쳐 주는 것을 보고 퍽 재미있다고 생각했다. 개가 조금이라도 잘하면 그는 쓰다듬어 주기도 하고, 고기를 먹이로 주기도 하며 굉장히 칭찬해 주는 것이었다.

이러한 방법은 새로운 것이 아니다. 동물을 훈련시키는 데 옛날부터 써왔던 것이다. 우리는 이미 다 알고 있는 방법을 왜 인간에게 응용하지 않을까? 왜 회초리 대신에 먹을 고기를, 비판 대신에 칭찬을 이용하지 않는 것일까. 상대방이 조금만 잘하는 일이 있으면 진심으로 칭찬해 보라. 그러면 이에 힘을 얻어서 상대방은 더욱 잘할 것이다.

싱싱 교도소 소장인 루이스 E. 로즈에 의하면 범죄 상습자라도 조그만 진보와 향상을 칭찬해 주면 큰 효과를 나타낸다고 한다.

실은 이 글을 쓰는 도중에 그가 보내온 편지를 받았는데 그 속에 다음과 같은 말이 쓰여 있었다.

죄수들의 노력을 적당히 칭찬해 주면 그들은 재기 갱생해 보려는 의욕을 일으키게 됩니다. 잘못을 무섭게 책망하는 것보다 더 효과가 있습니다.

나는 싱싱 교도소에 들어가 본 일이 없다. 적어도 지금까지는 그렇다는 말이다. 그러나 나 자신 지금까지 걸어온 길을 되돌아보면 칭찬의 말이 나의 생애에 대전환을 가져왔던 기억은 분명히 있다. 누구든지 그러한 추억은 있을 것이다. 역사상에도 그러한 예가 얼마든지 있다.

지금으로부터 약 50년 전 열 살쯤 된 한 소년이 어느 공장에서 일하고 있었다. 그는 성악가가 되고 싶었으나 처음으로 만났던 교사가, "너한테 노래는 맞지 않아. 마치 덧문이 바람에 울리는 것 같은 목소리야"라고 핀잔을 주는 바람에 그만 낙담하고 말았다.

그러나 그의 어머니는 비록 가난한 농가의 주부였지만 그를 껴안고 따뜻하게 격려해 주었다.

"너는 꼭 훌륭한 성악가가 될 거다. 그것은 틀림없어. 그 증거로 너는 노래 솜씨가 점점 나아지고 있지 않니?"

그녀는 몸이 부서지도록 일하여 그의 아들에게 음악공부를 시켰다. 이 어머니의 칭찬과 격려가 그 소년의 생애를 바꿔 놓았다. 그의 이름은 여러분도 짐작이 가겠지만 다름 아닌 악성(樂聖) 카루소이다.

얼마 전 이야기인데, 런던에 작가 지망의 한 젊은이가 있었다. 그에게 유리한 것처럼 보이는 조건이라고는 하나도 없었다. 학교는 4년밖에 다니지 못했고 아버지는 빚 때문에 교도소에 들어가 있었으며, 하루 세 끼의 식사도 제대로 하기 힘들 만큼 가난한 살림이었다.

그러다가 그는 겨우 일자리를 하나 얻었다. 쥐 소굴같이 음침한 창고에서 구두약 통에 라벨을 붙이는 일이다. 밤이면 초라한 지붕 밑 다락방에서 두 소년과 함께 새우잠을 잤다. 그 두 소년은 빈민가의 부랑아였다. 그는 자기가 쓴 글에 자신감이 없었기 때문에 혹시 누가 보면 비웃을까봐, 사람들이 모두들 잠든 다음에 자리에서 빠져나와 그의 처녀작을 우송했다.

계속해서 작품을 보내 보았지만 모두 되돌아왔다. 그러나 드디어 그에게도 기념할 만한 날이 다가왔다. 작품 하나가 햇빛을 보게 된 것이다. 원고료는 한푼도 못 받았으나 편집자로부터 칭찬의 말을 들었다. 그는 인정을 받았던 것이다. 그는 너무나 감격하여 흘러내리는 눈물을 닦으려 하지도 않고 거리를 쏘다녔다.

자기의 작품이 활자화하여 세상에 나온다는 사실이 그의 생애에 큰 변혁을 가져왔던 것이다. 만일 그 일이 없었다면 그는 일생을 그 어둠침침한 창고 속에서 보냈을지도 모른다. 이 소년이 다름 아닌 찰스 디킨스이다.

50~60년 전 한 소년이 어느 직물상점에서 일을 하고 있었다. 그는 아침 5시에 일어나 청소며 잔심부름을 하느라고 하루 14시간이나 혹사를 당했다. 이러한 중노동이 그에게는 견딜 수 없이 고생스러웠지만 그런대로 2년 동안이나 버티어 왔다. 그 이상은

도저히 참을 수가 없어 어느 날 아침, 그는 아침밥도 먹지 않고 가게를 빠져나와 가정부로 일하고 있는 어머니에게 15마일이나 되는 길을 걸어서 달려갔다.

그는 미친 듯이 울부짖으며 그 가게에서 일하느니 차라리 죽는 편이 낫겠다고 어머니에게 호소했다. 그래서 그는 모교의 교장선생님 앞으로 편지를 보냈다. 교장선생님은 곧 답장을 보내왔다. 자네는 두뇌가 매우 명석하여 그러한 중노동에는 적합지 않으니, 더 지적인 일을 해야 할 것이라고 말하면서 그에게 학교 교사의 자리를 제공해 왔다.

이 칭찬은 소년의 장래를 일변시켰으며, 영문학사상의 불멸의 공적을 남기게 했다. 77권이나 되는 저술을 했고, 100만 달러 이상의 재산을 펜으로 벌어들인 이 장본인은 다름 아닌 H.G. 웰즈이다.

사람을 변화시키는 제6 기술

작은 일이라도 아낌없이 칭찬하라.

07 기대감을 걸어 주어라

내가 아는 사람 가운데 어니스트 젠트라 라는 부인이 있었다. 뉴욕의 스카즈딜에 살고 있는데, 어느 날 부인은 하녀를 두기로 작정을 하고 다음 주 월요일부터 와 주도록 말했다. 그 동안 부인은 하녀의 전 고용주였던 부인에게 전화를 걸어 물어 본 결과, 그 하녀가 약간의 결점이 있음을 알았다. 약속한 날에 하녀가 오자 부인은 다음과 같이 말했다.

"넬리, 나는 며칠 전 너의 전 주인에게 전화를 걸어 너에 대한 이야기를 들었다. 아주 정직하고, 믿음직스럽고, 요리 솜씨도 좋고, 아이들 뒷바라지도 썩 잘한다고 하던데, 청소 솜씨가 좀 깔끔하지 못한 편이라고 하더군. 설마 그 말은 사실이 아니라고 본다. 그럴 리가 없을 거야. 네가 옷을 깨끗이 입는 것만 보아도 알 수 있거든. 너는 틀림없이 옷차림처럼 집안 청소도 잘해 줄 것으로 생각하는데, 우리 한번 힘을 합해서 잘 해보도록 하자."

그들은 결국 잘해 나갈 수 있었다. 넬리는 부인이 자기에게 기대를 걸어주는 만큼 그 기대에 어긋나지 않도록 열심히 일했다. 집안은 늘 깨끗이 정돈되어 있었다. 부인의 기대에 어긋나지 않도록 근무시간 말고도 기꺼이 청소를 했다.

볼트윈 기차 제조회사 사무엘 보클린 사장은 이렇게 말한 바 있다.

"어딘가 좋은 점을 찾아내어 그에 대한 경의를 표하면, 대부분의 사람들은 이쪽이 원하는 대로 따라오게 마련이다."

요컨대 상대방의 어떠한 점을 교정하려고 한다면 그 점에 있어 그는 이미 다른 사람보다 뛰어나 있다고 말해 주기만 하면 된다.

"비록 덕이 없더라도 덕이 있는 것처럼 행동하라."

이 말은 일찍이 셰익스피어가 한 말이다. 상대방에게 어떤 장점을 키워주고 싶다면, 그가 그 장점을 이미 지니고 있는 것처럼 가정하고 공공연히 그렇게 대해 주어라. 좋은 평판을 말해 주면 그 사람은 당신의 기대에 어긋나지 않도록 노력할 것이다.

헨리 클레이 리스너는 프랑스에 체재 중인 미군 병사의 품행을 고치기 위하여 이 방법을 썼다. 그는 명장으로서 유명한 제임스 G. 하보드 대장이 프랑스에 주둔하고 있는 200만 미군이 가장 청렴결백하고, 가장 이상적인 군대라고 늘 말하는 것을 들은 적이 있다고 말했다.

그 칭찬은 지나친 것이었으나 리스너는 그것을 잘 이용했다. 그는 또 이렇게 말했다.

"나는 대장의 말을 전국에 주둔하고 있는 미군 병사들에게 철저히 알리라고 했다. 그 말이 맞는가 아닌가는 그다지 문제되지 않

는다. 설사 그 말이 사실이 아니라 해도, 장군이 그런 의견을 가지고 있다는 사실이 알려지는 것만으로도 병사들은 감격하여 장군의 기대에 어긋나지 않도록 행동하게 되기 때문이다."

옛날에 "개를 죽이려면 먼저 그 개를 미친개라고 불러라" 하는 말이 있다. 한번 악평이 나게 되면 구제되기 힘들다는 뜻이거니와, 이와 반대로 호평이 나게 되면 어떻게 되는가?

부호, 가난한 사람, 도둑, 그 밖의 어떠한 인간이라도 좋은 평판이 나돌게 되면, 자연히 평판에 어긋나지 않게 되려고 노력하는 법이다.

"악인과 접촉하지 않으면 안 될 경우에는, 그를 존경할 만한 신사로 생각하고 그렇게 대하라. 그 밖에 그와 대항할 방도는 없다. 신사 대우를 받으면 그는 신사로서 부끄럽지 않게 행동하려고 노력하게 될 것이다. 그리고 남의 신뢰를 받는다는 점에 굉장한 자부심을 느끼게 된다."

이는 싱싱 교도소장의 경험담이다.

사람을 변화시키는 제7 기술

상대방에게 기대감을 걸어 주고
그 기대에 어긋나지 않도록 노력하게 하라.

격려해 주어라 08

나는 친구 가운데 40대의 독신자가 있다. 그는 최근 어느 여성과 약혼을 하게 되었는데 그 상대 여성이 그에게 댄스를 배우라고 졸라댔다. 이 문제에 대해서 그는 나에게 이와 같이 말했다.

"나는 젊었을 때 댄스를 배워서 그것을 그대로 20년 동안이나 똑같이 추어오기만 했기 때문에 한번 고쳐 배울 필요는 확실히 있었네.

첫 번째 찾아간 교사는 나의 춤추는 방법이 전혀 잘못되었다고 말했네. 아마 그 말이 사실이었을 거네. 처음부터 새로 배워야 되겠다고 하기에 그만 짜증이 나서 그 교사에게 배우기를 포기했네.

두 번째 교사는 사실을 사실대로 말해주지는 않는 것 같았지만 그쪽이 훨씬 내 마음에 들었어. 그는 나의 춤추는 방법이 유행에는 조금 뒤떨어져 있으나 기초가 튼튼하므로 새로운 스텝도 곧 습득할 것이라고 말해 주었네.

첫 번째 교사는 나의 결점을 강조하여 나를 낙심시켰으나, 두 번째 교사는 그와 정반대였네. 장점만을 보아주고 단점은 별로 들추어내지 않았으니까. 리듬도 잘 알고 있으며 소질도 많이 있다고 말해 주었지.

일단 그 말을 듣고 나니 자신이 서투르다는 것을 알면서도 어쩌면 그렇지만도 않은 것 같다는 느낌이 들게 되었네. 물론 수업료는 이미 지불했으므로 칭찬의 말을 좀 하는 것쯤 크게 이상할 것은 없으나, 그러한 것을 내가 구태여 염두에 둘 필요는 없는 일이지. 아무튼 칭찬을 받은 덕분으로 나의 댄스는 빠르게 숙달되었네. 교사의 말이 나에게 힘과 희망을 주었으며 의욕을 불러일으킨 것이지."

아이들이나 남편이나 종업원을 바보라든지 무능하다든지 둔하다든지 하고 말하는 것은 그들의 의욕을 송두리째 잘라버리는 결과를 가져온다. 그와 반대로 격려해주고 위로해 주며, 무슨 일이라도 능히 할 수 있다고 확신시켜 주어라. 상대방의 능력을 이쪽이 믿고 있음을 잘 알려 주어야 한다. 그러면 그 사람은 자기의 우수성을 과시하려고 노력하게 된다.

로웰 토머스도 이 방법을 쓰고 있다. 그는 이 방면에서는 대단한 솜씨를 가지고 있었다. 사람을 분발시키고 자신을 갖게 해 주며 용기와 신념을 불어넣어 주는데 비상한 재주를 가지고 있는 것이다. 예컨대 이런 일이 있었다.

얼마 전 나는 토머스 부부와 주말을 함께 보낸 적이 있었다. 그 토요일 밤, 불이 활활 타오르는 난로 옆에서 브리지 게임이나 하지 않겠느냐는 권유를 받았다. 브리지 게임은 나에게는 가당치도 않은 소리였다. 브리지 게임이 어떤 것인지도 모른다. 나는 황당했다.

"데일 씨, 브리지란 알고 보면 아무것도 아니오. 별다른 비결이 있는 것도 아니고 그저 기억력과 판단력만 있으면 돼요. 당신은 기억력에 관한 책까지 저술한 적이 있지 않소. 당신한테는 안성맞춤의 놀이일 거요."

나는 권하는 대로 난생 처음 브리지 테이블에 앉았다. 그들이 문제없다고 열심히 권하는 바람에 어쩐지 나도 하면 할 수 있을 것 같은 생각이 들어 브리지 게임을 하게 된 것이다.

브리지 이야기가 나오면 엘리 컬버트슨이 생각난다. 브리지 게임을 조금이라도 할 수 있는 사람이라면 누구나 그의 이름을 알고 있을 것이다. 그가 쓴 브리지에 관한 서적은 세계 각국어로 번역되어 이미 100만 부도 더 팔렸다고 한다. 그도 어느 날 젊은 여성으로부터 당신은 브리지 게임에 뛰어난 소질이 있다는 말을 듣지 않았다면 그 방면의 일인자가 되지는 못했을 것이다.

컬버트슨이 미국에 온 것은 1922년이었는데, 처음에는 철학과 사회학 교수가 되려고 했지만 적당한 일자리가 없었다. 그래서 그는 석탄 장사도 해 보았지만 실패하고 말았다. 다음에는 커피 장사도 해 보았으나 그것도 잘 되지 않았다.

그 무렵 그에게는 브리지 게임 선생이 되려는 생각은 전혀 없었다. 트럼프 솜씨도 아주 서툴러서 여럿이 모여 노는 데에는 축에도 못 낄 정도였다. 처음부터 끝까지 묻기만 하여 옆에 앉은 사람을 귀찮게 하고, 승부가 끝나면 게임의 결과를 꼬치꼬치 따지고

들었기 때문에 누구나 그와 놀기를 꺼려했다.

그런데 어느 날 그는 조세핀 딜론이라는 미모의 브리지 교사와 알게 되어 그것이 사랑으로 발전했고 드디어는 결혼까지 하게 되었다.

그녀는 그가 철저히 카드를 분석하는 것을 보고 그에게 트럼프 경기에 대한 뛰어난 소질이 있다고 칭찬해 주었다. 컬버트슨으로 하여금 브리지의 대권위자가 되게 한 것은 그녀의 이런 격려의 말이었다고 한다.

사람을 변화시키는 제8 기술

격려하여 능력에 대한 자신감을 갖게 하라.

기꺼이 협력케 하라 09

1915년 유럽 국가들 간에 치열한 전투가 계속된 제1차 세계대전의 소용돌이 속에서 미국도 가만히 두고 보기에는 힘들게 되었다. 과연 평화를 되찾을 수 있느냐는 아무도 알 수 없었으나, 우드로 윌슨 대통령은 어쨌든 노력해 보기로 결심하고 전쟁 당사국의 지도자들과 합의하기 위하여 평화사절을 보내기로 했다.

평화주의를 내세우는 국무장관 윌리엄 제닝스 브라이언이 그 임무를 맡고 싶어 했다. 자기에게 불후의 명예를 가져다줄 절호의 기회라고 생각했기 때문이다. 그러나 윌슨은 브라이언 대신 친구인 하우스 대령을 임명했다. 그 임무를 맡게 된 하우스 대령은 난처한 문제에 부닥치게 되었다. 즉 브라이언의 감정을 상하지 않도록 하면서 그 사실을 그에게 밝혀야만 했던 것이다.

그 무렵의 상황을 하우스 대령은 일기에 이렇게 쓴 바 있다.

"브라이언은 나에게 그 이야기를 듣자 실망하는 빛을 뚜렷이 얼굴에 나타냈다. 그는 자기가 갈 것으로 믿고 있었다는 것이다. 그래서 나는 대통령으로서는 이번 사절 파견을 너무 요란하게 하는 것이 현명한 일이 아니라는 의견을 가지고 있었기 때문에 브라이언이 가게 되면 세상의 이목이 집중되어 곤란한 것이라고 말했다."

또 이렇게 말할 수도 있었을 것이다. 즉 브라이언은 너무 그릇이 큰 인물이기 때문에 그 임무에는 적합하지 않다고 말이다. 그리하여 브라이언은 기분이 풀렸다는 것이다. 세심한 하우스 대령은 이쪽의 제안에 기꺼이 협력토록 하는 인간관계의 중요한 법칙을 지켰던 것이다.

윌슨 대통령은 윌리엄 G. 메카두를 각료로 앉힐 때에도 이 방법을 사용했다. 각료라면 누구에게나 명예로운 지위이다. 그러한 지위를 부여하는 데 있어서까지 윌슨은 상대방의 중요감을 배가시켜 주도록 행동했던 것이다. 메카두 자신의 말을 빌리면 다음과 같다.

"윌슨 대통령이 자기가 지금 각료를 인선 중인데 재무장관을 맡아주면 대단히 고맙겠다고 나에게 말했습니다. 실로 마음을 흐뭇하게 해 주는 말투였습니다. 이 명예로운 지위를 인수함으로써 오히려 이쪽에서 은혜를 베풀어 주는 듯한 기분이었습니다."

그러나 불행히도 윌슨은 언제나 그와 같은 태도를 취했던 것은 아니었다. 그가 이 방법을 일관되게 썼더라면 역사는 바뀌었을지도 모른다. 예컨대 국제연맹 가입 문제로 그는 상원의 비위를 건드리고 공화당을 무시했다. 인간관계를 고려하지 않은 이러한 태도는 그 자신의 실각을 초래하고, 건강을 해치고 수명을 단축시켰으며, 미국을 국제연맹 불참가국으로 만들어 세계 역사의 진로를 바꿔 놓았던 것이다.

더블데이 페이지라는 유명한 출판사가 있는데, 이 회사는 늘 이 법칙을 실행하고 있었다. O. 헨리(1862~1910, 미국의 소설가)의 이야기에 의하면 이 회사는 출판을 거절할 경우에는 아주 공손하게, 다른 출판사가 출판해 주는 것보다 이 회사에 거절당하는 편이 오히려 더 즐겁다고 느낄 정도로 한다는 것이다.

내 친구 가운데 의리상 끊을 수 없는 단체에서 늘 강연을 해 달라는 부탁을 받으면서도 줄곧 거절만 하는 사람이 있었다. 그런데 그는 거절하는 태도가 아주 교묘하기 때문에 거절당한 편에서도 그다지 기분을 상하는 일이 거의 없다.

그 거절 방법이란 바쁘다느니 어쩌느니 하고 자기 쪽의 어려운 형편을 말하는 것이 아니라, 먼저 의뢰해 준 데 대하여 진심으로 감사의 뜻을 표하고, 죄송하지만 아무래도 사정이 허락지 않는다고 사과하면서 그 대신 다른 강연자를 추천해 준다. 즉 상대방이 실망을 느낄 여유를 주지 않고 다른 강연자에 대해서 생각하도록 하는 것이다.

"저의 친구 중에 〈브루클린 이글〉의 편집장인 클리블랜드 로저스라는 분이 있는데, 그에게 부탁해 보는 게 좋을 것 같습니다. 그렇지 않으면 히콕이 더 좋을지도 모르겠군요. 그는 유럽 특파원으로 파리에 15년 동안이나 주재한 경험이 있으니까 놀랄 정도로 화제가 풍부하죠. 아니면 인도에서 맹수 사냥에 경험이 많은 리빙스턴 롱펠로우는 어떨까요?"

이런 식이다.

뉴욕에서도 으뜸가는 인쇄회사 사장 J. A. 윈트에게 어느 때인가 한 기계공의 태도를 변화시켜야 할 필요가 생겼다. 그것도 상대방의 감정을 해치지 않고 하지 않으면 안 된다. 이 기계공이 하는 일은 타이프라이터나 그 밖에 밤낮으로 가동되는 인쇄기계를 조정하는 것이었다. 노동시간은 길고 일은 너무 많아 조수가 필요하다고 그는 늘 불평하고 있었다.

J. A. 윈트는 조수도 더 두지 않고 시간도 줄이지 않고 작업량도 줄이지 않았는데, 그러면서도 그를 만족시켜 주었다. 그에게 전용 독방을 주었던 것이다. 문에는 그의 이름이 써 붙여져 있었고 직함도 있었다.

'수리계장'

이렇게 되면 이미 그는 평직공이 아니다. 어엿한 수리계장인 것이다. 권위를 부여받고 남의 인정도 받게 되었으며 자기의 중요감도 충족되었던 것이다. 지금까지의 불평을 잊고 그는 만족스럽게 일을 하게 되었다.

이것은 언뜻 생각하면 어린아이 장난 같은 속임수처럼 보일 것이다. 그러나 나폴레옹 1세도 이와 같은 일을 한 적이 있다. 그는 자기가 제정한 레종 도뇌르 훈장을 1500개나 뿌리기도 하고 열여덟 명의 대장에게 원수의 호칭을 주기도 하며, 자기의 군대를 '대육군' 이라고도 불렀다. 전쟁터의 노병을 장난감으로 속이려 든다고 비난하자 그는 대답했다.

"인간은 장난감에 의해서도 지배되는 것이다."

이 나폴레옹의 수법, 즉 직함이나 권위를 주는 방법은 우리가 사용해도 효과가 있다. 그 한 예로서 이미 앞서 이야기한 바 있는 나의 친구 젠트 부인의 경우를 소개하겠다.

부인은 근처의 개구쟁이 악동들에게 크게 시달림을 받은 적이 있다. 정원에 들어와 잔디를 짓밟아 놓는 것이다. 야단도 쳐보고 달래도 보았지만 아무 소용이 없었다. 그래서 그 부인은 그 골목 대장에게 감투를 씌워 권리를 주었다. 그 감투란 '탐정' 이라는 칭호이다. 그리고 잔디밭에 함부로 들어오는 아이들을 단속할 임무를 맡겼던 것이다. 이 방법은 과연 놀라운 효과를 나타냈다.

탐정은 뒷마당에 모닥불을 피워놓고는 쇠막대기를 새빨갛게 달구어서 그것을 휘저으며 불법 침입자들을 쫓아내 버렸다.

사람을 변화시키는 제9 기술

기꺼이 협력케 하라.

제5부

HOW TO WIN FRIENDS AND INFLUENCE PEOPLE

상대방에게 우월감을 갖게 하는 기술

기적적인 효과를 거두는 편지

기적적인 효과를 거두는 편지

"〈기적적인 효과를 거두는 편지〉 …… 웃기는 소리 하네! 허풍쟁이 말 같군."

아마 독자는 이렇게 생각할 것이다. 나 자신도 15년 전에 이런 표제를 보았다면 그런 생각을 했을 것이다. 사물을 쉽사리 믿지 않는 인간이 참으로 믿음직스러워 보인다. 그런 사람이 있음으로써 세상은 진보하는 것이다.

〈기적적으로 효과를 거두는 편지〉, 참으로 과장된 말 같지만 실은 이제부터 소개하려는 편지는 기적 이상의 효과를 거둔 편지이다. 존스 만빌 회사의 판매부장을 지낸 일이 있고, 현재는 미 광고협회 회장과 콜게이트 팜오일 피트 회사 광고부장직을 겸임하고 있는 켄 R. 다이크 씨가 쓴 편지이다. 그의 경험에 의하면 업태조사의 앙케트에 대한 회답은 5 내지 8퍼센트가 고작이고 20퍼센트에 이르면 기적이라고 하는데 그의 편지에는 42.5퍼센트의 회답이 왔다. 즉 기적의 두 배 이상에 해당하는 효과가 있었던 셈이다.

그 비결을 다이크 씨는 이렇게 말하고 있다.

"내가 이 편지를 쓴 것은 카네기 씨의 강습회에 출석한 직후의 일입니다. 나는 종래의 방침의 잘못을 깨닫고 강습회에서 얻은 지식을 활용해 보았습니다. 그 결과 5배 내지 8배에 이르는 회답의 증가로 나타났습니다."

이 편지는 상대방의 호의에 호소함으로써, 상대방이 마치 선심을 썼을 때와 같이 우월감을 갖게끔 쓰여 있다. 괄호 안에 나의 평을 써넣어 소개하기로 한다.

—전략—

이번에 부득이 귀하의 도움이 필요한 문제가 생겨 실례인 줄 알면서도 편지를 올리오니 양해하여 주시기 바랍니다.

(이 편지를 가령 시골 대리점 주인이 받았다고 하자. 편지를 보낸 사람은 뉴욕 본사의 임원급인데 그 사람이 처음부터 공손하게 도움을 청하는 것이다. 틀림없이 대리점 주인은 기분이 좋아질 것이다. '음, 이 사람은 상당히 곤란한 일이 있는 모양이군. 이렇게 부탁하니 안 들어줄 수 있겠나. 무엇이 그렇게 곤란한지 어디 알아보자.' 속으로 이렇게 생각했을 것이다.)

작년에 폐사는 직접 수요자 앞으로 광고 편지를 보내어 각 대리점의 판매 확장에 일익을 담당했습니다.

(이렇게 읽은 대리점 주인은 '그 정도의 서비스는 당연하지. 이익의 대부분을 그쪽에서 취하고 있지 않은가. 그런데

이 사람은 도대체 무슨 도움이 필요하단 말인가?' 이렇게 생각할 것이다.)

그 효과에 대하여 얼마 전에 각 대리점에 의견을 문의해 본 결과 대다수가 이 광고 방식의 효과를 환영하고 있다는 것을 알게 되었습니다.

그 결과에 힘입어 폐사에서는 금년에도 이 방법으로 각 대리점의 편의를 도모할 방침을 세웠습니다.

그런데 오늘 사장님으로부터 이 방법으로 거둔 작년도의 효과를 구체적으로 설명하라는 지시가 있어 귀하의 도움을 청하고자 합니다.

('상당히 좋은 글솜씨인데.' 뉴욕의 거물이 시골의 대리점 주인에게 자기의 괴로운 입장을 호소하고 도움을 구하고 있는 것이다. 더구나 다이크 씨는 본사의 힘을 과시하는 말은 전혀 쓰지 않았다. 오르지 상대방의 호의에 의지하고 상대방의 도움 없이는 자기의 임무를 이행할 수 없다고 호소하고 있다. 대리점 주인의 기분은 물론 좋아졌을 것이다.)

하오니 대단히 죄송스러운 말씀입니다만, 동봉한 엽서에 다음 사항을 기입하여 반송해 주시면 고맙겠습니다.

켄 R. 다이크

(상대방의 중요감을 충분히 인정한 이 겸손은 주목할 만한 가치가 있다.)

지극히 간단한 편지이지만 이것이 기적적인 효과를 거둔 것이다. 요컨대 비결은 상대방의 호의에 의지한다는 말 한마디로 상대방은 다소나마 은혜를 베풀어 주는 입장이 되어 자기의 중요감을 충족시킨다.

이 방법은 비즈니스뿐만 아니라 여러 가지 경우에 사용해도 효과가 있다. 필자가 여행 중에 겪은 일을 예로 들어보자.

나는 친구와 함께 프랑스 시골길을 자동차로 여행하고 있었다. 어느 큰 도시로 가는 도중 차를 세우고 다가오는 농부들에게 길을 물었는데, 거기서 뜻하지 않은 사태가 벌어졌다. 이 농부들의 눈에는 미국 사람은 다 부자로 보이는 것 같았다. 그들은 자동차도 본 일이 없는 것 같았다. 우리는 자동차를 탄 미국인이니까 그야말로 큰일이었다. 그들은 우리를 자동차 왕 헨리 포드의 사촌쯤으로 알았던 모양이었다. 그 정도로 위대한 사람이 공손히 머리를 숙이고 길을 묻는 것이다. 그들의 기분이 좋아졌음은 물론이다. 서로 앞을 다투며 길을 가르쳐 주었다. 누가 무슨 말을 하는지 알아들을 수조차 없었다. 이윽고 그들 중에서 한 사람이 다른 사람들을 제쳐놓고 대표자가 되어 으스대며 우리들에게 길을 가르쳐 주었다.

벤저민 프랭클린도 이 방법으로 강적을 둘도 없는 친구로 만든 적이 있다.

젊었을 때 그는 인쇄소를 경영하고 있었는데, 필라델피아 주 의회의 사무관이 되어 의회의 인쇄물을 도맡아 큰 이익을 올렸다. 그런데 주 의원 중에는 프랭클린을 못마땅하게 생각하는 실력자가 있어 사사건건 그를 비난했다.

이대로 가다가는 언제 어떤 위기에 처하게 될지도 모른다. 프랭클린은 그 사람과 어떻게든지 손을 잡아야 한다고 생각했다.

그러나 서투르게 호의를 표했다가는 경멸을 당해 사태가 더 악화될 것이다. 프랭클린은 반대로 상대의 호의를 구해 보려고 결심을 했다. 호의를 구함으로써 상대방에게 중요감을 주는 방법이다. 프랭클린은 그때의 상황을 다음과 같이 말하고 있다.

"나는 그가 대단히 희귀한 책을 가지고 있다는 말을 풍문에 들었습니다. 그래서 나는 그 책을 며칠간 빌려 달라고 편지를 보냈습니다. 책은 곧 보내왔습니다. 나는 1주일 뒤에 책을 돌려주며 그의 호의에 깊이 감사하는 편지를 보냈습니다.

며칠 뒤 주 의회에서 얼굴을 대하게 되자 이상하게 그 사람이 나에게 말을 건넸습니다. 그 이후 그는 나에게 각별히 호의를 보이고 나의 부탁은 무엇이나 다 들어주게 되었습니다. 나에 대한 그의 우정은 그가 죽을 때까지 계속되었습니다."

벤저민 프랭클린은 지금으로부터 백여 년 전의 사람이지만 그가 그때 사용한 방법은 아직도 효과가 있다. 말하자면 나의 강습회에 나온 알버트 B. 암젤은 이 방법으로 훌륭한 성공을 거두었다.

암젤은 난방용 파이프 등 설비 자재를 파는 판매원으로 어느 설비 공사업자에게 자재를 팔려고 여러 해 동안 노력을 계속해 왔다. 이 업자는 다방면으로 사업을 하고 있어 거래가 성립되면 대단한 이익이 예상되는데, 그 사람은 암젤을 상대해 주지 않았다. 우악스럽고 입이 험하며 무뚝뚝한 사나이로 암젤이 사무실에 들어가면 곧바로 소리를 질러 댄다.

"오늘은 필요한 것이 없소! 빨리 돌아가요, 바쁘니!"

그래서 어느날 암젤은 지금까지와는 다른 새로운 방법을 찾아냈다.

암젤의 회사는 이 업자의 사무실 근처에 지점을 낼 계획을 세우고 있었으므로 그는 그것을 미끼로 써 보려고 했다.

"오늘은 장사를 하러 온 것이 아닙니다. 실은 조용히 도움을 청할 일이 있어서 왔습니다만 잠시 시간을 좀 내어 주실 수 있겠습니까?"

"그래, 도움을 청할 일이란 도대체 뭐요?"

"저의 회사에서는 사장님 회사 근처에 이번에 새로 지점을 낼 계획을 세우고 있습니다. 이곳 토지 사정은 사장님이 누구보다도 잘 아시리라 믿고 있습니다. 그래서 의견을 듣고자 찾아온 것입니다."

설비업자는 완전히 사정이 달라졌다. 그는 지금까지 몇 년 동안 판매원을 무시함으로써 우월감을 느껴 왔는데, 지금 상대방은 자기가 소속하는 대회사의 사업방침에 대하여 그의 의견을 구하고 도움을 청하고 있는 것이다. 이만큼 자신의 중요성을 인정한다면 이제 소리를 지를 필요는 없는 것이다.

"여기 앉아요."

그는 이렇게 말하고 의자를 권했다. 그리고 한 시간 남짓 걸려 그는 자기가 알고 있는 모든 정보와 경험을 바탕으로 토지의 사정을 설명하고 지점을 설치하려는 회사의 방침에 대해서도 도움말을 주었다.

암젤은 그 무렵을 되새기며 이렇게 말하고 있다.

"그에게 인사를 하고 사무실을 나올 때 나의 주머니에는 대량의 파이프 주문서가 들어 있었습니다. 그 뒤 그는 나의 단골이 되었

으며 골프도 같이 치러 가는 등 개인적으로도 친하게 사귀게 되었습니다. 나의 얼굴만 보면 고함을 치던 그를 다른 사람으로 바꿀 수 있었던 것도 상대방의 호의에 의지함으로써 우월감을 갖게 하는 방법을 취했기 때문이었습니다."

나에겐 켄 다이크의 편지가 또 한 통 있다. 이것 역시 앞에서 말한 것과 마찬가지로 상대방의 호의에 의지하는 방법의 내용이다. 몇 년 전에 쓰여진 편지인데, 그 무렵 다이크 씨는 건축업자들에게 업계 조사를 위한 설문조사서를 보냈는데, 회답이 예상한 만큼 오지 않아 골치를 앓고 있었다. 회답은 1퍼센트가 고작이고 2퍼센트 정도면 성공으로 보며, 3퍼센트면 대성공, 가령 10퍼센트에 이르렀다면 이는 그야말로 기적이라 할 수 있는 것이다.

그런데 이 편지는 50퍼센트의 회답이 돌아왔다. '기적의 5배나 되는 효과' 가 있었던 것이다.

이 편지는 앞에서도 말한 것과 같은 인간의 심리를 이용했고 문장도 비슷하다. 받아 보는 사람의 마음속에 일어나는 반응을 잘 생각하며 읽고, 이것이 기적의 5배라는 효과를 거둔 이유를 알아보자.

–전략–

이번에 꼭 귀하의 고견을 필요로 하는 문제가 생겨 편지를 올립니다.

실은 작년 저희 회사에서는 취급 중인 건축자재의 카탈로그를 만들어 건축업자 여러분의 판매증진에 일조를 했습니다.

참고로 하시라고 동봉을 합니다만, 최근 이를 증쇄할 필요가 생겨 저희 회사 사장님께 말씀을 드렸더니 카탈로그의 효과를 구체적으로 설명하라는 지시가 있었습니다. 저로서는 이 문제에 있어 귀하의 도움이 꼭 필요합니다.

참으로 죄송한 말씀입니다만 동봉한 설문지에 대답을 해 주시면 고맙겠습니다. 그 밖에 저희 회사의 카탈로그에 대하여 기탄없는 의견을 들려주시기 바랍니다. 귀하의 의견을 최대한 반영하겠습니다.

바쁘실 텐데 번거롭게 해 드려 죄송합니다만 거듭 부탁드리는 바입니다.

켄 R. 다이크

이 방법은 진심이 담기지 않으면 일반적인 취급을 당해 효과는 전혀 기대할 수 없다. 인간은 누구나 중요감을 갖고 싶어 하며 그러기 위해서는 무슨 일이나 다 하지만, 그 반면 성의가 없고 속 들여다보이는 얄팍한 꼼수에는 절대로 속지 않는 법이다. 이 책은 술수를 가르치는 것이 목적이 아니라 새로운 생활방도를 설명하는 것이다.

제6부

HOW TO WIN FRIENDS AND INFLUENCE PEOPLE

가정을 행복하게 만드는 일곱 가지 기술

1.잔소리를 하지 마라
2.장점을 인정해 주어라
3.단점을 들추어내지 마라
4.칭찬하라
5.조그만 성의를 게을리하지마라
6.예의를 지켜라
7.올바른 성 지식을 가져라

01 잔소리를 하지 마라

나폴레옹 3세의 황후 마리 유제니는 절세미인으로, 나폴레옹 3세는 그 미모에 매혹되어 그녀를 황후로 맞이한 것이다. 주위 사람들은 한낱 스페인의 가난한 귀족의 딸이 아니냐고 반대했지만 그녀가 지닌 우아함, 젊음, 매력, 아름다움에 완전히 마음을 빼앗겨 그는 반대하는 말에 귀를 기울이지 않았다.

나폴레옹 3세 부부는 건강, 부, 권력, 명예, 아름다움, 애정 등 완전한 로맨스로서의 필요한 모든 조건을 겸비하고 있었다. 이처럼 열정적인 애정으로 이루어진 결혼은 다시없을 정도였다.

그러나 슬프게도 얼마 안 가 뜨거웠던 애정이 식어 버리자 남은 것이라고는 아무것도 없었다. 나폴레옹은 유제니를 황후로 삼을 수는 있었지만 전 프랑스의 모든 것을 동원해도, 또한 그의 애정과 황제의 권력을 동원해도 그녀의 심한 잔소리만은 막아 낼 수가 없었다.

질투와 의심에 찬 그녀는 그가 하는 말은 콧등으로도 안 들었으며, 국정의 중요 회의석상에 뛰어들어 방해를 하였다. 또한 그에게 다른 여자가 생길까 봐 잠시도 감시의 눈을 게을리하지 않았다. 언니를 찾아가 남편의 욕을 하며 울고 법석을 떠는 일도 자주 있었다. 툭하면 그의 서재에 갑자기 뛰어들어 입에 담지 못할 욕을 퍼붓곤 했다.

호화로운 궁전을 몇 개나 가지고 있으면서도, 그에게는 마음 편히 쉴 수 있는 장소는 아무 데도 없었다.

유제니는 이렇게 남편을 못살게 굴어 도대체 무엇을 얻었을까? 세상에서 다시없을 열정적인 애정을 질식케 하고 스스로 불행을 초래했을 뿐이다.

레오 톨스토이 부인은 임종 시에 딸들을 머리맡에 불러 놓고 다음과 같은 고백을 했다.

"너희들 아버지가 세상을 떠나신 것은 나 때문이다."

딸들은 아무 말도 하지 않았다. 어머니의 고백이 사실이라고 생각했기 때문이다. 어머니의 끊임없는 불평, 비난, 잔소리가 아버지를 죽게 했다는 것을 딸들은 잘 알고 있었다. 톨스토이 부부는 아무리 생각해도 행복하지 못할 조건이 없었다. 남편은 세계적인 문호로, 그가 쓴 《전쟁과 평화》나 《안나 카레니나》는 불후의 걸작이다. 톨스토이의 명성이 너무나 잘 알려져 모여드는 숭배자들은 밤낮을 가리지 않고 그를 따랐으며, 그의 입에서 나오는 말은 하나도 빼놓지 않고 받아 적었다. '자, 이제 잡시다' 하는 따위의 쓸데없는 말까지도 받아 적을 정도였다.

그뿐만 아니라 톨스토이 부부는 부귀나 사회적 지위도 남부럽

지 않았고 자식 복도 많았다. 이처럼 행복스러운 결혼은 그다지 흔한 것이 아니다. 너무 행복에 겨워 오히려 불안한 마음까지 생긴 부부는 이 행복이 언제까지나 계속되기를 하나님께 기도했다. 그런데 얼마 안 가 뜻밖의 일이 생겼다. 톨스토이의 태도가 변하기 시작하여 마침내는 아주 다른 사람처럼 되어 버린 것이다. 그때까지 쓴 저서를 부끄럽게 생각하기 시작했으며, 평화를 원하고 전쟁과 가난을 이 세상에서 추방하기 위해 계속 구호 팸플릿을 써 냈다.

젊었을 때는 별 죄악을 저지르고 살인까지 범했다는 톨스토이가 그리스도의 가르침을 문자 그대로 지키려고 한 것이다. 가지고 있는 토지와 재산을 모두 남에게 주고 자진해서 가난한 생활을 했다. 하루 종일 들에서 일하고, 나무를 베거나 풀을 깎곤 했다. 신발은 손수 만든 것을 신고, 자기 방은 자기가 청소했다. 나무로 만든 그릇에 식사를 하고 그리스도의 가르침대로 적을 사랑하려고 애를 썼다.

톨스토이의 생애는 비극이었다. 그 원인은 결혼이라고 할 수 있다. 그의 아내는 화려한 것을 좋아했지만 그는 그것을 경멸하고 있었다. 그녀는 사회적인 명성과 칭찬을 갈망하고 있었으나 그에게는 그런 것이 무의미한 일이었다. 부인은 부를 동경하고 있었으나 그는 부를 죄악시하고 있었다. 그는 저서의 인세도 받지 않으려고 했다. 그 일로 부인은 몹시 화를 내고 울부짖으며, 몇 년 동안이나 줄곧 그를 못살게 굴었다. 못마땅한 일이 있으면 신경질적인 발작을 일으키며 죽는다고 위협을 했다.

1910년 10월, 어느 눈 오는 날 밤 82살의 톨스토이는 가정불화를 참다못해 목적지도 없이 집을 나와 버렸다. 11일 뒤 그는 어느 정거장에서 숨을 거두었다. 죽을 때 그의 소원은, 부인을 절대로 가까이 오지 못하게 하라는 것이었다.

이것이 톨스토이 부인의 잔소리, 불평, 신경질에서 나온 비참한 결말이다. 그녀의 입장에서 보면 불평을 할 만한 이유는 충분히 있었을 것이다. 그러나 문제는 그 불평을 터뜨림으로써 그녀가 얼마만큼의 이익을 얻었느냐 하는 일이다. 사태는 그 때문에 점점 더 악화된 것이 아닐까?

에이브러햄 링컨의 생애를 비극적으로 한 것도 역시 결혼이었다. 그가 암살당한 일은 그의 결혼에 비하면 비극이라 할 수도 없었다. 링컨 부인은 세상에서도 보기 드문 잔소리꾼으로 4분의 1세기 동안 링컨을 괴롭혀 왔던 것이다.

그녀는 하루도 빠짐없이 남편에게 불평과 비난을 퍼부었다. 그녀의 말을 빌리면 링컨에게는 좋은 점이라고는 하나도 없다는 것이다. 등도 굽고 걸음걸이도 촌스러워 인디언과 똑같다는 것이다. 귀도 이상하게 생겼고 얼굴도 마음에 들지 않는다고 했다.

링컨과 부인은 모든 점에서 대조적이었다. 자란 환경, 기질, 취미, 사고방식 등 무엇 하나 공통된 것이 없었다.

링컨 연구의 권위자이며, 상원의원 앨버트 J. 비벌리지는 다음과 같이 말했다.

"부인이 떠들어 대는 소리는 길 건너까지 들렸으며 쉴 새 없이 이웃을 시끄럽게 했습니다. 난동을 부리는 일도 자주 있었습니다."

링컨 부부는 신혼 초에 제코브 알리 부인의 집에서 살고 있었다. 알리 부인은 스프링필드의 의사 미망인으로, 남편이 죽은 뒤

하숙집을 운영하고 있었다.

어느날 아침 링컨 부부는 식당에서 아침 식사를 하고 있었는데, 갑자기 링컨 부인이 화를 냈다. 원인은 아무도 모르는 일이지만, 아무튼 그녀는 몹시 화가 나서 마시고 있던 뜨거운 커피를 남편의 얼굴에 끼얹었다. 다른 하숙인들이 보는 앞에서 그 짓을 한 것이다.

알리 부인이 달려와서 물수건으로 그의 얼굴과 옷을 닦아 주고 있는 동안 링컨은 잠자코 앉아 창피스러움을 참고 있었다. 링컨 부인의 질투심만큼 어리석은 예는 드물다. 그리고 그녀는 끝내 발광하고 말았다. 발광증을 일으킬 정도였으니까 본래 성격적으로 병적인 면이 있었으리라는 것이 그녀에게 동정하는 유일한 근거이다.

그런데 이 같은 잔소리와 분노가 링컨을 변하게 했던가? 변한 것만은 사실이다. 그녀에 대한 태도가 변한 것이다. 그는 불행한 결혼을 후회하고 가능한 한 그녀와 함께 있지 않으려고 노력했다.

스프링필드에는 11명의 변호사가 있었다. 그들은 스프링필드에 있기만 해서는 충분한 수입을 올릴 수가 없어 데이비드 데이비스 판사를 따라 각지의 제8 순회법정을 돌며 일했다. 다른 변호사들은 토요일이 되면 언제나 스프링필드로 돌아가 가족과 즐거운 주말을 보냈으나 링컨은 그렇지가 않았다. 집으로 돌아가는 것이 두려웠던 것이다. 봄의 3개월과 가을의 3개월은 순회재판에만 나가 있었고, 스프링필드에는 절대로 돌아가지 않았다.

이런 상태가 몇 년 동안이나 계속되었다. 시골의 싸구려 하숙집 생활은 비참했다. 그러나 그것이 아무리 비참하더라도 집에서 부인의 잔소리를 듣거나 신경질을 받아 주는 일보다는 훨씬 마음이 편했기 때문이었다.

링컨 부인, 유제니 황후, 톨스토이 부인, 그녀들이 퍼부은 잔소리의 결과는 그녀들의 생애에 비극을 가져왔을 뿐이다. 가장 소중한 것을 모두 파괴해 버린 것이다.

뉴욕의 가정재판소에 11년 동안 근무했던 베시 햄버거는 수천 건의 이혼 소송을 조사한 결과, 남편이 집을 등지는 주요한 원인은 아내가 심하게 잔소리를 퍼붓기 때문이라고 말하고 있다. 또 《보스턴 포스트》지는 이렇게 말한다.

'이 세상의 아내들은 잔소리를 퍼부음으로써 결혼의 무덤을 파고 있는 것이다.'

가정을 행복하게 하는 제1 기술

잔소리를 하지 마라.

02 장점을 인정해 주어라

"나는 살아가면서 어리석은 짓도 많이 하겠지만, 연애결혼만은 안 할 것이다."

이것은 영국의 재상 벤저민 디즈레일리의 말이다.

그는 이것을 실천했다. 35살 때까지 독신으로 있다가 어느 부자 미망인에게 구혼을 했다. 15년이나 연상의 부인으로, 50년의 세월을 겪은 머리는 희끗희끗 백발이 섞여 있었다. 물론 연애는 아니다. 그가 돈을 보고 구혼했다는 사실을 그녀는 잘 알고 있었다. 그래서 그녀는 조건을 하나 내세웠다. 그의 성격을 알기 위해 1년간 기다려 달라는 것이다. 그리고 1년의 기한이 지나자 그녀는 승낙했다.

참으로 산문적이고 타산적인 이야기이지만, 그 결과는 대단한 성공으로 이 두 사람만큼 행복한 결혼생활을 즐긴 부부는 드물다.

디즈레일리가 고른 부자 미망인은 젊지도 않고 미인도 아니었으며 그렇다고 머리가 좋은 것도 아니었다. 문학과 역사에 관한 지식도 없어 어이가 없어 웃음이 나오는 이야기를 태연하게 말하곤 했다. 이를테면 그리스 시대와 로마 시대 중 어느 시대가 먼저인지도 알지 못했다. 옷차림이며 가구에 대한 취미도 상식 이하였다. 그러나 결혼생활에 있어 가장 중요한 것을 가지고 있었다. '남자 조종법' 을 알고 있었던 것이다.

그녀에게는 남편의 지능에 대처하겠다는 생각이 조금도 없었다. 재주가 많은 여자들의 기지에 찬 응수에 지쳐서 돌아온 디즈레일리에게 아내의 무덤덤한 말은 더 없는 위로가 되었다.

아내의 부드러운 마음이 감도는 따뜻한 가정은 그에게 무엇과도 바꿀 수 없는 마음의 휴식처였다. 그가 인생의 행복을 느낀 것은 아내와 함께 자고 있을 때였다. 그녀는 그의 좋은 협력자였고 마음의 친구였으며 조언자이기도 했다. 그날 있던 일을 빨리 그녀에게 말하고 싶은 마음에 그는 언제나 회의가 끝나면 곧 집으로 달려갔다. 그녀는(이것이 중요한 일이지만) 남편이 하는 일은 절대적으로 믿고 있었다.

그녀는 30년 동안 오로지 디즈레일리를 위해서만 살았다. 그녀의 재산 또한 그를 위해 소비함으로써 값어치가 있는 것이라고 생각했다. 그 대신 그녀는 디즈레일리에게 있어 더 없이 소중한 여성이 되었다. 그녀가 죽은 뒤 디즈레일리는 백작이 되었다. 그러나 그러기에 앞서 자기가 아직 평민이었을 무렵, 그는 빅토리아 여왕에게 아내를 귀족 서열에 넣어 달라고 요청했으며 1868년 그녀는 귀족 서열에 끼게 되었다.

그녀가 아무리 사람들 앞에서 실수를 해도 그는 결코 그녀를 책

망하는 일이 없었다. 만일 누가 그녀를 비웃거나 하면 그는 그녀를 감싸 주었다. 그녀는 결코 완전한 아내는 아니었지만, 어쨌든 30년 동안 남편의 일만 이야기했고 남편을 칭찬했다. 그 결과는 어떻게 되었을까? 디즈레일리는 이렇게 말했다.

"결혼하여 30년이 되지만 나는 아직도 권태기라는 것을 모르고 살아왔어요."

디즈레일리는 또 다른 사람들 앞에서 아내는 자기 목숨보다도 소중하다고 분명히 말하고 있었다.

그 결과, "남편이 항상 편하게 대해 주므로 나는 일생 동안 행복하게 살았습니다" 하고 아내는 언제나 친구들에게 말하고 있었다.

두 사람 사이에서는 이런 농담이 곧잘 오가곤 했다.

"내가 당신과 함께 한 것은 결국 재산이 목적이었소."

"그래요, 하지만 결혼을 다시 한 번 하게 된다면 이번에는 사랑을 목적으로 역시 저와 결혼하겠죠."

디즈레일리는 그것을 인정하고 있었다.

분명히 그녀는 완전한 아내는 아니었다. 그러나 디즈레일리는 그녀의 장점을 충분히 키워 줄 만한 현명함을 지니고 있었던 것이다.

가정을 행복하게 하는 제2 기술

장점을 찾아내 인정해 주어라.

단점을 들추어내지 마라 03

디즈레일리에게 있어 가장 힘겨운 정적은 글래드스턴이었다. 이 두 사람은 사사건건 대립하여 심하게 충돌했다. 그러나 그들에게는 다만 한 가지 공통점이 있었다. 원만한 가정을 꾸려 가고 있다는 것이었다.

윌리엄 글래드스턴과 그의 아내 캐서린은 59년 동안 변함없는 애정을 주고받으며 살아온 것이다. 근엄한 얼굴의 영국 대재상 글래드스턴이 아내의 손을 잡고, '건달 같은 남편에 왈가닥 마누라, 손과 손을 맞잡으면 덧없는 세상의 흥망쯤이야 아무것도 아니라네!' 이런 노래를 부르며 난롯가에서 춤추는 모습을 나는 곧잘 떠올리곤 한다.

정적에게는 호랑이와 다름없는 무서운 존재였던 글래드스턴도 일단 가정에 돌아가면 절대로 아내의 흠을 잡는 말은 하지 않았다. 아침 식사를 하려고 아래층에 내려왔을 때 집사람이 아직도 자고 있다는 것을 알자, 그는 아주 조용한 방법으로 항의를 했다. 큰 소리로 이상한 노래를 부르는 것이다. 영국에서 가장 바쁜 남자가 혼자 아래층에서 아침 식사를 기다리고 있다는 것을 집사람에게 알리는 것이다. 그러나 그는 절대로 아내의 흠을 잡지 않는다.

러시아의 캐서린 여제도 역시 그러했다. 그녀는 세계 최대의 제국을 지배한 여제로 수백만 국민의 생살여탈의 권한을 쥐고 있었다. 정치적으로는 상당히 참혹한 일도 했고 전쟁을 일으켜 무수한 적을 살육하기도 했다. 그러나 요리사가 고기를 너무 지나치게 구웠을 경우에는 한마디의 군말도 없이 웃으며 그것을 먹었다. 이 점은 세상 남편들이 잘 배워야 할 일이다.

이혼문제 연구의 권위자 도로시 딕스의 말을 빌리면 이 세상의 결혼 중에서 50퍼센트 이상이 실패로 끝난다고 한다. 신혼의 꿈이 깨지고 이혼의 괴로움을 겪게 되는 원인의 하나는 상대방의 흠을 들추어내는 일이라고 한다.

가정을 행복하게 하는 제3 기술
상대방의 단점을 들추어내지 말라.

당신이 아이들에게 잔소리를 하고 싶어지거든 – 당신은 내가 또 '잔소리를 하면 안 된다' 라고 말하리라 생각할 것이다. 그러나 나는 그렇게는 말하지 않는다. 우선 미국 잡지에 실린 고전 가운데 최고로 꼽히는 W. 리빙스턴 라넷이 쓴 '아버지는 잊어버린다'

라는 글을 읽기를 권한다. 이 글은 처음에 〈피플스 홈 저널〉 지의 논설란에 발표되었지만 나중에 《리더스 다이제스트》 지가 요약하여 게재했다.

이 '아버지는 잊어버린다'는 어떤 순간적인 최고의 감정에서 쓰여진 것인데, 읽는 이의 마음을 깊이 감동케 하는 수작으로 지금은 불후의 문장으로 꼽히어 사회에 지대한 반향을 불러일으키고 있다.

'아버지는 잊어버린다'

아가야, 잘 들어다오. 너는 자그마한 손을 볼에 얹고, 땀 밴 이마에 금발이 착 달라붙은 채 새근새근 잠을 자고 있구나. 아버지는 혼자 너의 방에 들어왔다. 지금까지 아버지는 서재에서 책을 읽고 있었는데 갑자기 숨 막힐 듯한 후회가 밀려들었다. 죄인 같은 마음으로 네 옆을 찾아온 것이다.

아버지는 이렇게 생각했다. 지금까지 나는 너에게 너무 심하게 굴었다. 네가 학교 갈 준비를 하고 있을 때의 일이었지. 세수를 깨끗이 하지 않고 수건으로 슬쩍 닦았을 뿐이라고 너를 나무란 일이 있었지. 구두를 닦지 않았다고 꾸중을 했고 또 네가 소지품을 마루 위에 집어던졌다고 소리를 질렀었지.

아침 식사를 할 때도 잔소리를 했었지. 잘 흘린다느니 씹지도 않고 삼킨다느니 상 위에 팔꿈치를 짚는다느니 빵에 버터를 너무 칠했다느니 하고 꾸중을 했었지. 그리고 너는 놀러 나가기 위해, 아버지는 정거장에 가기 위해 함께 집을 나갔는데 헤어질 때 너는 뒤돌아보고 손을 흔들며 '아버지, 다녀오

세요!' 하고 말했다. 그러나 아버지는 얼굴을 찡그리며 '가슴을 펴라!' 하고 말했을 뿐이다.

똑같은 일이 저녁때 또 되풀이되었다. 내가 돌아오니 너는 땅바닥에 무릎을 꿇고 공기놀이를 하고 있었다. 너의 긴 양말은 무릎이 뻥 뚫려 있었다. 아버지는 너를 집으로 억지로 끌고 들어가 친구들 앞에서 너에게 창피를 주었다.

'양말이 얼마나 비싼지 아니. 네가 번 돈으로 샀다면 더 아껴 신었겠지!' – 이것이 아버지 입에서 나온 말이니 내가 생각해도 한심스럽다!

그리고 또 이런 일도 있었지. 아버지가 서재에서 신문을 읽고 있을 때, 너는 슬픈 눈초리로 조심스럽게 방 안으로 들어왔다. 성가신 듯 내가 눈을 올려 뜨니 너는 문 앞에서 망설이고 있었다. '무슨 일이냐!' 하고 내가 소리를 지르니 너는 아무 말도 않고 내 옆으로 다가왔다. 너는 두 팔로 나의 목을 끌어안으며 나에게 뽀뽀를 했다. 너의 작은 두 팔에는 하나님이 너에게 주신 애정이 담겨 있었다. 아무리 나무라고 못살게 굴어도 절대로 시들지 않는 애정이 있었지. 이윽고 너는 발소리를 쾅쾅 울리며 이층으로 가 버렸다.

그런데 아가야, 그 뒤 바로 아버지는 갑자기 말할 수 없는 불안에 쫓기어 손에 들고 있던 신문을 떨어뜨려 버렸다. 아버지는 얼마나 못된 습관에 사로잡혀 있었단 말인가! 나무라기만 하는 습관 – 아직 어리디어린 너에게 아버지는 얼마나 심하게 굴어 왔던가! 결코 너를 사랑하지 않는 것은 아니다. 아버지는 아직 어린 나이인 너에게 무리한 것을 기대하고 있는 것이다. 너를 어른과 같이 생각한 것이다.

너의 마음속에는 선량함과 훌륭함과 진실함이 가득 들어 있다. 너의 부드러운 마음씨는 마치 산 저쪽에서 훤하게 퍼져 오는 여명을 보는 것 같다. 네가 아버지에게 달려들어 저녁 인사로 뽀뽀를 했을 때, 아버지는 그 일을 확실히 안 것이다. 다른 것은 문제가 아니다. 아버지는 너에게 사과를 하고 싶어 이렇게 네 옆에 무릎을 꿇고 있는 것이다.

아버지로서는 이것이 너에 대한 조그만 속죄를 하는 것이란다. 낮에 너에게 이런 말을 해도 너는 알 수 없을 것이다. 그러나 내일부터는 틀림없이 좋은 아버지가 되어 주마. 너와 사이좋은 아버지가 되어 너와 함께 기뻐하고 슬퍼하겠다. 잔소리가 하고 싶어지면 혀를 깨물 것이다. 그리고 네가 아직 어린아이라는 것을 언제나 잊지 않도록 할 것이다.

아버지는 너를 자기 구실을 다하는 완성된 사람으로 보았던 것 같다. 이렇게 순진하고 귀여운 너의 잠든 얼굴을 보고 있으려니 역시 너는 아직 아기이다. 어제도 너는 어머니에게 안겨서 어깨에 기대어 있지 않았느냐. 아버지는 주문이 너무 많았던 것이다.

04 칭찬하라

로스앤젤레스에서 가정연구소 소장인 폴 포피노 박사는 이렇게 말했다.

"남자가 아내를 고를 때 대부분은 부드러운 여자를 원한다. 또한 너무 똑똑한 여성은 멀리하려고 한다. 유능한 고급 여사원도 한 번쯤은 점심 식사에 초대할 것이다. 하지만 대학에서 배운 '현대철학의 주조'에 대한 강의를 화제로 꺼내거나, 자기 식대는 자기가 내겠다고 고집을 부리거나 하면 그 결과 그녀는 다시 초대되는 일이 없게 된다. 이에 반하여 대학을 나오지 않은 타이피스트가 점심 식사에 초대를 받으면 상대방의 남자에게 열띤 눈초리를 보내며 '당신 이야기를 더 해 주세요' 하고 조를 것이다. 그러면 그는 그녀에 대해 누가 물으면 '그다지 미인이라고는 할 수 없지만 아주 이야기를 잘하는 여자야' 라고 말하게 된다."

남자는 자기를 아름답게 보이려는 여자의 노력을 칭찬해 주어야 한다. 여자는 옷차림에 대하여 놀랄 만큼 관심을 갖고 있다. 이 일에 대하여 모든 남자들은 지나치게 무관심하다. 이를테면 한 쌍의 남녀가 길거리에서 다른 한 쌍의 남녀를 만났다고 하자. 여자는 여간해서 남자를 보지 않는다. 상대방 여자의 옷차림을 보는 것이다.

우리 할머니는 지난해 98세로 돌아가셨다. 눈을 감기 직전, 30여 년 전에 찍은 할머니의 사진을 보여 드렸는데 할머니는 눈이 어두워 잘 보이지 않았다. 그러자 할머니는 '내가 무슨 옷을 입고 있니?' 하고 물었다. 백 살이 다 된 노인이 30년 전의 자기 옷차림에 관심을 갖고 있는 것이다. 나는 깊은 감명을 갖고 할머니의 말을 들었다.

남성은 5년 전에 자기가 입고 있던 옷과 속옷을 생각해 내지 못하며, 또 생각해 보려고도 하지 않는다. 그러나 여성은 다르다. 남성은 이 사실을 이해해야 한다. 프랑스의 상류사회에서는 남성은 부인의 옷차림에 대해 하룻밤에도 몇 번이나 칭찬하도록 어렸을 때부터 교육시키고 있다. 참으로 현명한 교육이다.

재미있는 이야기를 하나 소개해 본다. 물론 지어 낸 이야기라고 생각되긴 하지만 수긍이 가는 이야기이다.

어느 농가의 주부가 들에서 일을 하고 돌아온 남자들의 저녁상에 건초를 잔뜩 쌓아 놓았다. 이를 본 남자들이 화를 내자 그녀는 태연히 대답했다.

"어머, 당신들은 이제 알아차렸나요? 나는 당신들을 위해 20년 동안이나 요리를 만들어 왔지만 당신들은 건초를 먹고 있지 않다

는 사실을 한 번도 말한 적이 없지 않나요?"

제정시대의 러시아 귀족들은 그 점에 있어 잘 알고 있었다. 요리가 마음에 들었을 때는 식후에 요리사를 일부러 식당으로 불러내어 칭찬하는 것이 상류사회의 습관이었다.

세상의 남편들은 아내에 대하여 꼭 이렇게 해야 할 것이다. 요리를 잘 만들었을 때는 그 사실을 인정하고 칭찬해 주어야 한다. 건초를 먹고 있지 않다는 것을 알고 있다는 태도를 보여 주는 것이다. 그리고 그녀 덕분에 아주 행복하다는 말을 스스럼없이 분명히 말해 주는 것이다. 앞에서도 보았듯이 '아내는 내 목숨보다도 소중한 사람' 이라고 디즈레일리는 공공연히 말하지 않았던가.

며칠 전 어느 잡지에 에디 캔터의 이야기가 나와 있었다.

"오늘날의 내가 있는 것은 모두 아내 덕분이다. 우리는 소꿉동무로 아내는 내가 옆길로 새지 않도록 언제나 성심껏 돌봐 주었다. 결혼 뒤에는 저축에 힘쓰며 현명하게 투자하여 나를 위해 재산을 만들어 주었다. 귀여운 아들딸을 다섯 명이나 낳아 주고 아내의 노력으로 집안은 언제나 봄바람이 불 듯 훈훈했다. 앞으로도 내가 무슨 일로 성공하는 일이 있다면 그것은 다 아내의 덕분이다."

할리우드에서는 결혼은 도박과 같은 것이다. 그들의 이혼율에는 보험회사도 꽁무니를 뺄 것이다. 그러나 워너 벅스타의 결혼만은 이상하게도 성공을 거두고 있다. 부인은 여배우인 위니프렛 브라이슨이었는데 그녀는 화려한 무대생활을 떠나 그와 결혼했다. 그녀의 희생은 컸다. 그러나 그 희생은 충분히 보상받았다. 벅스

타는 이렇게 말하고 있다.

"그녀는 무대에서 갈채를 받는 기회를 잃었다. 그러나 그녀는 늘 나의 갈채를 받고 있다. 여성이 남편에게서 행복을 받고 있다면 그 행복은 남편의 칭찬과 애정 이외에는 없다. 그리고 그 칭찬과 애정이 진실한 것이면 그로 인해 남편의 행복도 또한 보장된다."

가정을 행복하게 하는 제4 기술

진심으로 칭찬하라.

05 조그만 성의를 게을리하지 마라

오랜 옛날부터 꽃은 사랑의 언어로 생각되어 왔다.

꽃은 그다지 비싼 것은 아니다. 특히 철에 따라 피는 꽃은 값이 싸다. 길거리에서 얼마든지 팔고 있다. 그런데도 이 세상의 남편들은 한 다발의 수선화도 집에 사 가지고 돌아가는 법이 없다. 그들은 꽃이라 하면 난초처럼 비싼 것만을 생각하고 있거나, 아니면 알프스 능선에서 피는 꽃 에델바이스처럼 쉽게 구할 수 없는 꽃만을 생각하고 있는 모양이다. 기껏해야 몇 송이의 꽃을 아내에게 선물하는 것인데 아내가 입원할 때까지 기다릴 필요는 없지 않은가. 내일은 집으로 돌아갈 때 장미꽃 몇 송이를 사 보라. 시험 삼아 한 번 해 보라.

조지 M. 코안은 브로드웨이의 인기 스타였는데, 어머니가 돌아가시는 날까지 날마다 두 번씩 그의 어머니에게 전화를 걸었다. 매일처럼 무슨 할 말이 그렇게 많았느냐고 생각할지 모르지만, 그다지 특별한 용건을 말한 것은 아니다. 문제는 상대방에게 이쪽의 성의만을 알리면 그것으로 되는 것이다.

여성은 생일이나 기념일을 중요시한다. 그 이유를 남성은 모르고 있다. 보통 남자들은 많은 날을 기억하지 않아도 불편 없이 살아갈 수 있다. 그러나 잊어서는 안 될 날도 있다. 이를테면 1492년(콜럼버스가 미 대륙을 발견)과 1776년(미국 독립선언), 그리고 아내의 생일과 자신들의 결혼기념일이다. 처음의 두 가지는 경우에 따라서는 잊어버려도 된다. 그러나 뒤에 말한 두 가지는 절대로 잊어서는 안 된다.

4만 건의 이혼소송을 취급하여 2천 쌍의 조정에 성공한 시카고의 조제프 사바스 판사는 이렇게 말하고 있다.

"가정불화의 대부분 원인은 극히 사소한 일이다. 남편이 출근할 때 아내가 손을 흔들어 배웅만 하면 이혼을 피할 수 있는 경우가 얼마든지 있다."

로버트 브라우닝(1812~1889, 영국의 시인)과 엘리자베스 바레트 브라우닝의 결혼생활에는 목가적인 아름다움이 있었다고 하는데, 남편은 조그만 찬사와 성의로 계속 애정을 키워 가고 있었다. 병약한 아내가 자매에게 보낸 편지에 이런 구절이 있다.

"요즈음 나는 남편이 말하는 것처럼 정말 천사가 된 것 같은 기분이 들기 시작했다."

아내에게 보이는 조그만 성의의 가치를 지나치게 가볍게 보고 있는 남자들이 이 세상에는 너무도 많다. 결혼의 행복은 조그만 성의가 쌓여 얻어지는 것이다. 이 사실을 모르는 부부는 불행한 결혼생활을 보내야 할 것이다.

유명한 리노의 이혼법정은 일주일에 엿새 동안 개정되는데, 여기서 인정된 이혼 비율은 미국 전체 부부의 1할에 이르고 있다. 그 가운데 절대로 이혼의 필요성이 있다고 생각되는 것은 극히 소수이며 대부분은 조그만 애정에 인색했던 일이 주요 원인이다.

이런 말을 한 사람이 있다. 정말 음미할 만한 말이다.

"나는 이 길을 단 한 번만 지나가게 된다. 그러므로 좋은 일과 남을 위한 일이라면 무엇이라도 지금 곧 할 필요가 있다. 늦추거나 게을리해서는 안 된다. 이 길은 두 번 다시 지나가지 않을 것이니까."

가정을 행복하게 하는 제5 기술

조그만 성의를 게을리하지 마라.

예의를 지켜라 06

월터 담로치는 대통령 선거에 출마했던 일이 있는 웅변가 제임스 G. 브렌의 딸과 결혼했다. 수년 전에 두 사람은 스코틀랜드의 앤돌 카네기네 집에서 알게 되었는데, 그 이후 남들이 부러워할 정도의 원만한 가정을 이루고 있었다. 부인에게 그 비결을 물어 보자 이렇게 말했다.

"배우자의 선택도 물론 중요하지만, 그 다음으로 중요한 것은 결혼 뒤에 지켜야 할 예의입니다. 새색시는 모르는 사람에 대해 예의를 깍듯이 지키는 것처럼 남편에게도 예의를 지켜야 합니다. 시끄럽게 바가지를 긁는 여자에게서는 어떤 남자라도 도망가기 마련입니다."

무례함은 애정을 파괴하는 암이다. 그 정도의 일은 누구나 알고 있는 일이지만, 우리는 어쨌든 집안 식구에 대해서는 모르는 사람을 대할 때보다도 무례하게 행동한다.

"아이고, 또 그 소리야!"

우리는 설마 타인에게 이런 말은 하지 않을 것이다. 친구들의 편지를 말없이 뜯어보거나 그들의 비밀을 들추어내거나 하지는 않을 것이다. 그러나 가장 가깝고 소중한 가족에 대해서는 실례되는 일을 예사롭게 한다.

도로시 딕스 여사는, "우리에게 심술궂은 독설을 퍼붓는 사람이 오히려 가족이라는 데는 정말 놀라운 일이죠" 라고 말하고 있다.

예의는 말하자면 결혼생활의 윤활유이다.

《아침 식탁의 독재자》의 저자 올리버 웬델 홈스는 가정에선 결코 독재자가 아니었다. 그는 아무리 스트레스에 쫓겨도 결코 그것을 가족에게 보이지 않았다. 기분 나쁜 일은 자기 혼자만 겪어도 충분했다. 다른 사람에게까지 불쾌감을 줄 필요는 없다는 것이다. 이것이 올리버 웬델 홈스의 주의였다. 우리는 어떠한가. 회사에서 일이 잘 안 되었거나, 상사에게 꾸중을 들었거나 하여 스트레스를 받으면 집에 돌아가 가족에게 화풀이를 한다.

네덜란드에서는 집에 들어가기 전에 입구에서 신발을 벗는 습관이 있다. 그날에 있던 괴로움을 집에 들어가기 전에 모두 벗어 버린다는 것이다.

윌리엄 제임스의 논문 〈인간의 무지에 관하여〉에 이런 말이 쓰여 있다.

'여기서 말하는 인간의 무지란 자기 이외의 동물이나 인간의 감정에 대한 무감각인데, 우리는 모두 이런 경향을 가지고 있다.'

고객이나 동료에 대해서는 결코 난폭한 말을 하지 않는 남자도 태연하게 아내에게 호통을 친다. 그러나 참된 행복을 얻기 위해서는 일보다도 결혼생활을 훨씬 중요시할 필요가 있는 것이다. 가령 평범해도 행복한 가정생활을 누리고 있는 사람이 독신의 천재보다 훨씬 행복하다. 러시아의 문호 투르게네프는 이렇게 말했다.

"나를 위해 저녁을 준비해 놓고 기다려 주는 여성이 어딘가 있다면 나는 모든 재능을 다 버려도 후회하지 않는다."

정상적인 가정이 몇 퍼센트나 될까? 도로시 딕스 여사는 결혼의 50퍼센트 이상이 실패한다고 말하고 있지만 폴 포피노 박사의 설은 다르다. 그는 이렇게 말한다.

"사업에 성공하는 확률은 결혼의 성공률보다 낮다. 사업에선 70퍼센트가 실패하지만 결혼에선 70퍼센트가 성공한다."

딕스 여사는 결혼에 대하여 다음과 같은 결론을 내리고 있다.

'결혼이란 것에 비하면 출생은 단순한 에피소드에 지나지 않고, 죽음 또한 하찮은 사건에 불과하다.'

'남자가 일에 쏟는 만큼의 열의를 왜 가정에 쏟지 않는지 그 이유를 여자들은 모른다.'

백만의 부를 만들기보다 착한 아내와 평화롭고 행복한 가정을 이룩하는 편이 남자에게는 훨씬 의미 있는 일이지만, 가정을 원만하게 하기 위해 진지한 노력을 기울이는 남자는 백 명에 한 사람도 없다. 인생에서 가장 중대한 일을 되는 대로 내버려 두고 있다. 아내에 대해서는 강압적인 태도를 취하기보다 부드러운 태도를 취하는 편이 훨씬 유효한데, 남자들은 왜 후자를 택하지 않는지 여자들은 이해가 가지 않는다.

'아내를 마음대로 움직이는 방법을 남편은 다 알고 있을 것이

다. 조금 칭찬해 주면 아내가 만족한다는 것을 남편은 알고 있다. 헌 옷이라도 그것이 잘 어울린다고 말해 주면 아내는 최신 유행의 옷을 원하지 않는다는 것도 알고 있다. 아내의 눈에 키스를 해 주면 그녀는 장님과 같이 되고 입술에 키스를 해 주면 벙어리처럼 입을 다문다는 것도 남편은 알고 있다.'

'남편이 그 정도의 일은 충분히 알고 있으리라고 아내는 생각하고 있다. 그녀는 자기를 기쁘게 해 주는 방법을 남편에게 가르쳐 주었을 것이다. 그럼에도 불구하고 남편은 그 방법을 사용하려 들지 않고, 그녀와 다투어 큰 손해를 보아도 미안하다고 말하느니보다는 졌다고 생각하는 모양이다. 이쯤되면 아내가 화를 내는 것은 당연한 일이다.'

가정을 행복하게 하는 제6 기술

예의를 지켜라.

올바른 성 지식을 가져라 07

사회위생연구소장 캐서린 B. 데이비스 여사는 1천 명의 기혼녀에게 결혼생활에 대한 설문조사를 했던 결과 성생활에 불만을 가진 부부가 의외로 많다는 것을 알았다. 조사결과, 여사는 미국에서 이혼의 큰 원인으로 성생활의 부조화를 들 수 있다고 발표했다.

G. V. 해밀턴 박사의 조사도 이를 입증하고 있다. 박사는 남녀 각 백 명의 결혼생활에 대하여 4년 동안 연구를 계속했다. 박사는 이 사람들과 개별적으로 면접을 하여 약 4백 항목에 이르는 질문으로 그들의 결혼생활을 철저하게 검토했다. 이 조사는 사회학적으로 중요한 의의를 지니고 있으므로 유력한 자선가의 경제적 원조를 받았다. G. V. 해밀턴 박사와 케네스 맥가원 박사의 공저 《결혼에 있어서의 장해》가 그 조사의 결과이다.

결혼생활의 장해에 대하여 해밀턴 박사는 이렇게 말하고 있다.

"성적 부조화는 가정불화의 주된 원인이 될 수 없다고 일부 정신의학자가 주장하고 있지만, 이것은 무지한 소리다. 성생활만 순조로우면 대부분의 경우 사소한 다른 마찰은 문제가 되지 않는다."

폴 포피노 박사는 가정생활 연구에 대한 권위자인데, 그의 주장에 의하면 결혼의 실패는 보통 네 가지 원인에서 일어난다. 그는 그것을 다음 순서로 든다.

① 성생활의 부조화　　② 여가 이용법에 대한 의견의 불일치
③ 경제적인 곤란　　④ 심신의 이상

성 문제가 제1위를 차지하고 있는 일에 주의해 주기 바란다. 금전문제가 제3위라는 것은 약간 뜻밖의 느낌이 든다. 이혼문제의 권위자들은 입을 모아 성생활의 균형을 유지하는 일은 결혼생활에 있어 절대적으로 필요하다고 말한다. 신시내티에 있는 가사재판소의 호프만 판사는 수천 건의 이혼소송을 처리해 온 사람인데 이렇게 단언했다.

"이혼의 원인은 10명 중 8, 9명이 성적 불만이다."

심리학자로서 유명한 존 B. 왓슨은 또 이렇게 주장한다.

"섹스가 인생에 있어 가장 중요한 문제라 함은 명백한 사실이다. 섹스는 인생의 행복을 좌우한다."

나의 강습회에 참가한 많은 개업의들도 이와 같은 의견을 가지고 있다. 교육문화가 진보된 20세기에, 이 자연 본능에 대한 무지로 인해 결혼생활이 파괴되어 인생 항로에 난파하는 자가 속출하는 것은 참으로 안타까운 일이 아닌가.

올리버 M. 버터필드 신부는 18년 동안의 신부생활을 그만두고 뉴욕의 가정상담소 소장이 되었다. 그 사람만큼 많은 결혼식에 주례를 선 사람도 없겠지만 그는 이렇게 말하고 있다.

"나의 경험으로는 결혼식장의 신랑신부들은 애정과 선의에 불

타고 있지만 결혼생활에서 성적인 면이 차지하는 의미를 모르는 사람이 뜻밖에 많다는 것을 알았다."

결혼에 있어 성생활의 균형은 대단히 중요한 문제인데도 불구하고 대부분의 경우 대충 넘어가고 있다. 그런데도 미국의 이혼율이 16퍼센트에 머물고 있음은 놀랄 만한 사실이다. 많은 부부는 참된 결혼생활을 하고 있는 것이 아니라 단순히 이혼을 하지 않은 것에 불과하다. 연옥에 머물고 있는 거나 마찬가지이다.

"행복한 결혼은 성적인 면에서 대충 넘어가서는 희망이 없다. 현명하고 신중하게 계획되어야 성공할 수 있는 것이다."

버터필드 신부 주례로 결혼식을 올리는 신랑 신부는 버터필드 신부와 이 문제에 대하여 솔직한 대화를 나누어야만 했다. 그러다 보니 성적으로 무지한 인간이 꽤 많다는 것이 판명되었다고 한다.

그는 또 이렇게 말한다.

"결혼생활을 행복하게 하는 요소는 여러 가지가 있는데, 성문제는 그 중의 하나이다. 그러나 성의 균형이 깨어지면 다른 요소는 모두 헛된 것이 되고 만다."

올바른 성 지식을 얻으려면 어떻게 하면 좋은가? 그는 이렇게 대답한다.

"결혼생활의 생각과 실제에 대해 분명한 태도로 거리낌 없이 논의를 거듭하는 일이다. 가장 좋은 방법은 성 지식을 올바르게 가르치는 적당한 책을 읽는 것이다."

가정을 행복하게 하는 제7 기술

올바른 성 지식을 가져라.

사람은 책을 만들고
책은 사람을 만든다

사람은 책을 만들고
책은 사람을 만든다

사람은 책을 만들고
책은 사람을 만든다